Als Nichtschwimmer auf den Weltmeeren

Als Nichtschwimmer auf den Weltmeeren

Hagen Deecke

Meine Seemannsjahre

HINSTORFF

Inhalt

Für Katrin

Mit Kimm, Schweißtuch und Zigarette – der Autor auf der Reling der KYBFELS

Vorwort

Im Zentrum dieses weitgehend autobiografischen Rückblicks steht die Old Seamanship der Sechziger- und Siebzigerjahre des alten Jahrhunderts. Einer gerade erst versunkenen Epoche, in der das Stückgutschiff noch eine zentrale Bedeutung hatte, die es aber sehr bald an den die Seefahrt revolutionierenden Containerfrachter abtreten musste. Mein Seefahrerleben war zum einen geprägt von der erregenden Naturschönheit eines ewig salzigen Meeres und dem Wind mit seinen alles zerfetzenden Orkanen. Er allein ist die gebieterische Kraft auf See, der große Antreiber, der Ozeane und Menschen erbeben lässt.

Zum anderen hinterließ die körperliche Schwerstarbeit auf den Schwergutschiffen der Bremer HANSA-Reederei ihre Spuren. Nicht zuletzt aber auch das soziale Umfeld. Mit den Männern an Bord bin ich meist recht, mal schlecht zurechtgekommen. Wir verhielten uns gegenüber Schwächeren ungerecht und gemein, wir haben einander nur wenig Gutes getan und uns oft böse zugerichtet. Die Wunden an Körper und Seele sind inzwischen vernarbt. Wie kam es, dass ich in der derben und moralisch entgleisten Männerenklave *Christliche Seefahrt* doch einigermaßen zurechtgekommen bin? Weil ich Glück hatte und einen unsichtbaren Begleiter an meiner Seite glaubte.

Um meine eineinhalb Dekaden auf See besser verstehen zu können und für Dritte nachvollziehbar zu machen, habe ich anhand von Tagebuchaufzeichnungen alte Sachverhalte rekonstruiert. Mit ihrer Hilfe konnte ich verschollen geglaubte Gefühle wiederbeleben, sie aus verschütteten Brunnen und längst verfallenen Gedankenbögen zurückholen. Maßgeblich daran beteiligt war auch meine Mutter, indirekt, weil sie meine an Bord verfassten Briefe aufbewahrt und mir kurz vor ihrem Tod ausgehändigt hatte. Zumeist hellblaue, mit rot-dunkelblau-gestreiften Rändern versehene Luftpostumschläge, auf denen allerdings die häufig exotischen Briefmarken fehlten, weil eifrige Philatelisten immer ganz in Mutters Nähe lauerten. Diese Briefe erst machten es mir möglich, das Buch zu schreiben. Meine Mutter übergab sie mir mit den Worten: *»Im Leben habe ich viele Steine erhalten, deine Briefe waren Rosen für mich.«*

Meine Familie

Deutschland stand in Flammen, in den Städten verbrannten Menschen in ihren Häusern, Europa und die Welt lagen im Krieg. In Lachendorf dagegen war alles friedlich. Meine Eltern bepflanzten die Äcker unseres Salgenhofes östlich von Celle, auf dem schon zu Martin Luthers Zeiten gepflügt, gesät und geerntet wurde. Neun Monate nach dem achtunddreißigsten Geburtstag meines Vaters kam ich im Ehebett der Eltern zur Welt. Genau an diesem Julitag 1944 feierte Amerika seinen Unabhängigkeitstag, den 168. Independence Day.

In Lachendorf aber gingen Männer und Frauen zum Heumachen, arbeiteten auf Wiesen und Äckern, misteten Ställe aus, melkten Kühe, nahmen den Hühnern die Eier weg, liebten sich im Heu, in der Scheune, auf dem Feld, in armseligen Katen- und breiten Bauernbetten. Mahlzeit für Mahlzeit drängelten sich an unseren langen Tafeln bis zu achtundzwanzig Menschen, aßen selbst gebackenes Brot aus dem Backofen mit guter Butter, geräuchertem Schinken und Leberwurst, tranken Vollmilch, Tee und Muckefuck dazu, den selbst gebrannten Malzkaffee. Niemand stand hungrig vom Tisch auf. Meine Eltern waren überzeugte Nazis. Meine Mutter hatte dem Bund deutscher Mädel angehört, dem weiblichen Zweig der Hitlerjugend; später besuchte sie eine sogenannte Bräuteschule, an der junge Frauen lernten, Haushalte zu führen, zu kochen und Säuglinge zu pflegen. Der Vater war lange vor 1933 Parteimitglied der Nationalsozialisten geworden und hatte es schon bald zum Unterscharführer gebracht. Über diese hässlichen Jahre schwiegen meine Eltern beharrlich.

Mein Vater überragte alle anderen Männer im Dorf um Haupteslänge, knapp zwei Meter war er in den Himmel gewachsen. Über seine Familie und den größten Hof im Dorf herrschte er wie ein Zar. Ein mächtiger Bauer in brauner Cordhose, dunkelblauer Baumwolljacke, grünem Hemd mit weißen Knöpfen und Lederstiefeln an den Füßen. Eine lädierte Nase und rotes Kurzhaar prägten das Gesicht. Der Jähzorn des Mannes ließ seine Familie und die Menschen im Dorf erbeben. Frau Meier nicht. Erna Meier lebte als ältere Arbeiterin unten auf dem Hof in einer Tagelöhnerkate. Wenn zwischen April und September gesät und geerntet wurde, trafen sich mein Vater und Frau Meier frühmorgens und organisierten das tägliche Schaffen auf Hof und Feldern – teilten Tagelöhner, Treckerfahrer, Kutscher und die helfenden Frauen aus dem Dorf ein.

Sobald unser Schultag beendet war, mussten wir Kinder schon früh auf dem Hof, im Stall und auf den Feldern helfen. Im Herbst rodeten wir Kartoffeln, krabbelten dabei im Schneckentempo mal zu sechst, mal zu acht oder zu zehnt nebeneinander her die aufgeworfenen Reihen entlang, Meter für Meter; Stunde um Stunde klaubten wir zusammen mit den Frauen aus dem Dorf Kartoffeln aus dem kalt-feuchten Acker und warfen sie in bereitgestellte Gitterkörbchen. Vorwärts ging es, immerzu voran; die Frauenhände direkt neben den Kinderhänden waren flinker, sie halfen uns. Wer nicht mithielt und zurückfiel, blamierte sich. Wunde Knie, schmerzende Rücken, saukalte Finger. Aufgeben kam nicht infrage, denn hinter Kindern und Frauen wachte der große Mann, der Vater; er leerte die gefüllten Körbe auf einen Wagen und hatte die Kinderarbeiter immer im Auge. Erst wenn das Ende der langen Reihe erreicht war, richteten sich alle auf und verschnauften. Dann setzte, trotz allem, ein kurzes, aber tiefes Glücksgefühl bei mir ein, durchgehalten und etwas geschafft zu haben. Später sollte ich mich an dieses Gefühl gut erinnern können.

Meine Mutter stammte aus dem friesischen Nordseebad St. Peter-Ording. Ihr Vater war dort ein angesehener Mann, der als Schulleiter Generationen von Kindern prägte und als Organist und Chorleiter in der kleinen Dorfkirche wirkte. Seine Frau Marie organisierte unterdessen ihren Haushalt mit vier Kindern, von denen meine Mutter das jüngste war.

Meine Mutter war eine schöne und starke Frau. Sie engagierte sich im Ort, kümmerte sich dort um bedürftige Menschen und war

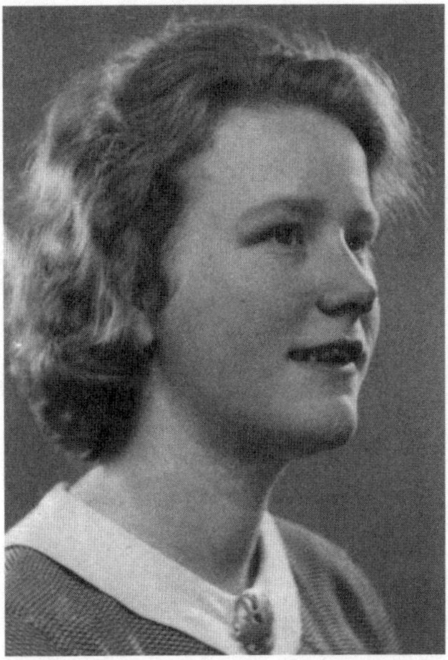

Mutter Christel Deecke als junge Frau

vielen eine gute Ratgeberin. Sie liebte den Gesang und gründete den Gemischten Chor Lachendorf, in dem sie bei den Sopranen mitsang. Sie legte einen großen Bauerngarten voller Blumen und Beete an, aus dem sie wundervolle Sträuße band und aus dem sie ihr Leben lang Kraft schöpfte. Sie umsorgte liebevoll ihre Kinder und schickte sie auf gute Schulen. Den großen Haushalt führte sie gemeinsam mit ihrer Schwiegermutter, die die Leute im Dorf Landgräfin nannten; zusammen kochten sie für die Großfamilie und die Helfer auf dem Hof, hielten Kleider und Wohnung in Ordnung. Zwei sogenannte junge Mädchen, die Hauswirtschaft lernten, gingen ihnen zur Hand.

Meine Eltern lernten sich während einer Bahnfahrt zwischen den niedersächsischen Städten Celle und Lehrte kennen; eine Variante erzählt von einer Kontaktanzeige in der Grünen Zeitung, einem Fachblatt für Bauern, das auch Herzenswünsche seiner Leser erfüllte. Was dieser Begegnung entwuchs, zeigen alte Schwarz-Weiß-Fotos, auf denen meine vier Geschwister und ich Ringelreihen tanzen, vier Jungs und endlich ein Mädchen; auf einem

Die fünf Deecke-Kinder mit Dackel Hexe. In der Mitte der Autor

anderen sitzen wir mit Dackel Hexe auf dem weitläufigen Rasen vor dem alten Fachwerkhaus, ein drittes zeigt die drei Ältesten auf dem Rücken von Puppe, unserem Hannoveraner Reit- und Ackerpferd. Doch diese Bilder geben nicht wirklich die Stimmung wieder, die zu Hause vorherrschte. Der große Mann befahl, wir mussten gehorchen. Ich fürchtete mich vor ihm, vor allem während der Mahlzeiten, wenn ich nicht weglaufen, ihm nicht ausweichen, mich nicht vor ihm verstecken konnte. Mich überfielen Angst und Ohnmacht. Wann und wo immer ich in seine Nähe kam, die Furcht vor dem großen Mann wühlte meine Kinderseele auf. Die Mutter versuchte ihre sichernden Hände über uns zu halten, uns vor Prügel zu schützen, häufig mit Erfolg, so manches Mal auch vergeblich. Dem Gebrüll in Haus und Hof vermochte sie nicht viel mehr entgegenzusetzen als ihre Einhalt fordernde Stimme. Ich habe diesen Despoten mit aller Kinderkraft gehasst, und weil es für diesen Hass kein Ventil gab, versteckte er sich in meiner Seele.

Meine Idole spielten bei TuS Lachendorf Fußball in der Ersten Herrenmannschaft der Kreisklasse, später in der Bezirksliga. Mittelläufer Egon Steinkraus und Rechter Läufer Helmut Lage gehörten dazu, beide gestandene Papiermeister in der vierhundert Jahre alten Feinpapierfabrik mitten in unserem Ort an der Lachte.

Auch dem torgefährlichen Mittelstürmer Erhard Stark, Dorf-Beau und Maurergeselle, eiferte ich nach. Und nicht zuletzt Kalle Tilgner, dem Linksaußen, der sich bei der Jagd nach dem Ball manchmal selbst überholte. *»Er ist eben schneller als der Ball«*, sagten die Leute und liefen nach den Spielen in seinen Friseursalon, um sich seine Argumente für Sieg oder Niederlage einzuholen. Wichtig empfand ich die auf »ewig« angelegte väterliche Freundschaft zu Jakob Maurer, einem herzlichen Mann, der aus dem polnischen Galizien in unser Dorf geflüchtet war. Er starb, während ich auf See war, ohne dass ich ihm für seine selbstlose Freundschaft noch hätte danken können.

Am Wochenende besuchten uns oft Tante Hetta und Onkel Hellmut, ein Bruder meiner Mutter, der als Richtmeister sein Auskommen fand; er fuhr immer das neueste Modell der Auto Union. Er brachte mir bei, wie man einen geraden Scheitel zieht und dass ein Junge nicht weint. Er hatte der Waffen-SS angehört. Nach dem Krieg versteckte er sich einmal in einer Schrotkiste im Schweinestall vor einem britischen Militärsuchtrupp, der ihn aber nicht aufspüren konnte. Weitaus wichtiger für mich wurde Onkel Hermann, promovierter Geologe, der im schleswig-holsteinischen Städtchen Heide für eine deutsche Erdölgesellschaft Öl suchte, bis er schließlich nach Hamburg gerufen wurde. Wenn er uns besuchte, regte er das Lesen guter Bücher an und fragte ab und an nach, wie weit ich damit sei. Er forderte mich auch dazu auf, mein Bewusstsein anzuknipsen und von Fühlen auf Lernen umzuschalten. Er machte vor, wie es gelingen konnte, seinen Platz in der Welt zu finden und zu behaupten.

Auf meiner schmalen Brust keimten erste Härchen, als ich während der sechswöchigen Sommerferien als fünfzehnjähriger Küchenjunge auf der HORNBALTIC nach Leningrad reiste. Die Fahrt war ein Test, eine Art Praktikum, ob mir die Seefahrt gefallen könnte. Jahre später gestand ich mir ein, dass mich nicht die Lust auf Seefahrt und Abenteuer auf die Ostsee und später auf die sieben Meere gelockt hatten. Tatsächlich aber war ich vor dem großen Mann geflüchtet. Auch draußen auf See hielt er noch lange

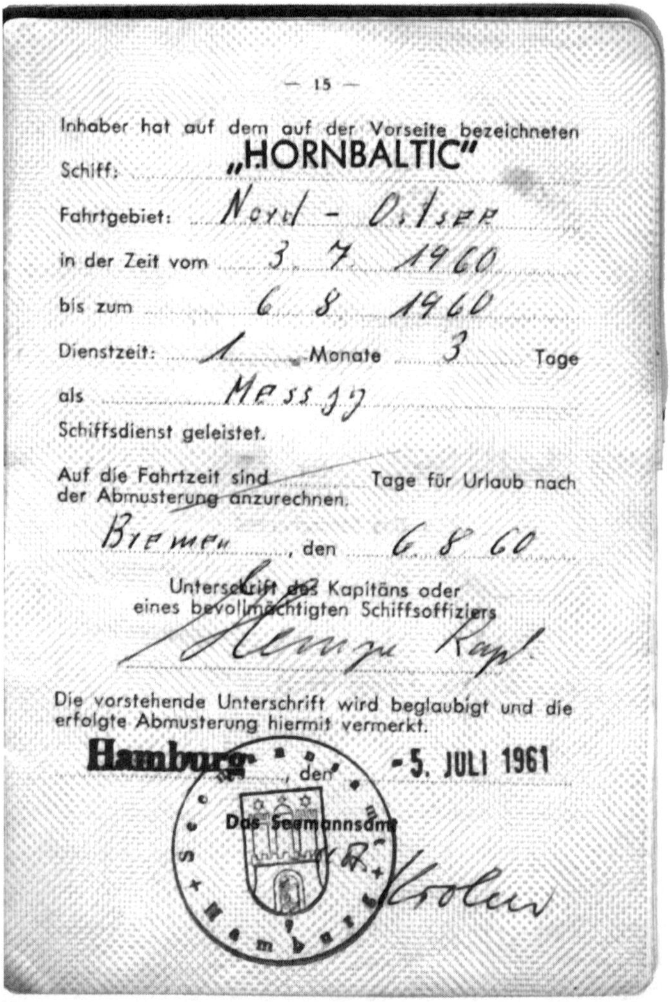
— 15 —

Inhaber hat auf dem auf der Vorseite bezeichneten

Schiff: „HORNBALTIC"

Fahrtgebiet: Nord - Ostsee

in der Zeit vom 3. 7. 1960

bis zum 6. 8. 1960

Dienstzeit: 1 Monate 3 Tage

als Messjg

Schiffsdienst geleistet.

Auf die Fahrtzeit sind ---- Tage für Urlaub nach der Abmusterung anzurechnen.

Bremen, den 6. 8. 60

Unterschrift des Kapitäns oder eines bevollmächtigten Schiffsoffiziers

Die vorstehende Unterschrift wird beglaubigt und die erfolgte Abmusterung hiermit vermerkt.

Hamburg, den -5. JULI 1961

Das Seemannsamt

»Schiff: ›Hornbaltic‹, Fahrtgebiet: Nord - Ostsee«. Auszug aus dem Seefahrtbuch des Autors

meine Seele besetzt. Dabei war der große Mann vor meiner Ostseereise schon längst weggesperrt worden, weil er seiner Frau großes Leid zugefügt hatte.

Nach dem Besuch in Leningrad, dem heutigen St. Petersburg, wurde ich beim Rauchen erwischt und flog von der Schule. Und das, wo doch Oberstudienrat Schnelle gerade erst damit begonnen hatte, mir die Ideale der alten Griechen einzupflanzen. So fand meine Schulkarriere ein jähes Ende.

Lachendorf

Mit Heidi im Kopf schlenderte ich den leicht abschüssigen Hofplatz hinunter, in der Hoffnung, dass sie mir gleich begegnen würde. Heidi. Ich schwang mich auf die sonnenwarme Milchbank, die gleich neben dem Tor stand. Sie war aus rohen Eichenbohlen gehauen und stand auf vier in den sandigen Grund eingelassenen Pfählen. Melker Heinrich Fuleda stellte hier jeden Morgen die mit frischer Milch gefüllten Silberkannen ab, jede einzelne mit der Nummer hundertsiebenundfünfzig versehen, sie war wichtig für die spätere Abrechnung.

Die Milchbank war um die Mittagszeit fast immer leer. Keine Spur von der sich sonst hier versammelnden Dorfjugend. Die Bank allein für mich. Den Rücken gegen die warmen Backsteine an der Stirnseite des Tagelöhnerhauses gelehnt, ließ ich die nackten Beine baumeln. Kein Trecker rumpelte über die mit Kopfsteinen gepflasterte Ackerstraße, die gras- und heusatten Kühe brüllten nicht nach ihrem Melker. Sonntagsfrieden in der Südheide. Ich schaute direkt in die mir gegenüberliegende Gasse hinein, wo Heidi zurückgezogen mit Mutter und Großmutter lebte. Von Heidi keine Spur. Wir waren dreizehn Jahre alt, hatten zusammen vier Jahre die Dorfschule besucht und waren einander zugetan. Seit ich in der Stadt zur Schule ging, sahen wir uns nur noch selten. Als wir das letzte Mal allein zusammenstanden, hatte Heidi meine Leidenschaft zu ihr mit einem Stoßseufzer entzündet: *»Du bist mein Freund«*, hatte sie gesagt. Seither wurde mir warm ums Herz, wenn ich an sie dachte.

Als unerwartet eine große schwarze Limousine auf Trumanns Gasthof einschwenkte, der meiner Milchbank schräg gegenüber lag, war Heidi allerdings vergessen. Wie ferngesteuert glitt ich von meiner Bank, setzte einen mechanischen Schritt vor den anderen und stand erst wieder still, als ich Trumanns weißen Lattenzaun erreichte. Ich begaffte das tolle Auto nur wenige Schritte vor mir

– und wartete gespannt darauf, wer gleich aussteigen würde. Bei Onkel Willi, dem Wirt, kehrten sonst eher Bauern, Fabrikarbeiter und Viehhändler aus den Nachbarorten oder Lastwagenfahrer ein, die Getreide oder Kartoffeln, Rüben oder Schweine von den Höfen holten, manchmal auch Lumpen- und Schrotthändler. Zunächst galt meine Aufmerksamkeit ganz dem Wagen, gleich aber nur noch der jungen Frau, die dem Auto entstieg und ihre leuchtend-roten Schuhe auf den Boden setzte. Fünfundzwanzig mochte sie sein. Stolz wie eine Königin ging sie in den Gasthof hinein; verschwommen nahm ich noch ihren Begleiter wahr, den ich auf der Stelle verachtete. Ihren schönen Gang verband ich mit Ballett, Tanz und Theater; die Frauen und Mädchen in meinem Dorf gingen ganz anders. Diese Frau habe ich nie vergessen. Als sie den Gasthof verließ, registrierte ich gerade noch die schwarzen Buchstaben ›HH‹ auf weißem Nummernschild: Hansestadt Hamburg. Ich wusste jetzt, wo schöne Frauen lebten, ich musste mich nur noch auf den Weg zu ihnen machen.

Hagen Deecke beim Abschied aus Lachendorf, 1962

Abschied

Vier Jahre später stand mein fertig gestopfter Seesack im hohen Flur. Er reichte mir bis zur Hüfte. Nur Kleidungsstücke, die kraus werden durften, waren darin verstaut – Long Johns und weitere Unterwäsche, Socken, Arbeitshemden und Pullover, zwei warme Jacken. Und die Kulturtasche. Ganz unten beulten harte Schuhe und Gummistiefel das feste, olivgrüne Segeltuch aus. Obenauf hatte Großmutter Hermine mir noch ihr Konfirmationsgeschenk gelegt, ein evangelisches Gesangbuch mit meinem in Gold geprägten Namen auf dem Einband. Ihr kleiner Fingerzeig sollte mir bedeuten: Vergiss nie, dass Er dich begleitet. Der dunkelblaue Zweireiher, die helle Flanellhose und zwei weiße Oberhemden, also die Bügelwäsche, lagen sorgfältig gefaltet in einem flachen, von dünnen Fäden zusammengehaltenen Pappkarton. Friseurmeister Heinz Schulz hatte meine Haare mit einem Messerschnitt frisch gestutzt, Wellaform erfüllte seinen Auftrag. Für mein Abenteuer in der großen Welt fühlte ich mich bereit und gut gerüstet, glaubte ich doch, dass drei Monate theoretische und praktische Vorbereitung auf der Schiffsjungenschule in Elsfleth an der Weser aus mir bereits einen fertigen Seemann gemacht hätten.

Zum Abschied bereitete mir Mutter mein Lieblingsgericht: Pfannkuchen mit weißem Zucker und einem Schuss Amaretto, gut verteilt auf dem knusprig-braunen Teig. Jedes Mal, wenn sie mir einen Pfannkuchen vom Herd brachte und mit weichem Schwung auf den Teller kippte, strich sie mir über den Kopf und sagte wie benommen: *»Mein Junge, mein lieber Junge.«* Sieben Mal. Ich leerte ein Glas frischer Milch, fuhr mir mit der weißen Stoffserviette über den Mund, auf der ihre Initialen eingestickt waren, ›C. D.‹, und stand vom Küchentisch auf. *»Vergiss niemals, dass du aus gutem Hause kommst und folge deinem Gewissen. Dann machst du nichts verkehrt«*, sagte Mutter.

Als wir uns umarmten, weinte sie. Der weggesperrte Vater spielte in meinem Alltag keine Rolle mehr. Den bunten Blumenstrauß auf dem massigen Eichentisch erblickte ich noch einmal und Mutters mit Hingabe geschaffenes Paradies, den prächtigen Bauerngarten. Den Weg zum Bahnhof fand ich allein. Der Seesack lag schwer auf der Schulter, der Pappkarton in der Linken. In gut drei Stunden sollte ich Bremen erreichen.

Bremen

»Ich muss Ihnen leider mitteilen, dass Sie nicht gemustert werden können«, eröffnete der Leiter des Bremer Seemannsamtes das Gespräch. *»Sie sind nicht volljährig und die schriftliche Genehmigung der Erziehungsberechtigten, zur See fahren zu dürfen, liegt uns bis heute nicht vor.«*

Bereits zwei Monate vorher hatte ich mir in der Hamburger Heuerstelle der Seeberufsgenossenschaft in der Seewartenstraße, dem heutigen Hotel Hafen Hamburg, für drei Mark eine Gesundheitskarte ausstellen lassen, jetzt fehlte nur noch das Dokument mit Mutters Unterschrift, ohne das es nicht losgehen konnte. Es lag zu Hause vergessen auf dem alten Schreibtisch. Eine kurze Handbewegung des Beamten forderte mich auf, für den Nächsten in der Reihe Platz zu machen. Ich versicherte noch, das Dokument gleich morgen, spätestens übermorgen nachzuliefern, dann fand ich mich auf der regennassen Straße wieder. *›Mein Schiff fährt ab und ich bleib allein zurück‹*, schoss es mir durch den heißen Kopf. Am Telefon versprach Mutter mir, den Brief gleich zur Post zu bringen. Übermorgen gegen Abend sollten wir in See stechen, das war zwar knapp, könnte aber gerade noch klappen. Meinen schweren Seesack hatte ich der Bahn anvertraut, er war bisher nicht eingetroffen. Auch diese Ungewissheit plagte mich. Fürs erste kam ich auf dem reedereieigenen Wohnschiff Ali Baba unter, machte mich beim Verproviantieren von Seeschiffen nützlich, schleppte Rinderhälften und Becks-Bier-Kisten, Kartoffelsäcke und Whiskyflaschen und verdiente meine erste Heuer: 20 Mark.

Als mein Seesack auch am zweiten Tag nicht eingetroffen war, wurde ich nervös, denn ohne Ausrüstung würde ich nicht auf Große Fahrt gehen können. Ich lief bereits das dritte Mal zum Bremer Hauptbahnhof, doch der Bahnbeamte schüttelte wieder nur den Kopf. *»Aber komm doch mal mit«*, forderte er mich diesmal ent-

— 2 —

Unterschrift des Inhabers:

Hagen Diecke

Es wird bescheinigt, daß der Inhaber die durch das obenstehende Lichtbild dargestellte Person ist und die darunter befindliche Unterschrift eigenhändig vollzogen hat.

Bremen, den 20. Juli 1960

Das Seemannsamt

Seemannsamt + Freie Hansestadt Bremen

Das erste Seefahrtbuch des Autors. Ausgestellt am 20. Juli 1960

Die erste Heuer auf dem Wohnschiff Ali Baba *im Bremer Hafen*

schlossen auf, *»und sieh selbst nach, was in unseren Regalen auf seine Eigentümer wartet. Einen Seesack, wie du ihn beschrieben hast, haben wir hier aber nicht rumliegen.«* In der Tat, meinen Seesack fand ich nicht, jedenfalls nicht so, wie ich ihn in Erinnerung hatte. Wohl aber ein Gebilde, das durchaus einmal mein Seesack gewesen sein könnte und aus dem nun mein blau-weiß kariertes Freizeithemd mit den kurzen Ärmeln herausschaute. Jetzt sah ich genauer hin und zu meiner größten Erleichterung fand ich den Seesackinhalt vollständig vor.

Der Bahnbeamte erklärte mir die Angelegenheit: *»Dieses Gepäckstück ist auf offener Strecke aus dem fahrenden Zug gefallen, mehrfach überrollt und ziemlich zerfetzt worden. Ein Streckenposten hat das Bündel aufgelesen und bei uns abgeliefert.«* Zu diesem »Wunder vom Bahndamm« gehörte auch die Tatsache, dass die äußere Hülle des Seesacks zwar völlig zerrupft, alle Siebensachen darin jedoch vollständig intakt geblieben waren. Kein Knopf fehlte, nirgendwo ein Riss, kein Flicken musste gesetzt werden. Aber mein Seesack hatte eine Metamorphose durchlebt: Er war um die Hälfte geschrumpft, reichte mir nicht mehr bis zur Hüfte, sondern nur noch bis zu den Knien. Als kleine Wiedergutmachung überließ mir der Uniformierte einen herrenlosen Koffer aus dem Bahnfundus. Ich verstaute meine Sachen in das willkommene Stück und glaubte wieder an eine Zukunft auf See. Inzwischen war auch die Goldenfels im Europahafen angekommen. Ich konnte also umziehen und wohnte nun auf meinem ersten großen Schiff.

Doch der andere Druck lastete weiter auf meinen Schultern. Das alles entscheidende Dokument fehlte immer noch, die schriftliche Genehmigung, ohne die ich die Welt nicht erobern konnte. Mit der Straßenbahn fuhr ich zur Bremer Hauptpost, fragte nach einem braunen Umschlag aus Lachendorf und drängte, aufgewühlt wie ich war, auf augenblickliche Nachforschung. Und siehe da, das Kuvert lag im Fach für fehlgeschlagene Zustellungen. Der Postbote hatte ihn nicht an die Reedereianschrift liefern können, weil er Mutters Handschrift nicht lesen konnte – sie war in Sütterlin gehalten.

Als ich an Bord zurückkehrte, lag die Goldenfels seeklar im Bremer Europahafen und schien allein auf mich zu warten. Ich stieg die flache Gangway hoch und legte Kapitän Otto Mendel meinen unterschriebenen Dreijahresvertrag vor. Eine Stunde später kam der Lotse an Bord und der Schwergutfrachter mit zwölf Kadetten ging auf Große Fahrt. Laut Fahrplan würden wir elf Monate unterwegs sein, die Liste der Häfen war lang: über Genua und Port Said nach Bombay, nach Colombo und Rangun und schließlich nach Amerika, wo wir unter anderem New York und New Orleans anlaufen sollten.

Ich hatte es geschafft.

Die Goldenfels

Goldenfels

Erste Reise

Wenn Bootsmann Jan Przybylak von seinen zwölf Kadetten sprach, redete er nur von den »jungen Löwens« oder von seinen »starken Kerls«. Im Ton lag Stolz, auf seinem Gesicht ein wissendes Lächeln. Wir Kadetten hatten auf der Schule Steuermann oder Handelsmarine als unseren Berufswunsch angegeben, auf dem Ausbildungsschiff Goldenfels sollte Bootsmann Przybylak dafür die praktischen Fundamente legen.

Die HANSA-Reederei vertraute ihm ihren seemännischen Nachwuchs an. So viel Verantwortung war für einen Bootsmann ungewöhnlich, zumal er ein kleiner, fragiler Mann um die fünfzig war, der rot und grün nicht voneinander unterscheiden konnte. Er trug eine mächtige Hornbrille mit schweren dicken Gläsern, die er ständig bergauf schob. Die Matrosen erzählten auch Geschichten von einer Zuckerkrankheit und einer altersbedingten Netzhautablösung. Warum er trotzdem noch zur See fahren durfte, deutete ein Steuermann an, der mit ihm schon auf mehreren Schiffen gefahren war: Es liege an einer Ausnahmegenehmigung, die ihm die See-Berufsgenossenschaft erteilt habe. Die Reederei mache ihren ganzen Einfluss bei maßgeblichen Behördenvertretern geltend, weil der Bootsmann die HANSA vor Jahren einmal vor einem Millionenschaden bewahrt haben soll. Die Hoffnung allerdings, jemals als Steuermann auf der Brücke zu stehen, war wegen seiner Farbenblindheit vergeblich, das wusste auch Jan. Seit er vor zwanzig Jahren zum Bootsmann befördert und damit direkter Vorgesetzter der Decksbesatzung geworden war, saß eine inzwischen zerschlissene, ehemals weiße Steuermannsmütze wie festgeschraubt auf seinem Schädel. Als Unteroffizier hatte er ein Recht auf diesen sogenannten Sonnenbrenner. Kaum jemand hatte ihn je ohne dieses Statussymbol gesehen. Der Bootsmann rasierte sich täglich nass, danach betupfte er Wangen, Hals und Kinn mit dem mentholhaltigen Rasierwasser Mennen, besonders in den Tropen halte Mennen die Frische besonders gut, meinte er einmal. Sobald ich mit dem Putzen seiner Kammer an der Reihe war, säuberte ich Duschkabine und Klo, Waschbecken, Spiegel und Fußboden, baute seine Koje, wischte Staub und brachte sein Rasierzeug wieder in Ordnung. Ich hatte große Achtung vor unserem Bootsmann und wollte von ihm wahrgenommen werden. Jan Przybylak ging fast nie mehr an Land, vertrat sich nur noch selten die Beine an der Pier. Alle größeren Häfen auf den fünf Kontinenten hatte er während der letzte fünfunddreißig Jahre gesehen. Er war nicht länger an der Welt interessiert. Stattdessen gab er seinen jungen Kerls mit auf den Weg, wo sie sich für wenig Geld maßgeschneiderte Anzüge machen lassen konnten, nämlich in Karatschi, gab uns Tipps, in welchem Hotel er sich im südafrikanischen Durban am wohlsten gefühlt hatte, im Edward, nannte uns eine Hamburger Adresse, wo wir gut und günstig Elektronikartikel einkaufen konnten, das Kaufhaus Brinkmann in der Spitaler Straße. Trotz schwacher Augen las er viel: Schifffahrtsbücher, »Die Wache« von Nikos Kavvadias stand in seinem Regal, auch Stevensons »Schatzinsel«.

Kurz nachdem ich in Bremen an Bord gegangen war, hatte Bootsmann Jan mich zu sich bestellen lassen. *»Warum kommst du erst in letzter Minute an Bord?«*

»Seesack und Sütterlin«, meine Antwort akzeptierte er, ohne nachzufragen.

»Heuerbaas Ludwig Lessing hat mir von deinen Schwierigkeiten erzählt. Ich wollte mir jetzt selbst ein Bild machen.«

Auf meine Frage, welche Seewache ich gehen solle, sagte er: *»Der Erste Offizier teilt die Wachgänger und Tagelöhner ein, nicht ich.«* Als ich mich wegdrehen und seine Kammer wieder verlassen wollte, fügte er hinzu: *»Ich glaube, wir kommen gut miteinander aus. Wie heißt du eigentlich?«*

»Hagen«, antwortete ich.

»Mit Vornamen?«

»Ja.«

»Nie gehört. Hier heißt du Hannes. Einverstanden?« Er sah zu mir hoch. Ich nickte. Diese Begegnung überraschte mich. Ein derart unverkrampftes Gespräch hatte ich nicht erwartet, eher eines zwischen Ritter und Knappe. Bevor ich seine Kajüte verließ, gab er mir noch einen Hinweis: *»Wenn du Fragen hast zu Tauwerk und Taljen, Marlspiekern und Persenningen oder wann welcher Knotentyp bei welcher Gelegenheit angewendet werden muss: Halte dich an den Altmatrosen Walter Meyer. Bei Walli lernst du am meisten.«* Dann wandte er sich wieder seinem Lesestoff zu. Ich drehte mich um und verließ seine Kammer.

Der Erste Offizier steckte mich in die Mittelwache, besser bekannt als Hundewache und ungeliebt, weil sie nicht nur nachmittags von zwölf bis vier dauert, sondern auch zu nachtschlafender Zeit. Sie findet prinzipiell unter der Führung des Zweiten Offiziers statt. Die daran anschließende Wache von vier bis acht leitet immer der Erste Offizier, gefolgt vom Dritten Offizier, der traditionell die Wache von acht bis zwölf unter sich hat. Da er meistens auch der jüngste Nautiker ist und seinen Brückendienst unter den wachsamen Augen des Kapitäns erst noch lernen sollte, wird sie auch Kapitänswache genannt. Die deutschen Seeleute hat-

Bootsmanöver an Land in der Schiffsjungenschule Elsfleth

ten diesen klassischen Wachrhythmus einst von der Royal British Navy übernommen, und er gehörte seitdem zum bewährten Zeitkorsett. Die Glasenuhr war dabei behilflich. Mit einem einzigen Glockenschlag erinnerte sie die Wachgänger daran, dass die erste halbe Stunde ihrer Schicht vorüber war; alle halbe Stunde kam ein neuer Schlag hinzu, zum Wachwechsel waren es schließlich vier Doppelschläge. Mit ihnen endete der Törn des einen Offiziers und der des nächsten begann. Vor langer Zeit, zu Segelschiffszeiten, hatte auf der Brücke stets ein mit Sand gefülltes Stundenglas – daher Glasenuhr – gestanden, das alle halbe Stunde umgedreht werden musste. So lange brauchte der feine Sand, bis er von der oberen Stundenglashälfte in die untere gerieselt war. Damit die Bordgemeinschaft dann wusste, was die Stunde geschlagen hatte, griff ein Matrose den Klöppel der Schiffsglocke und verbreitete alle halbe Stunde die aktuelle Uhrzeit mittels der entsprechenden Anzahl von Schlägen über das ganze Schiff.

Während meiner ersten Seewache erreichten wir die Außenweser, fuhren ein paar Meilen über die Nordsee, an der Kugelbake, dem Wahrzeichen Cuxhavens, und an Brunsbüttel vorbei und von dort die Elbmündung flussaufwärts Richtung Hamburg. Unser erstes Etappenziel hieß Schuppen 80/81 im HANSA-Hafen. Drei Tage lang übernahmen wir Ladung für unsere Zielhäfen. Es stiegen auch zwölf Passagiere zu, Ingenieure und Techniker mit ihren Familien, die Arbeitsverträge mit dem Schah von Persien geschlossen hatten, und ein Soziologe, der nach Indien wollte.

In Hamburg wurde ich mit Jonny als Lukenwächter eingeteilt. Wir hatten uns schon vor dieser ersten großen Reise auf der Schiffsjungenschule in Elsfleth kennengelernt und wurden Freunde. Er kam aus Kiel und war dort als Schüler bereits Leistungsschwimmer gewesen. Keiner machte die Mädchen so unverblümt an wie Jonny, keiner von uns ging so direkt zur Sache wie er. Jetzt sollten wir gemeinsam dafür sorgen, dass die Ladung unangetastet blieb. Die Hauptaufgabe dieses dumpfen und langweiligen Jobs bestand darin, Hafenarbeiter allein durch unsere Anwesenheit im Laderaum davon abzuhalten, sich nicht an den verstauten Kostbarkeiten zu vergreifen und fremdes Eigentum mitgehen zu lassen. Ladungsdiebstahl war ein beliebtes Hobby vieler Schauermänner, gute Gelegenheit macht fleißige Diebe. Sie gingen dabei trickreich vor: Während die einen Pensum arbeiteten und im Akkord Stückgüter in die Luken packten und in die flachen Zwischendecks zerrten, suchten ein paar andere Beute. Wir beide sollten nun verhindern, dass sie Holzkisten aufbrachen, Kartons aufschlitzten oder Schlösser knackten. Die ungleich höhere Hürde allerdings mussten sie erst danach überwinden: das Raubgut durch den Freihafenzoll zu schmuggeln. Kein Hafenarbeiter auf der Welt – und ein Hamburger schon gar nicht – ließ sich gern erwischen. Überführte Ladungsdiebe wurden von ihren Arbeitgebern fristlos entlassen. Besonders begehrt waren Zigaretten, Schweizer Uhren, Elektronikartikel, Kaffee, Haushaltswaren und Klamotten – alles Sachen, die ein Schauermann bei Hehlern auf dem Hamburger Kiez gut losschlagen konnte.

Jonny und ich mussten hellwach sein: Einerseits sollten wir keinen Krach riskieren und die Männer in Ruhe arbeiten lassen, denn diese standesbewussten Typen waren nicht gerade zartbesaitet und setzten ihre Interessen gern nachdrücklich mit barschen Worten und Prügelandrohung durch. Andererseits sollten die Lukenwächter zuallererst die Interessen des Schiffes und seines Reeders vertreten, der wiederum mit Ladungseigentümern und Versicherungsgesellschaften nicht in Streit und juristische Händel geraten wollte. Obwohl der Job des Lukenwächters somit nicht ganz risikolos war, gehörte er dennoch zu den besten Gelegenheiten, die begehrten, weil einträglichen Überstunden zu schieben, ohne sich groß krumm zu machen.

Unser nächster Seehafen war Rotterdam, weltweit der größte überhaupt. Nachts gegen drei – viele Stunden vor der Ankunft – kam ein Lotsenboot an Steuerbord längsseits. Ein erstaunlich schweigsamer Seelotse kletterte an der Jakobsleiter die Bordwand hoch, nahm die Aufgänge zur Brücke und äußerte sich dabei nicht mal mit einem einzigen Wort zur aktuellen Wetterlage. Sehr ungewöhnlich, wir aber reagierten nicht darauf. Ein schwerer Fehler, wie wir bald erfahren sollten, denn nach einer knappen Stunde vollzog die Goldenfels urplötzlich eine Vollbremsung. Zwei heftige aufstoppende Bewegungen durchliefen das Schiff, als würde eine Riesenschaukel auf dem Rummelplatz jäh abgebremst werden. Die Wachgänger auf der Brücke und in der Maschine stieß es nach vorn, sie schwankten wie Getreide im Wind und fanden gerade noch rechtzeitig Halt. Die Hauptmaschine wurde abgestellt, eine unbehagliche Stille legte sich über das gerade noch vor Leben vibrierende Schiff. Reglos wie ein totes Flusspferd lag es im flachen Wasser. Wir waren gestrandet. Aufgelaufen! Mit das Hässlichste, was einem Seemann widerfahren kann. Wir schaukelten nicht länger auf leisen Nordseewellen, wir saßen fest auf weichem Sand, lagen mit plattem Bauch still und bewegungslos wie im Trockendock. Die westfriesische Insel Terschelling hielt uns fest und gab uns nicht wieder frei.

Der schweigsame Seelotse hatte allen Grund, schweigsam zu sein: Er war betrunken. Er hatte unseren West-zu-Süd-Kurs verlassen und war auf Südwest gegangen – fünfzehn Meilen zu früh! Auf diesem neuen Kurs lag jedoch die holländische Insel im Weg und auf ihrer flachen Westspitze jetzt die Goldenfels. Der Rudergänger war wie aufgelöst, glaubte, einen Fehler gemacht zu haben. Aber der Steuermann konnte ihn beruhigen, ihn traf keine Schuld. Der schweigsame Seelotse schlief derweil auf den bequemen Brückensessel seinen Rausch aus. Wir bugsierten ihn später in die Lotsenkammer, wo ihn die Polizei nach Ankunft in Rotterdam in Empfang nahm. Trotz allem hatten wir Glück: Nach einer Stunde setzte die Flut ein, das Wasser stieg, wir hörten ein leises Schmatzen und Glucksen, bekamen mehr und mehr Wasser unter den flachen Kiel und schwammen schließlich vollständig auf, ganz ohne Schlepperhilfe. Allein die zurückkehrende See hatte uns in dieser hochpeinlichen Lage geholfen und die Goldenfels von der Sandbank befreit. Gegen Mittag legten wir in Rotterdam an, wo wir im sogenannten Felshafen, der nach den Schiffen der HANSA-Reederei benannt wurde, festmachten. Es war unser letzter Aufenthaltsort in Nordeuropa.

Ich dachte an den Abschied von zu Hause, an Pfannkuchen mit Amaretto und den blühenden Bauerngarten und daran, dass es nun unwiderruflich auf Große Fahrt gehen würde. Gedankenverloren schlenderte ich ziellos durch den Hafen und landete am Tresen des Felsenkellers, gut zehn Minuten von meinem Schiff entfernt. An der Bar bestellte ich ein Bier und genoss die Sprachmelodie des holländischen Barkeepers. Völlig unerwartet trat eine Frau von hinten an mich heran, so dicht, dass wir sogleich hautnah aneinanderklebten. Eine Weile blieben wir so stehen, ich war gespannt, wie es weitergehen würde. Ich war noch nie mit einer Frau zusammen gewesen, war aufgeregt und neugierig, wer da hinter mir stand. Ich drehte mich langsam zu ihr um; sie war einen halben Kopf kleiner als ich, hatte kurze rotblonde Haare und trug ein enges, hellblaues Kleid ohne Dekolleté. Ihr Name war Rheé, sie war vielleicht zwanzig – drei Jahre älter als ich. Wir setzten uns auf Barhocker an einen runden Tisch, tranken weißen Rum, tanzten Becken an Becken nach englischen Hits und landeten später in ihrem Apartment in der Heenekijnstraat in der Rotterdamer Innenstadt. Vor diesem Augenblick hatte ich mich immer gefürchtet und ich erzählte ihr von meiner Angst. Sie lachte nur, sagte etwas Nettes auf Holländisch und nahm mir alle Befangenheit. Wir liebten uns die ganze Nacht, es war bereits hell, als sie mich zum Schiff begleitete. Von da an sahen wir uns jedes Mal, wenn mein Schiff Rotterdam anlief.

Der Felshafen war bei Seeleuten sehr beliebt, was nicht zuletzt am Bäcker von Laboe lag, einem zuvorkommenden holländischen Handelsmann, der sein schnell wachsendes Geschäft in den Fünfzigern mit einem Bauchladen in seinem gleichnamigen Stadtteil gegründet hatte. Anfangs lief er mit frischen Semmeln und süßen Kuchen von Schiff zu Schiff und verkaufte Seeleuten sein Backwerk, daher sein Spitzname. Inzwischen aber gab es nichts, was er nicht hätte liefern können. Auf der Goldenfels waren gefütterte Winterstiefel und eine Fellmütze samt Ohrenschützern für einen Matrosen bestellt worden, für einen Jungmann und drei Leichtmatrosen je ein Paar Arbeitshandschuhe, für den Zweiten Offizier ein Schachbrett, den Leitenden Ingenieur Luftpostpapier und für uns alle eine englische Darts-Scheibe mit zehn Pfeilen, die aus der Gemeinschaftskasse bezahlt wurde.

Und dann fragte der Bäcker von Laboe während der Tea Time-Pause, die vormittags von zehn bis zehn Uhr zwanzig abgehalten wurde, in der Mannschaftsmesse: *»Ist hier ein Hagen an Bord?«*

Ich hatte nichts bestellt, reagierte aber auf seine Frage. Er kam auf mich zu und händigte mir ein rotes, quadratisches Kästchen aus. Darin fand ich ein goldenes R. Es stand für Rheé.

Das Schiff

Mein Schiff als riesiger Scherenschnitt: Masten, Ladepfosten und -bäume strebten in den Abendhimmel hinein. Sie standen senkrecht zum Hauptdeck und senkrecht zu dem lang hingestreckten Schiffskörper auf schwarzem Wasser. Lasttaljen, Hanger und Winden forderten Beachtung – ein jedes Teil für sich allein und alle gemeinsam. Die flachen Aufbauten der mittschiffs gelegenen Brücke und das Achterschiff vollendeten den Anblick der kunstvollen Silhouette dieses schweren Stückgutfrachters. Durch die Vielzahl der Ladebäume mit all den Drähten, Renner und Faulenzer genannt, den Geien und Blöcken mit ihrem laufenden Gut, gewann man den Eindruck, dass dieses Schiff höchst kompliziert zu handhaben sei. Tatsächlich aber hatte sich dieser Typ seit vielen Jahren in der Fahrt bewährt. Bei seinem Anblick schlug echten Seeleuten das Herz höher und uns Kadetten schmeichelte die Erkenntnis, auf einem so schönen Schiff zu fahren. Dieses Meisterwerk – hundertsiebzig Meter lang und neunzehn breit – sollte für ein Jahr unsere Heimat werden, auf der GOLDENFELS würden wir arbeiten, Geld verdienen und dabei die Welt erfahren. Schon nach ein paar Tagen sollten wir erkennen, dass hier Schwerstarbeit von uns zu leisten war: Giene und Schäkel, Herzplatten und Spannschrau-

— 19 —

Inhaber hat auf dem auf der Vorseite bezeichneten

Schiff: M/S. „Goldenfels"

Fahrtgebiet: große Fahrt

in der Zeit vom 16.8.62

bis zum 17.4.63

Dienstzeit: 8 Monate 2 Tage

als Junge u. Jungmann ab 1.5.6[illegible]

Schiffsdienst geleistet.

Auf die Fahrtzeit sind .... Tage für Urlaub nach der Abmusterung anzurechnen.

Bremen, den 17.4.63

Unterschrift des Kapitäns oder eines bevollmächtigten Schiffsoffiziers

Die vorstehende Unterschrift wird beglaubigt und die erfolgte Abmusterung hiermit vermerkt.

Rotterdam, den 20. Mai 1963

Der Inhaber hat Beendigung des Dienstes mit Wirkung vom 17.4.63 glaubhaft gemacht

Urlaub vom 18.4.63 bis 30.4.63 • 24 freie Tage Abgeltung.

Soziale Beiträge bis 30.4.63 bezahlt. D.D.Ges. „Hansa"

»*Schiff: M/S ›Goldenfels‹, Fahrtgebiet: große Fahrt*«. *Auszug aus dem Seefahrtbuch des Autors*

MS Goldenfels, August 1962

ben, Königsgeien und Stahlmatten – alles, was wir anpackten, war schwer und wuchtig, massig und gewaltig. Wir hatten eben nicht auf einem Operettenschiff angemustert, auf dem blaue Uniformen und goldene Kordeln spazieren geführt wurden, sondern auf einem Schwergutfrachter.

Die Schiffsmitte war geprägt von den weißen Aufbauten mit dem Peildeck und der Kommandobrücke mit ihren beiden Nocken. Im Deck unter der Brücke lag das Reich von Kapitän Otto Mendel mit großer Kajüte und dem weitläufigen Salon, darunter wohnten seine drei Nautischen Offiziere, alle schön weit weg vom Lärm der Hauptmaschine und dem Alltag der Matrosen. An der Rückseite dieser Mittschiffsaufbauten war der Schwergutbaum befestigt, hundertfünfundsechzig Tonnen konnte er auf einen Schlag heben, ein Schiff wie ein Herkules. Damit konnte die Reederei es auch dort einsetzen, wo Häfen noch ohne eigene Kräne waren, wie in Afrika oder auch in Indien.

Auch die Aufbauten des Achterschiffs strahlten weiß und hell wie eine mediterrane Jacht. Aus ihnen wuchs ganz oben – wie ein Burgfried aus dem Fels – ein mächtiger Schornstein empor, von vier Rettungsbooten eingerahmt. Ein Deck tiefer machten es sich die zwölf Passagiere bequem, darunter wiederum lagen die Einzelkammern der Ingenieure, die Offiziersmesse, Versorgungsräume und das Hospital. Lagerhalter, Boots- und Zimmermann logierten mit Chefkoch und Kajütsteward in Einzelkammern auf dem Hauptdeck. Dort lagen auch Kombüse, Kühlräume und Mannschaftsmessen.

Wir Schiffsjungen lebten, wie auch die Matrosen und Heizer, ganz unten im Achterschiff zwischen Maschinenraum und Ladung – nur wenige Fuß über der Wasseroberfläche, dort, wo es eng und dunkel zugeht – in unmittelbarer Nähe des Machtbereichs des Chef-Maschinisten, wo es zischte und dampfte, wo riesige Lüfter die Maschinen mit Sauerstoff versorgten, wo es nach Schmiere, Diesel und Getriebeöl stank; hier im Fettkeller war es rutschig, stickig und laut. In den Kammern und Unterkünften rüttelte es, Tassen schepperten in ihren Ablagen, Kaffee sprang aus den Mucken, Teller hüpften von den Tischen. Besonders schlimm war es, wenn das rigorose Rückwärtsmanöver »Zurück Voll« verlangt wurde.

Mein Zimmerkamerad Paul und ich richteten es uns dort in unserer sieben Quadratmeter großen Kammer so häuslich und gemütlich ein, wie es nur eben ging: Unter einer Tischdecke versteckten wir die Resopalplatte, vor die Bullaugen hängten wir Gardinen, fleißig rankende Süßkartoffeln zierten mit ihren grünen Blättern unser Reich. Neben den beiden Holzspinden hingen Waschbecken und Spiegel, unter den Bullaugen standen fest eingebaut eine hart gepolsterte Holzbank und ein kleiner Tisch, gerade mal so groß wie zwei Atlanten. Den einzigen Stuhl mussten wir bei Seegang laschen, damit er nicht gegen Wand und Koje krachte. Dicke Luft in unserem Heim verjagten Paul und ich, indem wir ein halbrundes Blech so in eines der Bullaugen klemmten, dass es über die Bordwand hinausragte. Der Fahrtwind belohnte uns dann sogleich mit salziger Frische. Brieste das Wetter dann allerdings auf und wir hatten vergessen, das Windblech rechtzeitig wieder einzuholen, schlug unser schönes Zuhause mit Atlantikwasser voll. Nicht selten schwammen auch Krebse und Fischlein zwischen salzwassergetränkten Schuhen, Socken und Wäschestücken umher. Bei Seegang legten wir, um während des Schlafs nicht aus der Koje zu kippen, ein eigens dafür vorgesehenes Brett in die entsprechende Halterung. Eigene Duschen und Toiletten waren den höheren Dienstgraden vorbehalten, wir mussten uns mit Gemeinschaftsduschen und -toiletten begnügen.

Ob Ober- oder Unterkoje – auf der ganzen Welt gab es für mich keinen vertrauteren Ort als diesen dunkelholzgetäfelten Schlafplatz! Nur ihn musste ich mit wirklich niemandem teilen. Messingleuchten sandten goldgelbes Licht in die enge Hütte. In diesem kleinsten und intimsten aller Weltenreiche träumte ich meine großen Träume. Hier bereitete ich Landausflüge vor und kehrte beschenkt wieder zurück, beklagte Niederlagen und suchte neue Hoffnungen, pflegte meine geschundenen Knochen und kam wieder auf die Beine. Hier überwand ich Bedrängnis und Bitterkeit, weinte vor Enttäuschung, Heimweh und Glück.

Mittelmeer

Hinter uns versank der Atlantik im weißen Kielwasser. Eine ganze Stunde benötigten wir, um Gibraltars Affenfelsen zu passieren, nahmen dann Kurs auf Kap da Gata im Südosten Spaniens und zogen zügig an Marbella und Malaga vorbei. Auf uns warteten Marseille und Genua, dort sollte die GOLDENFELS mit weiteren Waren beladen werden, bis kein Platz mehr an Deck und in den Luken frei sein würde. Nach dem ägyptischen Port Said würden wir den Suezkanal durchqueren und Abendland gegen Morgenland tauschen. Falls wir keine neuen Anweisungen erhielten, würden wir danach zur Ostküste Amerikas versegeln, oben von Boston angefangen über New York und Philadelphia bis hinunter in den Golf von Mexiko und dann die Südstaatenhäfen entlang westwärts bis nach Corpus Christi in Texas. Ich empfand mich als kleines, nützliches Rad im großen Seefahrtsgetriebe; ich verstand zwar viele

Zusammenhänge nicht, aber ich spürte, dass ich dazugehörte. Ich war Teil einer Gemeinschaft, die Freude an ihrer Arbeit und ihren Abenteuern hatte. Ein Kollektiv, das es aufregend fand, durch die Welt zu stromern, in vielen Häfen und Kulturen anzuklopfen, eingelassen zu werden und wieder zu verschwinden; wir gehörten nirgendwo hin, wir gehörten nirgendwo dazu. Mir fehlte zwar mit diesem Typ Männern, mit denen ich hier lebte, jegliche Erfahrung, aber ihr Biotop lernte ich jetzt kennen – vor allem die Enge und Isolation, den Umgang miteinander, die Gepflogenheiten und den Alltag, der jetzt auch mein Alltag war.

Auch die Möglichkeit des sozialen Aufstiegs kam mir gelegen. Ich hatte gerade die Mittelschule mit einer schwachen Drei geschafft und stand jetzt am untersten Ende einer Hierarchie von zweiundfünfzig Männern. Ich war nur Schiffsjunge und musste lernen, mich einzuordnen, wollte mich aber nicht unterordnen; ich wollte Augenhöhe, mich nicht verleugnen und meine Selbstachtung bewahren.

»An Bord machen sie dich fertig«, war ich an Land gewarnt worden. Dazu wollte ich es nicht kommen lassen. Und so begann mein Alltag an Bord: Gleich zu Beginn der nächtlichen Hundewache forderte mich der wachhabende Steuermann Dietmar Schwarz auf, das Ruder zu übernehmen und das Schiff zu steuern. Die Gelegenheit sei günstig, *»nur auf hoher See kann man unbefangen das Steuern lernen, wenn andere Schiffe und alle Untiefen weit weg sind.«* Ausreden seien zwecklos, auch das Steuern eines Schiffes gehöre zur Ausbildung. Ich aber hatte Skrupel, ein so großes Schiff schon allein zu lenken und sperrte mich.

»Stell dich hin und mach einfach, was dir dein Wachmatrose sagt. Dann lernst du es in ein paar Tagen.«

Mein Wachmatrose hieß Michael Cramer von Laue und galt als erfahrener Rudergänger. Er war ein freundlicher Typ, eher von kleiner Statur und blitzgescheit, niemanden an Bord nahm er so richtig ernst, alle mochten ihn. Michael überließ mir das Steuerrad, blieb aber an meiner Seite. Für mich kam jetzt alles darauf an, das Schiff auf Kurs und die aktuellen achtzig Grad auf dem Kreiselkompass gut im Auge zu behalten. Das klappte soweit auch ganz gut. Wir rauschten durch eine helle Septembernacht, und ich steuerte zum ersten Mal ein großes Schiff auf hoher See! Aufpasser Michael schärfte mir ein, den Ruderlagenanzeiger nur wenige Grade auf die jeweilige Seite zu legen und rechtzeitig gegenzuhalten, wenn das Schiff heftiger reagierte als vorgesehen. Auch solle ich große Ruderausschläge vermeiden, die machten das Schiff nur nervös. Ich fühlte mich mit diesen ganzen Anweisungen sehr schnell überfordert, und mich peinigten plötzlich auch noch Versagensängste, ich bekam Schweißausbrüche, meine Handflächen wurden nass. Ich trat nervös von einem Bein aufs andere und suchte mit verzweifelten Blicken Hilfe bei meinem Wachmatrosen. Der aber reagierte nicht. Ich wurde immer hektischer, versuchte Kurs zu halten, vergaß aber dabei, das Ruder rechtzeitig zurück auf Mittschiffs zu legen. Sekunden später hielt die GOLDENFELS auf die spanische Küste zu. Da aber wollten wir nicht hin. Als ich deshalb mit »Hart Steuerbord« die Gegenmaßnahme einleitete, schoss das Schiff wiederum weit über das Ziel hinaus und der Steven zeigte nun in Richtung Nordafrika. Auch dort wollten wir nicht hin, unser Ziel hieß Marseille! Es wollte mir einfach nicht gelingen, das Schiff einzufangen, es lief mir sprichwörtlich aus dem Ruder. Mir war die ganze Situation unendlich peinlich, denn jeder konnte an den Schlangenlinien der mäandernden Hecksee erkennen, dass hier ein Greenhorn am Ruder stand. Michael aber blieb die Ruhe selbst, löste mich endlich ab und brachte die GOLDENFELS wieder auf Kurs.

»Wenn du ruhig bleibst und die Nerven behältst, kannst du den Dampfer führen wie einen Ochsen am Nasenring«, gab er mir nach Wachende morgens um vier noch mit auf den Weg. Wenn ich doch nur schon gewusst hätte, dass ich bereits wenige Wochen später diesen Ochsen mit sicherer Hand an der Leine führen konnte.

Der Zweite Steuermann, Dietmar Schwarz, war für mich das, was man unter einem feinen Kerl verstand. Standesdünkel und Offiziersgehabe waren ihm völlig fremd, wichtig war ihm allein, dass jeder Einsatz zeigte und seinen Job so gut erledigte, wie es ihm möglich war. Er wohnte im niedersächsischen Verden an der Aller, war unverheiratet und hatte mit seinen sechsundzwanzig Jahren bereits das große Kapitänspatent A6 in der Tasche. Er strahlte große Selbstsicherheit aus, ganz ohne arrogante Attitüde. Berechtigte Kritik steckte er mit einem Lächeln weg und machte es das nächste Mal besser, bot aber auch, wenn es denn einmal sein musste, dem meist schweigsamen Alten, Otto Mendel, die Stirn. Schwarz war schnell im Kopf und artikulierte druckreif. Ironie gehörte zum verbalen Waffenarsenal dieses virilen, knapp ein Meter neunzig großen Mannes mit dem braunen Wuschelkopf und der steilen Falte über der Nasenwurzel. In Uniform sahen wir ihn nie, er legte keinen Wert darauf. Mit Matrosen und Heizern trank er gern ein Bier oder auch mehr, konnte aber ärgerlich werden, wenn sie seine Wache durch Gleichgültigkeit ins Gerede brachten. An Bordpartys, die der Alte für Diplomaten, Reedereikunden und -agenten im Ausland gelegentlich gab, nahm er nicht teil. Größtes Bedauern empfand er, weil er für sein geliebtes Schachspiel, das ihm der Bäcker von Laboe in Rotterdam an Bord gebracht hatte, bisher keinen ernst zu nehmenden Gegner gefunden hatte. Seine Landgänge bereitete er gut vor. Wenn es sich ergab, besuchte er Theater oder reiste ins Landesinnere, wenn ihn während langer Hafenliegezeiten Plätze oder Orte besonders interessierten. Er fuhr nach Kandy ins Hochland von Ceylon, nach Johannesburg weit ins südafrikanische Binnenland hinein und nach Washington D. C. in die amerikanische Hauptstadt, um sich das politische Machtzentrum der Welt persönlich anzusehen. Er machte keinen Hehl daraus, so früh wie möglich ein eigenes Kommando anzustreben, obwohl er noch nicht einmal Erster Offizier war. Ansonsten wollte er das Leben genießen – an Bord und an Land, *»in Freiheit und Ordnung«*, wie er das nannte, wobei er vor allem die Freiheit meinte. Er stand am Beginn einer aussichtsreichen Karriere. Der sechzigjährige Alte dagegen hatte sein Ziel erreicht und nahm nach vierzig Jahren Seefahrt das Ende seiner Berufszeit in den Blick. Die beiden mochten sich nicht besonders, aber sie achteten und respektierten einander.

In der Schiffsjungenschule Elsfleth, 1962

Während der ersten langen Reise wuchsen uns Anfängern Seebeine. Wir gewöhnten uns an das wohlige Schaukeln, aber auch an das nervende Vibrieren des Schiffes, wir stellten unseren Gang über Deck und unsere Schlafgewohnheiten darauf ein. Wir lernten das neue Milieu mit seinen starren Regeln und festen Ritualen gründlich kennen und uns zu verantworten in allem, was wir taten. Das Meer diktierte unseren Tages- und Nachtrhythmus, und wir lernten, dass ein Schiff niemals schläft, nicht auf See und nicht im Hafen. Langsam gewöhnten wir uns an die Vorstellung, weit und breit nur von Wasser umgeben zu sein: vor und hinter uns, rechts und links neben uns. Vor allem über tausend Meter unter uns. Oft genug war das Wasser auch da, wo es nun wirklich nicht hingehörte, nämlich an Deck und mitten unter uns.

Wir Kadetten waren während unseres dreimonatigen Lehrgangs an der Schiffsjungenschule, offiziell Seemännische Berufsfachschule, praktisch und theoretisch auf unser Leben auf See vorbereitet worden. Längst war die Deckslaufbahn als Lehr- und Ausbildungsberuf anerkannt, der Matrosenbrief entsprach dem Gesellenbrief eines Handwerkers an Land. An Bord unterrichteten uns die Nautischen Offiziere während des täglichen zweistün-

Hagen Deecke (hintere Reihe, 3. von links) nach dem bestandenem A5-Examen

digen theoretischen Unterrichts in den Fächern Wetterkunde und Schifffahrtsrecht, Schiffstechnik und terrestrischer Navigation. Hinzu kamen die Aufgaben und Pflichten während des Wachdienstes und das Kennenlernen der internationalen Seezeichen-Betonnung. Während der praktischen Unterweisungen lernten wir alles über Knoten und Spleißen, über Leinen und Taljen, Drähte und Anker. Wir trainierten regelmäßig den Seenotfall und spielten dabei alle Sicherheitsmanöver unseres Schiffes durch, besonders Boots- und Feuerschutzübungen. Die Fertigkeiten gehörten zum ständigen Ritual und dienten dem Überleben im Ernstfall.

Aber auch tumbes Rostklopfen beschäftigte uns monatelang, nicht weniger die elendig lärmenden und Staub und Dreck aufwirbelnden Rostmaschinen, mit denen wir alte Farbe und Rost von Deck und Wänden kratzten, eine schwere Plackerei bei fast jedem Seegang und jedem Klima. Sobald Rost und alte Farbe weggehauen waren, malten wir das Schiffseisen mit roter Mennige an, der Rostschutzfarbe folgten Vorstrich- und Lackfarben. Nach Feierabend schrubbten wir uns in den Gemeinschaftsduschen gegenseitig den Dreck von den Rücken. Die Pflege des Stehenden Gutes dagegen, dazu gehörten Stagen und Wanten, war eine Wohltat. Wenn wir die schweren Drahtseile mit schwarzen Spezialfetten konservierten, freuten sich unsere Hände; ein aus einem Drahtseil herausragender, gebrochener einzelner Draht jedoch riss uns dabei manches Mal die Hand auf, dann floss Blut und vermengte sich mit dem schwarz-flüssigen Fett. Unser normaler Arbeitsalltag dauerte zwölf Stunden, vier davon waren Überstunden, bei allen sehr begehrt; sie wurden peinlich genau notiert, weil gut bezahlt. Genehmigten uns der Erste Offizier und Bootsmann Jan einmal keine Überstunden oder setzten ihre Streichung als disziplinarische Maßnahme ein, zogen wir vor die Kammertür des Ersten und verlangten die Rücknahme dieses Verbots; das funktionierte eigentlich immer.

Die Arbeit hörte niemals auf – dafür sorgten das Salzmeer, der Salzwind und unser beliebter Bootsmann Jan Przybylak, der für ein »Schiff in Schuss« geradestand. Besonders stolz schritt er übers Deck, wenn er für seinen schicken Dampfer vom Alten oder vom Reedereiinspektor ein Lob erhalten hatte. Alle Tätigkeiten, die dem Wohl des Schiffes, der Ladung und der Besatzung dienten, fassten wir unter dem Begriff gute Seemannschaft zusammen. An guter Seemannschaft wurde alles gemessen.

Straße von Messina

Auf Kurs Nordost ließen wir Mallorca an Backbord zurück. Etwas später schimmerten Sardinien und Korsika an Steuerbord durch. Das Ligurische Meer nahm uns auf, Genua war nicht mehr weit, und mit dem Fernglas konnten wir die Schatten des Apennins bereits erkennen. Das Echolot zeigte keinen Wasserstand, denn der Golf von Genua war hier noch hunderte Meter tief, die Zweihundert-Meter-Wassertiefe reichte fast bis an die Küste heran. Keine Untiefe, kein Inselchen störten die geradlinige Ansteuerung. Nur das militärische Übungs- und Schießgebiet mitten im Golf umfuhren wir weiträumig. Niedrige Wolken, leichte Dünung und eine diesige Kimm kündigten auflandige Winde an und doch konnten wir den Torre della Lanterna erkennen, den viereckigen Galerien-Leuchtturm von Genua.

Den Lotsen übernahmen wir erst eine Meile vor der östlichen Hafeneinfahrt. Nach jedem Seetörn waren Lotsen unser erster Kontakt. Sie geleiteten uns in ihre Häfen und waren die frühen Übermittler von Neuigkeiten, die sich während unserer Tage oder Wochen auf See an Land ereignet hatten. Für uns hatte er dieses Mal eine echte Sensation im Gepäck: Zwei rassige Schönheiten wären gerade vom Stapel gelaufen, hätten sich bewundern und bestaunen lassen und erst gestern den Alten Hafen für ihre Jungfernreisen verlassen. Wir hätten die beiden nur um ein paar Stunden verpasst. *»Die Linienführung, die Proportionen, die ganze Ästhetik«*, schwärmte der Signore. Ihren Anblick könne er nie mehr vergessen. Sein Seemannsherz sei zutiefst gerührt, er ließ seiner Begeisterung über die MICHELANGELO und die LEONARDO DA VINCI freien Lauf. Italienische Schiffsarchitekten hätten mit dem revolutionären Design alle bisherigen Vorstellungen, wie ein Passagierschiff auszusehen habe, außer Kraft gesetzt und die beiden Schönheiten in den maritimen Olymp gehoben. Den *»Aufbruch in eine neue Epoche«* zeichnete Montani mit Händen und großen Worten nach, voller italienischer Dramatik und nicht ohne eine Träne der Rührung. Wir dagegen, die wir Passagierschiffe mit ihrer »verkleideten« Besatzung gar nicht als richtige Schiffe anerkannten, waren nun doch neugierig auf diese schiffsarchitektonischen Sensationen geworden. Wir mussten aber lange warten, bis wir eine von ihnen zu Gesicht bekamen, denn erst viel später, in New York, trafen wir auf die LEONARDO DA VINCI und konnten die Begeisterung unseres Lotsen im Nachhinein teilen.

Schiffe waren überall gern gesehen, unserem Schwergutfrachter ging es da nicht anders. Er brachte Arbeit und Wohlstand in die Häfen, für Schauer- und Tallymänner, Kranfahrer, Maschinenführer und nicht zuletzt auch für Reederei- und Maklermitarbeiter. Während die Schauermänner an die tausend Tonnen in unseren fast vollen Schiffsbauch verstauten, nutzten wir die Tage während-

Der Torre della Lanterna, der berühmte Leuchtturm von Genua

dessen und erkundeten die Stadt: Franco von der Agentur Ditta V. Vanetti wies uns den Weg in das Geburtshaus von Christoph Kolumbus an der Piazza Dante, wir bewunderten den Börsenprunkbau aus ruhmreicher Vergangenheit, bestaunten den Prachtboulevard Via Garibaldi und das mittelalterliche Zentrum der mehr als zweitausend Jahre alten Handels- und Hafenmetropole. Später holte uns der italienische Seemannspastor mit seinem neuen VW-Bulli ab und chauffierte uns in das dreißig Kilometer entfernte Rapallo. Um zehn Uhr abends mussten wir uns beim Wachhabenden an Bord zurückmelden, weil wir mit siebzehn und achtzehn Jahren noch lange nicht volljährig waren. Die beiden mitgebrachten Drei-Liter-Flaschen Rotwein verstauten wir seefest in der Kojenschublade.

Nachdem die Agentur die Briefe an die Besatzung verteilt hatte, war ich ratlos, denn ich konnte Mutters Schrift nicht lesen. Sie schrieb in Sütterlin.

»*Der Alte kann alte Schrift lesen, er schreibt selbst noch so*«, sprang Walli mir zur Seite, »*geh rauf zu ihm.*«

Ich zierte mich, denn mein Respekt vor dem Herrn Kapitän, wie wir Kadetten ihn anzureden hatten, war groß. Doch meine Neugier auf den Brief war noch größer. In der Kapitänskajüte saßen wir auf einer gepolsterten Bank nebeneinander. Während der Lesestunde folgte ich seinem dicken Zeigefinger, Wort für Wort, Zeile für Zeile. Die Lesung hatte etwas von der Vertrautheit zwischen Großvater und Enkel.

»›*Mein lieber Junge*‹«, las Kapitän Mendel mir vor, »›*dein Brief aus Rotterdam ist hier gut angekommen.*‹« Und dann ging Mutter auf die Fragen ein, die ich ihr im letzten Brief gestellt hatte: Die Anzahl der Kühe war inzwischen von vierzehn auf siebzehn gestiegen; Günter, der neue Treckerfahrer, hatte seine Probezeit bestanden; Oma Hermines gebrochene Hand verheilte gut und Bruder Carsten trug morgens vor der Schule weiterhin die Brötchen für Bäcker Körner aus. Lauter gute Nachrichten, ich freute mich. Doch mir war die Angelegenheit in der Kajüte peinlich geworden. Der oberste Seemann an Bord erfuhr meine privatesten Angelegenheiten, viel mehr als mir lieb war. Er spürte meine Verlegenheit und sagte so nebenher, dass ich gern wiederkommen könne, wenn es beim Lesen kneifen sollte. Von diesem Tag an lernte ich jeden einzelnen Sütterlinkrakel von Mutters Schrift auswendig. Nur bei ganz wenigen Ausnahmen in späteren Briefen brauchte ich noch die Hilfe meines Kapitäns. Er hat geschwiegen wie die Pyramiden.

Während Hafenarbeiter das Schiff beluden, überwachte der Zweite Offizier die Arbeiten und trug die Ergebnisse in einen Stau- und Ladeplan ein. Als er damit fertig war, las er an den drei weißen Markierungen, die sich vorn, hinten und in der Mitte der Bordwand befanden, den durchschnittlichen Tiefgang ab. Diese weiße Markierung ist die sogenannte Freibord- bzw. Plimsoll-Marke. Der internationale Gesetzgeber gibt genau vor, wie tief ein Schiff ins Wasser eintauchen darf und berücksichtigt dabei sogar die grundverschiedenen Charakteristika von Stürmen auf den einzelnen Ozeanen. In der langen Geschichte der Seefahrt ist diese Vorschrift noch relativ neu.

Der Zweite erklärte uns das: *»Samuel Plimsoll war ein englischer Parlamentsabgeordneter, der 1890 endlich die gesetzliche Höchstbeladung von Seeschiffen durchgesetzt hat – gegen den Willen vieler Reeder.«* Zuvor hätten Reeder ihre Schiffe oft so voll beladen lassen, dass diese nur noch wenig Auftrieb hatten und dadurch Gefahr liefen, schon bei kleineren Stürmen mit Mann und Maus im Meer zu versinken. Die Verluste für die Reeder waren gering, denn ihre Schiffe waren gut versichert. Plimsoll, der britische Gentleman, hat mit seinem hartnäckigen Kampf tausenden Seeleuten das Leben gerettet. Inzwischen ist er fast vergessen, nur in New Orleans haben sie ihm mit dem angesehenen Plimsoll-Club ein würdiges Denkmal gesetzt.

Der Törn von Genua ins ägyptische Port Said dauerte bei siebzehn Knoten Reisegeschwindigkeit vier Tage und vier Nächte. Täglich wurde es wärmer. Meine Zeit als Mittelwachengänger war beendet, jetzt arbeitete ich von sechs bis sechs als Tagelöhner, zwölf Stunden täglich. Waren die geschafft, trafen wir uns abends auf dem Bootsdeck im Windschatten des dominanten Schornsteins

Die Straße von Messina zwischen dem italienischen Festland und Sizilien

oder auf dem Achterdeck. Wir erzählten uns Geschichten, zwei Männer spielten Gitarre, ein dritter Banjo. Wer die Texte der Seemannslieder kannte, grummelte mit und schaute aufs Meer. Die Feierabendtreffen wurden im Laufe der Wochen zum beliebten Ritual. Wir fühlten uns wohl in unserer Haut.

Bootsmann Jan teilte mich Walli Meyer zu. Auf dem Weg nach Messina zeigte er mir, wie ich mit sperrigem Segeltuchmaterial und der scharfkantigen Segelnadel umgehen musste, die wegen ihres dreieckigen Querschnitts trotz des robusten Segelhandschuhs nur mühsam durch das harte Material zu stechen war; und auch, wie Flicken auf zerrissene, teergetränkte Persenninge gesetzt werden. Bald schon versuchte ich mich an Abdeckungen von Windhutzenöffnungen, die ebenfalls aus diesem Persenningmaterial gefertigt wurden. Walli lehrte mich, wie ein Liek, die Kante eines Segeltuchs, und Gatjes, in ein Segel eingenähte Ösen, professionell angefertigt werden. Später stellten wir Abdeckungen für die beiden Rettungsboote und Sonnensegel her, die uns im Roten Meer, im Persergolf und anderswo vor der hochstehenden Sonne schützen sollten. Von seinem Lob und dem eher seltenen von Bootsmann Jan zehrte ich lange. Meine Muskeln wurden kräftiger, die Schülerhände schwielig, die Handflächen rau und rissig. Vom kräftigen Zupacken brachen die Fingernägel ab, schwarz von Teer. Meine Haare wurden länger, ein Zopf hielt sie hinten zusammen. Seit Gibraltar verzichtete ich auf die tägliche Rasur, spärlicher roter Pflaum wuchs auf Kinn und Wangen.

Wir steuerten südöstliche Kurse und passierten im Toskanischen Archipel die Ziegeninsel Capraia, später die Gefängnisinseln Pianosa, Monte Christo und Giglio. Der Alte hatte uns wissen lassen, dass wir auf dem Weg nach Ägypten die Straße von Messina nehmen würden, wer wolle, könne dort Briefe an eine Postboje abgeben. In etwa zwölf Stunden würden wir dort eintreffen, jeder habe also noch genug Zeit, einen Gruß zu schreiben. Walli klärte uns auf: *»Briefmarken braucht ihr nicht, ihr zahlt mit Zigaretten.«* Ich traute meinen Ohren nicht – ein Briefkasten mitten auf See! Doch einen echten, fest installierten gab es natürlich nicht, tatsächlich ging es um eine ausrangierte Blechdose, die mit den Briefen ins Meer geworfen wurde. Ich schrieb also zwei Seiten, klebte den Umschlag zu und war sehr gespannt, ob mein Brieflein in meinem Dorf in der Südheide auch ankommen würde. Und tatsächlich, es erreichte meine Familie, wenn auch erst sechs Wochen später, ordentlich mit italienischen Briefmarken versehen und ganz ohne jeden Wasserschaden. Die Fischer hatten ihre unausgesprochenen Zusagen gehalten. Aber nicht immer lief alles so glatt. In einem Brief, den ich Monate später aus dem somalischen Hafen Djibouti nach Hause schickte, wetterte ich:

Mit unseren Briefen in der Straße von Messina geschah ein Malheur, weil der Erste Offizier mal superschlau sein wollte: Wirft der Typ die Kaffeedose doch von der zwanzig Meter hohen Brücke ins Wasser hinunter anstatt vom nur drei Meter über dem Wasser gelegenen Hauptdeck aus. Und was passiert? Der Druckverschlussdeckel platzt auf und die Dose kippt sofort auf die Seite. Bevor das gute Stück jedoch samt seiner schriftlichen Kostbarkeiten im Meer versank, erreichten die herbeieilen-

den Fischer den Briefkasten gerade noch rechtzeitig und retteten ihn vor dem sicheren Untergang. Ob das eingedrungene Seewasser Briefpapier und Schrift zerstört hat, darüber müsst ihr mir berichten. Falls dieser Gruß – naja – falls er denn überhaupt angekommen ist.

Die schmale Straße von Messina kannte der Alte gut. Auch heute versprach er sich ein paar Stunden Zeitgewinn, wenn er den Umweg über Westsizilien meiden und den Sund wählen würde, denn er wollte den um sieben Uhr in Port Said startenden, südgehenden Konvoi durch den Suezkanal noch rechtzeitig erreichen. Dafür mussten das Schiff spätestens nachts um drei eingetroffen, fristgerecht einklariert und der Lotse bestellt sein. Die zwei Meilen breite Straße von Messina zwischen Capo Peloro und Torre Cavallo wurde, trotz extrem starker Strömung, unentwegt von Fähren befahren. Diese pendelten zwischen Genua und den sizilianischen Städten Palermo, Messina und Catania sowie dem römischen Hafen Civitavecchia und Neapel. Wir kamen als letzter von insgesamt vierundzwanzig Konvoi-Teilnehmern in Port Said an, deshalb wurde bei uns während der Kanalfahrt die Z-Flagge aus dem Internationalen Flaggensignalbuch gehisst. Vorschrift war auch die gelbe Q-Flagge, die Quarantäneflagge, die den Behörden signalisierte: An Bord ist alles gesund, ich bitte um freie Verkehrserlaubnis.

Port Said (Ägypten)

Port Said: Abendland begegnet Morgenland, Moderne der Tradition. Lutherische Christen laufen ägyptischen Sunniten über den Weg, Seeleute treffen auf arabische Händler und Berber. Zwei Kulturkreise sehen sich in die Augen, sie lieben sich nicht, sie brauchen einander. Sie geben dem jeweils anderen, was er begehrt, dann trennen sich ihre Wege wieder. Die ägyptische Seite bietet

Port Said, Mittelmeerhafen am Eingang des Suezkanals

die günstige Kanalpassage in das Rote Meer und weiter zum Persischen Golf, nach Singapur oder Australien, der Reeder zahlt in harter Münze, spart aber dafür dreitausendachthundert teure Seemeilen um das Kap der guten Hoffnung. Für beide Seiten ein lohnendes Geschäft.

Gleich bei der Ankunft in der ägyptischen Hafenstadt stürmten drei Dutzend bärtige Araber unser Schiff wie Fans die Bühne ihrer Idole; in helle, weite Gewänder gehüllt, Turban und Fez auf den Köpfen, mit sonnenkranken Augen und kehligen Stimmen. Wie sie es geschafft hatten, einen gültigen Bordpass zu ergattern, blieb uns ein Rätsel – alle Araber mussten Brüder sein. Überraschend schnell breiteten Händler ihre Waren auf den Decks aus: Wasserpfeifen, Kautabak und Kokosnussfleisch, gelbe Limonade und heißen, süßen Tee, auch Elfenbeinschnitzereien waren dabei. Unsere Kabinen, Messen und Gänge hielten wir verschlossen, die Bullaugen zugeklappt, zu unübersichtlich waren die vielen kleinen Boote, die unser großes Schiff umschwirrten, darunter auch junge verhüllte Frauen mit kleinen Kindern im Einbaum, die weit unten vom Hafenwasser aus um Bakschisch zu uns hochflehten. Bis die eigentliche Passage begann, ließen sich einige von ihnen ein Stück von uns mitziehen. Wenn sie Glück hatten, erwischten sie dabei eines der von uns ins Wasser geworfenen Stauhölzer, Bretter, die wir nicht mehr benötigten, für sie aber wertvolles Bauholz abgaben. Selbst eine vom Kochsmaaten gerade geleerte Dose oder Flasche galt bei ihnen als kostbares Gut. Gaben aus einer Welt des Überflusses in eine Welt des Mangels.

Der Barbier von Port Said stand auf dem Achterdeck unter freiem Himmel neben der Festmacherwinde und stutzte unserem auf einem Hocker sitzenden Chefingenieur die dunklen Haare. Der Barbier hatte sich auf deutsche Schiffe spezialisiert, Bremer Maaten hatten ihm ein paar Brocken beigebracht wie »Haarschneiden« und »Schuhschneiden«. Mit seiner monotonen Muezzin-Stimme machte er damit die Kundschaft auf seine Künste als Friseur und Schuster aufmerksam. Dass Walli Meyer immer mal wieder der Schalk im Nacken saß, wusste jeder an Bord. Als er den arabischen Friseur und sein Werben hörte, sah ich seiner Miene an, dass er wieder einmal etwas aushecken musste. Der Haarschneider dagegen argwöhnte nichts dergleichen, als Walli ihn fragte: *»Kannst du auch Hosen kürzen?«* Walli unterstrich seine Frage pantomimisch und machte mit Zeige- und Mittelfinger eine Schere nach. Der Barbier stutzte, ordnete seinen verschlungenen Kopfputz neu und sah Walli prüfend von der Seite an. *»Haarschneiden. Schuhschneiden. Hoseschneiden«*, sprach Walli laut und langsam vor sich hin. Der ägyptische Maestro sah bereits ein neues Geschäftsmodell auf sich zukommen, stimmte zu und kehrte die Locken seines Kunden zusammen.

»Haaschneiii, Schuschneiii, Hosschneiii«, kauderwelschte er und blickte Walli erwartungsvoll an.

»Hoseschneiden heißt auf Deutsch ›Arschfick‹«, erklärte Walli ihm in vollem Ernst, *»wenn du ›Haarschneiden, Schuhschneiden, Arschfick‹ rufst, dann bringen dir die Männer auch ihre zu langen Hosen und du wirst ein reicher Mann.«* Der Friseur bedankte sich überschwänglich, während Walli in die Mannschaftsmesse weiterzog und schmunzelnd an seinem heißen Tee nippte. Draußen an Deck sang der Haarkünstler bereits seinen neuen Lockruf: *»Haaschneiii, Schuschneiii, Aschfiiiek«*, in seiner ureigenen Sprachmelo-

die, immerfort mit neuem Schwung in der brüchigen Stimme. Als ich den Barbier von Port Said Jahre später einmal wiedersah, pries er noch immer Wallis fragwürdiges Geschäftsmodell an

Birken, Buchen und Eichen kannte ich zur Genüge, aber auf Palmen traf ich im Suezkanal zum ersten Mal. Ich mochte gleich die Stimmung, die sie verbreiteten. Als unregelmäßiger grüner Blätterschmuck wuchsen sie an beiden Kanalufern bis ganz nach Suez in den wolkenlosen Himmel hinein. Weil der Meeresspiegel im Mittel- und im Roten Meer gleich hoch standen, störte keine einzige Schleuse die zwanzig Stunden dauernde Schneckentemporeise. Mit sieben Knoten Höchstgeschwindigkeit hielten wir unser Schiff gut steuerfähig, die erfahrensten und zuverlässigsten Matrosen standen am Ruder und hielten die Goldenfels sicher auf der damals elf Meter tiefen und bis zu hundertsechzig Meter breiten, fast schnurgeraden Wasserstraße. Gegenverkehr gab es nicht. Nur an den Ausweichstellen im Großen und Kleinen Bittersee konnten Süd- und Nordkonvoi aneinander vorbei. An beiden Ufern beherrschte eine trocken-sandige Ebene die schmucklose Landschaft, nur wenig höher als die flachen Deiche und der Wasserspiegel des Kanals selbst. Wüstenstimmung breitete sich auf der Ostseite aus, denn in unmittelbarer Nachbarschaft verbreitete die Sinai ihre heiße, flirrende Luft. Im Westen strömte parallel zum Suezkanal das fruchtbare Wasser des Nils, wenn auch siebzig Meilen entfernt.

In der Mitte des Kanals, in Höhe der Metropole Ismailia, wechselten wir routinemäßig den Lotsen. Unser Zweiter Steuermann nahm das zum Anlass, uns Decksjungen die gesellschaftliche und wirtschaftliche Bedeutung der hiesigen Lotsen zu erläutern: *»Seit Generationen gelten sie als heimliche Herrscher Ägyptens. Sie residieren in prächtigen Villen, beschäftigen reichlich Dienerschaft und gehören zur wohl einflussreichsten gesellschaftlichen Elite des Landes, längst haben sie Kultstatus erreicht.«* Ihre Konzessionen blieben in der Familie und würden von einer Generation an die nächste weitergereicht. Neben dem Tourismus entwickelte sich der Suezkanal als wichtigste Säule der Seeschifffahrt zwischen Ost und West und wurde da-

Ein nordgehender Konvoi wartet im Suezkanal

mit zu einem Glücksfall für die ägyptische Volkswirtschaft. *»Und da im Kanal Lotsenzwang herrscht, werden die ›Männer in Weiß‹, wie sie genannt werden, dringend gebraucht und gelten als unantastbar.«*

Südlich von Ismailia stieg das Hinterland auf der Westseite leicht an und wurde hügelig. Wir zuckelten mit unserem Dampfer dem Tross hinterher, Hitze und die nahe Wüste machten uns schwer zu schaffen. Der Geleitzug setzte sich aus zwei Einheiten zusammen: Vorneweg die Öltanker, die Kuwait, Ra's Tanura, Bahrain, Abadan und Mina al Ahmadi im Persischen Golf zum Ziel hatten, dahinter, mit respektablem Sicherheitsabstand, die Meute der Stückgutfrachter mit Indien, Australien und Fernost als wichtigste Destinationen.

Während nächtlicher Durchfahrten musste jedes Schiff aus Sicherheitsgründen ganz vorn auf der Back einen Scheinwerfer aufstellen, einen sogenannten Suez-Scheinwerfer, der mit seinen zielgerichteten Hochleistungslampen eine weite Strecke direkt vor dem Schiff gründlich ausleuchtete. Am Heck hatte unser Zimmermann ein Gerüst mit sackleinener Sichtblende gebastelt, das achtern über der Reling hing und während der Durchfahrt von den einheimischen Begleitern als Toilette benutzt wurde. Wenn sie ihr Geschäft erledigt hatten, spülten sie mit Wasser aus der Dose nach. Reedereien und ägyptische Behörden hatten sich auf diese Regelung verständigt, weil die Männer darauf bestanden hatten, während der Dauer der Kanaldurchquerung ihren eigenen hygienischen und kulturellen Bräuchen folgen zu dürfen.

Bevor wir in die Hitze des Roten Meeres eintauchten, zogen wir an der, an einer weißen Lagune liegenden, Stadt Suez vorbei. Hier lernte ich den Hamburger Soziologen kennen, einen unserer zwölf Passagiere. Er stand auf dem Peildeck, dem Deck mit dem Signalmast, das noch über der Kommandobrücke lag. Ich holte gerade eine Flagge ein und wartete auf die Order, eine neue aufzuziehen. Danach hätte ich Feierabend gehabt. Nachdem unser Gast mich angesprochen hatte, erzählte ich ihm kurz, dass ich als Schiffsjunge auf meiner ersten Reise sei und mich auf Erlebnisse in einer mir noch völlig unbekannten Welt freuen würde. Dann hörte ich ihm nur noch zu. Er reise nach Kalkutta, wolle eine einjährige Auszeit in Indien nehmen und danach an sein Soziologisches Institut in Hamburg zurückkehren. Ich war beeindruckt von seiner geschliffenen Sprache, von seinem gediegenen Wortschatz, dem ich jedoch in vielen Einzelheiten nicht zu folgen vermochte. Während Suez im Dunst verschwand und die diensthabende Seewache den Scheinwerfer vorn auf der Back abbaute, erzählte mir der Mann von seiner Arbeit, bei der er es auch einmal mit Schifffahrtskaufleuten zu tun gehabt hatte. Er habe über Hamburger und Bremer Reeder gearbeitet und dabei eine Klientel kennengelernt, von der er zutiefst enttäuscht sei. *»Allein der Wortschatz dieser Kaufmanns-Hanseaten ist dünn wie der in einem Groschenroman, ihr alleiniges Streben richtet sich nach dem Profit«*, sagte er und fügte hinzu, sie würden nur etwas vom Haben verstehen, nichts vom Sein. Ich war erstaunt über ein so abschätziges Urteil, konnte mir unter einem Reeder auch nichts Genaues vorstellen, war ich doch noch nie einem begegnet. Es wurde bereits dunkel, als wir beide unserer Wege gingen, er in den Salon zum Captain's Dinner, ich zum Abendbrot in die Kadettenmesse.

Ich habe den Namen meines Hamburger Soziologen nie erfahren, aber seine abschätzigen Äußerungen über meine Arbeitgeber hatten mich damals sehr getroffen.

Mit der Passage durch die künstliche Wasserstraße ließen wir die westliche Kultur hinter uns. Die Temperaturen stiegen stündlich um ein Grad, die Klimaanlage schuftete und schwitzte – genau wie wir. Jedem spendierte die Reederei jetzt täglich eine Flasche Sprudel. Wer an Deck arbeiten musste, schützte den Kopf mit Strohhut oder Käppi und band sich ein baumwollenes Schweißtuch um den Nacken. Den Oberkörper ließen wir frei, nur in den Messen, so gebot es die Regel, musste er bedeckt sein. Unten herum trugen wir kurze Jeans und festes Schuhwerk, meine leuchtend weiße Haut wurde langsam braun.

Neben dem alles bestimmenden Diktat der See und dem Wetter, hing unser Wohlbefinden eigentlich maßgeblich von den Künsten unseres Chefkochs ab. Leider hatten wir kein Glück mit ihm, manchmal gab er uns sogar das Gefühl, dass er uns nur arbeitsfähig halten wollte. Selbst am Donnerstag, dem traditionellen Seemannssonntag, an dem jeder Schiffskoch sich besonderes anstrengte, um seiner Mannschaft ein leckeres Mahl zu bereiten, ließ seine Form zu wünschen übrig.

Als ich mit einem andern Schiffsjungen zusammen zum ersten Mal für eine Woche lang mit Backschaft an der Reihe war, hieß das, den sechzehn Matrosen, Leichtmatrosen und Jungmännern, die zum Essen, zum Backen und Banken kamen, die Mahlzeiten zu servieren, aufzubacken. Jedem einzelnen brachten wir einen der gefüllten Teller aus der Kombüse an die langen Tische sowie Kaffee oder Tee. Hier waren strenge hierarchische Regeln zu beachten, die ich noch nicht kannte, aber sehr schnell kennenlernen sollte: Ich balancierte gerade zwei gut gefüllte Teller mit Gulasch, Kartoffelpüree und Nudeln auf dem linken Arm und stellte den dritten in meiner Rechten vor einem Leichtmatrosen auf den Tisch. Der erste aber hätte dem Vollmatrosen Jimi zugestanden, der einen Platz weiter saß. Aus Ärger über mein Fehlverhalten schlug er mir mit seiner Linken die beiden gefüllten Teller mit hartem Schlag ins

Gesicht, sodass sie auf dem Fußboden zerbrachen, ich ausrutschte und in dem schmierigen Brei landete. Ich rappelte mich schnell wieder auf und taumelte zurück in die Kombüse, um erneut volle Teller zu holen, den ersten aber jetzt für Jimi.

Unser erster Hafen im Roten Meer war Dschidda, die führende Wirtschafts- und Millionenmetropole am Ostufer Saudi-Arabiens. Indische Hafenarbeiter entluden Waren für das nur fünfzig Meilen entfernte Mekka und seine Millionen Pilger. Während der Revierfahrt dorthin passierten wir die verschiedenen Ansteuerungstonnen, die uns den sicheren Weg in den Hafen zeigten. Auch hier kletterte natürlich ein Lotse an Bord, diesmal kam er goldbetresst in weißer Operettenuniform, auch seine Admiralsmütze war bühnentauglich. Dennoch gelang es ihm nicht, seiner Zunge und den braunen Zähnen ein kurzes höfliches *»How are you, Captain?«* abzupressen, ob aus Arroganz oder Gleichgültigkeit, war nicht zu erkennen. Als wir an der Pier festgemacht hatten und er wieder von Bord stolzieren sollte, führte er die gespreizten Zeige- und Mittelfinger zu den Lippen, um uns daran zu erinnern, dass nun die übliche Stange Pall Mall fällig sei. Doch unser Kapitän hatte sich der Erfüllung dieses Wunsches durch Abwesenheit rechtzeitig entzogen.

Südwestlich von Dschidda – im quälend armen Port Sudan am Westufer des Roten Meeres – löschten wir zwei Tage lang Maschinenteile und Chemikalien. Ähnlich trostlos wie in Sudan war es im zweihundertfünfzig Seemeilen weiter südlich gelegenen, damals äthiopischen Massaua, der angeblich heißesten Stadt der Welt, wo das Thermometer Werte bis zu fünfzig Grad im Schatten anzeigte. Bevor wir die triste Siedlung mit ihren ausgemergelten Menschen wieder verlassen konnten, warnte uns die Hafenpolizei vor einem ungebetenen Gast, der sich an Bord geschlichen hätte. Obwohl wir unser Schiff wie immer routinemäßige nach blinden Passagieren durchsucht hatten, wurde er nicht entdeckt. Erst während der Morgenwache, inzwischen wieder auf See, erwischte Decksjunge Bögi den Mann, der sich gerade am Kühlschrank in der Pantry zu schaffen machte. Er hatte sich im heißen Schornstein versteckt.

Sein Reiseziel war das aufblühende Kuwait, wo er seinen Bruder besuchen wollte, der ihm dort Arbeit und Brot versprochen hatte. Kapitän Mendel zeigte zwar Mitleid mit dem armen Teufel, hätte ihn angeblich auch gern in das erst vor ein paar Jahren unabhängig gewordene Scheichtum mitgenommen, wusste aber wohl aus Erfahrung, dass er ihn dort, wie er sagte, *»nicht unbemerkt loswerden«* würde. So änderte er den Kurs auf den äthiopischen Hafen Assab ganz im Süden des Landes und übergab den Unglücklichen dort ein paar Männern, die ihn mit Prügel empfingen.

Weiter ging's nach Dschibuti am Horn von Afrika und dann nach Aden, dem Bunkerhafen des Jemen an der Südküste Arabiens. Hier, im Schatten des fünfhundert Meter hohen Kraters Dschabal Schams, dem Sonnenberg, zerrten vom Hunger gedemütigte Männer und Frauen in tiefer Verzweiflung und Hoffnungslosigkeit an unseren Kleidern. Sie bettelten zum Gotterbarmen. Entsetzt und hilflos entflohen wir dieser Stadt und atmeten auf, als wir wieder zurück an Bord waren.

Vor Mukalla (Jemen)

Weitab an Steuerbord brütete die jemenitische Insel Sokotra in süßlich-schwerer Luft. Es hielt sich das Gerücht, wonach dort die letzten Kannibalen lebten und gestrandete Seeleute fangen, kochen und fressen würden – ich fühlte mich schlecht in dieser Gegend. An Backbord lag Südarabiens Küste mit seinem Handelshafen Mukalla in der Gluthitze, im Rücken eine Bergkette aus rötlichem Kalkstein. Vor dem Sultanspalast zwischen den unzähligen Minaretten sammelten sich Karawanen zur Wüstenquerung. Mit Kurs Nordost und sechzehn Knoten zogen wir Richtung Persischen Golf. Mit kräftigen Lungen trieb der Monsun die schwarzen Wasser vor sich her und formte daraus Berge und Täler. Der Schiffspropeller verwirbelte die Hecksee zu weißen Flocken.

Manfred Neumann war als »Messejunge für Maschine«, wie es in der Musterrolle hieß, an Bord gekommen. Allerdings arbeitete er nicht in der Pantry, wie es korrekt gewesen wäre, sondern als Hilfsmaat in der Kombüse. Hier schrubbte er Herdplatten, scheuerte weiße Kühlraumfliesen, putzte Töpfe und Pfannen und wusch die Berufskleidung seiner Kollegen. Für diesen Sklavenjob hatte man keinen anderen Mann finden können, er wurde zu schlecht bezahlt und rangierte am untersten Ende der Bordhierarchie.

Spätestens seit der Postbojengeschichte in der Straße von Messina wusste die Mannschaft von Manfreds täglichen Briefen an seine Mutter und von seinem Heimweh. Streitbare Seeleute nutzten derartige Schwächen gern für ihre Attacken. *»Na, Männlein?«*, riefen Heizer und Matrosen in die offen stehende Kombüsentür hinein, ohne zu wissen, was diese Schmähung beim schmächtigen Manfred auslöste. Der wusste sich nicht zu wehren und versteckte sich hinter einem Berg von Kartoffeln, die er täglich zu schälen hatte.

Manfred war vor zwanzig Jahren in Leipzig geboren und nach der Flucht am Kriegsende in Bremen angespült worden, wo er vater- und geschwisterlos aufwuchs. Seine schmalen Schultern hingen nach vorn, die schwach behaarten Unterarme wirkten dünn und mutlos. Auf dem langen Hals saß ein etwas zu groß geratener Kopf mit hohlen Wangen. Die dünnen dunklen Haare kämmte er stramm nach hinten weg, allein seine großen, dunklen Augen imponierten. Manfred Neumann war ohne Zweifel der unglücklichste Mann an Bord. Ich sprach ihn wegen seiner Blässe an, fragte, wie es ihm ginge. Manfred lebte allein, weil keiner mit ihm eine Kammer teilen wollte.

Nach der Arbeit klopfte ich an seine Tür. Er schob mir einen Hocker zu und zeigte mir eine Ausgabe des PLAYBOY und ein Kalenderblatt. Das Magazin hatten ihm Unbekannte in die Koje gelegt, die augenfälligen Stellen rot markiert. Auf seinem Kopfkissen hatten sie außerdem den herausgerissenen Monat März aus einem englischen Kalender platziert, auf dessen weißer Rückseite die Worte ›Muttasönchen‹ und ›fauler hunnt‹ standen. Die Krakelei stammte von ungeübter Hand, der Schreiber hatte sich offenbar mächtig anstrengen müssen, die Gemeinheiten zu Papier zu bringen.

Dann las er mir einen der Briefe an seine Mutter vor, der von vorn bis hinten weinte – geschriebene Tränen.

»Zeig dem Alten den PLAYBOY und den Zettel und sage ihm, wie es dir auf seinem Schiff bisher ergangen ist«, riet ich ihm. *»Er wird nicht wollen, dass so etwas unter seinem Kommando passiert.«*

»Der lacht mich aus.«

»Der hilft dir.«

»Ich habe Angst. Gegen diese Männer kann ich nichts machen.« Nach einer Pause flüsterte er: *»Ich habe Angst, dass sie mir was antun.«*

»Keiner tut dir was an«, beruhigte ich ihn. *»Die wollen nur sehen, wie du auf ihre Angriffe reagierst und ihren Spaß haben. Die haben nichts Besseres zu tun. Am besten du lässt dir nichts anmerken.«* Ich schlug ihm vor, den Zweiten, Dietmar Schwarz, einzuweihen, wenn er schon nicht direkt zum Alten gehen wollte. Der Zweite Offizier kannte die Verhältnisse an Bord mit am besten. Er würde damit beim Alten vorstellig werden oder die Angelegenheit selbst in die Hand nehmen.

Manfred nickte zaghaft. Er hockte auf seiner harten Bank, die Kammer heiß und schwitzig, vor mir ein zaghaft in sich zusammengesunkenes Häufchen mit großen Augen und Hühnerbrust. Ich saß ihm am Tisch gegenüber, blickte in das bartlose, blasse Gesicht und hörte ihm zu. Etwas Besseres fiel mir nicht ein. Ich hätte auch gleich zum Alten rennen können, aber das hätte Manfred sicher nicht gewollt.

»Mit dir will ich meinen Bund aufrichten, hat Gott zu Noah gesagt«, weinte Manfred, *»weil ich Gott folgen wollte, bin ich zur Seefahrt gegangen. Ich glaubte an Nächstenliebe und an die Seligpreisungen aus der Bergpredigt. Hier auf dem Schiff aber bin ich verloren, als hätte Gott mich mit der Sintflut bestraft.«* Manfred redete, ohne mich anzusehen, er blickte nur auf die Tischplatte.

Seine Kartoffelschälschürze und die blau-weiß-karierte Kochsmaatenhose hingen an einem Wandhaken und schwangen im weichen Schaukelrhythmus des Schiffes hin und her. Vor den Bullaugen brauste der Monsun. Er nahm seine Bibel zur Hand und schlug das Matthäus-Evangelium auf, in dem er eine der Seligpreisungen angestrichen hatte: ›Selig sind, die reinen Herzens sind, denn sie werden Gott schauen.‹ Meinte er sich selbst? Auf der Back lagen gestapelt die Briefe an seine Mutter, das Schreiben eines jeden Tages in einem eigenen Kuvert. Die Klagebriefe schrieb er in steiler, nach links kippender Schrift. Darin seufzte er über die schwere Arbeit auch an Sonn- und kirchlichen Feiertagen, zeihte einige Besatzungsmitglieder der ruppigen Behandlung, ohne Namen zu nennen und beweinte seine Niederlagen. Er beschrieb dunkle Gedanken, wehklagte über die gottlose Seefahrt, wie er sie hier kennenlernen musste. Und wie sehr er den Entschluss bereute, jemals an Bord dieses Frachters gegangen zu sein. Vorder- und Rückseiten waren eng beschrieben und nummeriert, wichtige Wörter und Halbsätze unterstrichen. Seine Trauer- und Klagebotschaften waren zum Teil zwölf Seiten lang und länger. Ich rauchte nicht, weil Manfred gefragt hatte, ob es auch ohne ginge. Wir tranken Cola, die Dosen standen ruhig da, die See war noch friedlich. Doch der Schwell des Indischen Ozeans nahm an Stärke zu. Schon bald krängten wir heftiger von einer Seite auf die andere und auch die Coladosen setzten sich in Bewegung. Gegen neun Uhr verließ ich die Kammer eines unverändert Mutlosen. Ich versprach ihm, gleich morgen früh den Zweiten Offizier Schwarz zu informieren. Er nickte nur kurz. Ich verließ seine Kammer, ich hörte noch, wie er die Tür hinter mir abschloss. Auf See war das nicht üblich.

Am nächsten Morgen war Manfred Neumann verschwunden. Ich war der Letzte, der ihn lebend gesehen hatte. Er war nachts querab von Mukalla von Bord gesprungen. Wann genau er es getan hatte, wussten wir nicht. Als wir das Schiff nach dem Vermissten durchsuchten, fand einer seine breitgetretenen Ledersandalen. Sie standen vorn an der Steuerbordseite auf einem Poller, ordentlich nebeneinander. Bevor er über die Verschanzung geklettert war und sich ins Meer fallen ließ, musste er sie dort gut sichtbar abgestellt haben. Vielleicht wollte er sie als letztes Zeichen seiner Verzweiflung verstanden wissen. Einen Schrei hatte niemand gehört.

Die Morgenwache hatte um halb sechs gegen seine Kammertür geklopft und ihm wie immer die Uhrzeit zugerufen. Weil niemand antwortete, ging sie hinein und guckte in die Koje, sie war leer und unberührt. Laken und Zudecke waren glatt gezogen, das Kissen aufgeklopft. Das Pornomagazin und das Kalenderblatt lagen auf der Bank unter den Bullaugen. Auf der Back der Stapel Briefe, vollständig adressiert und mit einem roten Gummiband zusammengehalten. Obenauf in einem weißen Schmuckkästchen lag das schlichte Silberkreuz, das er stets um den Hals getragen hatte. Vor dem Spind stand ein gepackter Koffer. Die Kammer machte einen aufgeräumten Eindruck, sah aus, als wollte sein Bewohner in Urlaub gehen oder im nächsten Hafen für den Nachfolger Platz machen. Der Wachgänger informierte den Ersten Offizier auf der Brücke, der sofort reagierte: Er ließ Kapitän Otto Mendel wecken, erzählte ihm, was passiert war und fuhr ohne zu zögern den Williamson-Törn, der das Schiff direkt auf Gegenkurs brachte. Mit diesem Manöver stellte er sicher, dass der Verunglückte an der richtigen Stelle und nicht wahllos im weiten Meer gesucht werden konnte. Parallel dazu löste er Generalalarm aus und rüttelte damit die Besatzung aus ihrer morgendlichen Routine. Nahezu alle waren an der Suchaktion beteiligt, auch andere Schiffe, die in diesem Gebiet unterwegs waren. Die See wurde in einzelne Sektoren aufgeteilt sowie in nah und fern, wir fahndeten mit und ohne Fernglas nach einem Körper, einem Hemd, einer weißen Jacke, einer Hose, nach irgendetwas, das zu Manfred gehört haben könnte. Wir suchten eine letzte Spur von ihm, doch das gereizte Meer mit seinen grauweißen Wellenkämmen zeigte uns den Leichnam nicht. Sechs Stunden steuerten wir südwestlichen Gegenkurs, unsere Augen bohrten sich in das dunkle Wasser. Schließlich wurde die Suche abgebrochen. Der Alte ließ die Maschine stoppen.

Als das Schiff keine Fahrt mehr machte, hielt er einen Gedenkgottesdienst ab. Die Besatzung versammelte sich vollständig auf dem Bootsdeck, auch die Freigänger waren dabei. Alle in sauberer Kleidung, keiner mit nacktem Oberkörper. Wir drucksten verlegen und verunsichert herum, fühlten uns schlecht und wussten nicht, wie wir uns verhalten sollten. Wer von uns war schuld? Diese Frage quälte alle. Den PLAYBOY und das Kalenderblatt hatte sich der Alte aushändigen lassen. In der Trauerfeier sprach er von der allerersten Seereise seines Messejungen, die bereits nach wenigen Wochen auf so tragische Weise zu Ende gegangen sei; vom Heimweh und von der Mutter, die ihren einzigen Sohn verloren hatte, von Manfreds Sehnsucht nach Nächstenliebe und seiner Hoffnung, sie bei uns zu finden.

»Manfred Neumann ist von uns allen hier zutiefst enttäuscht worden«, sagte Kapitän Mendel. *»Gott sei seiner Seele gnädig.«* Das Vaterunser betete er allein, einige murmelten ein paar Brocken mit, den meisten war die Sache nur unangenehm. Eine Schweigeminute schloss sich an, nur die Planen der abgedeckten Rettungsboote knatterten im Wind und eine Flaggenleine schlug mit klirrenden Xylophonklängen gegen den Mast. Als letzten Gruß schickte das Schiff seinem Toten drei lange, dunkle Typhonstöße nach. Mächtig und grollend wie die tiefste Glocke eines Doms rollte die Klage des Schiffshorns über uns hinweg auf den Indischen Ozean hinaus. Dann gab der Alte Order zur Weiterfahrt. Manfred starb, wo das Meer zweitausend Meter tief ist. Im Logbuch standen seine Todeskoordinaten: vierzehn Grad Nord und zweiundfünfzig Grad Ost. Wir gingen zurück auf Kurs Nordost und setzten die Reise mit einem Mann weniger fort. Nichts mehr an Bord war wie zuvor. Die Briefe und das Silberkreuz wurden später der Mutter übergeben, ein letzter Gruß vom toten Sohn.

Der Appell

Die Bordroutine schien durch Manfreds Freitod nur vorrübergehend gestört. Schon bald schmorte die Besatzung wieder in ihrem täglichen Einerlei aus Nachtwachen, Rostklopfen, Maler- und Reparaturarbeiten, unterbrochen nur von den lieblos bereiteten Mahlzeiten aus der Kombüse. Unser Hirn war völlig unterfordert während der Seetörns, es suchte immerzu nach neuen Reizen, doch der geistige Nachschub war mau; wenn wir unterwegs irgendwo einen alten STERN oder SPIEGEL ergatterten, saugten wir Texte und Fotos aus ihm heraus wie Bienen den Nektar aus Blütenkelchen.

Aber unter dem Deckmantel dieses banalen, scheinbar ruhigen Einerleis, versteckte sich seit dem Unglück eine schwelende Unruhe, eine angestaute Aggression, die jederzeit auszubrechen drohte. Das Fahrtgebiet Persischer Golf mit seinem Hochofenklima und den nur Frust verheißenden Häfen wie Bandar Abbas, Dammam und Chorramschahr taten das ihre, denn keine frohe Erwartung auf das kleine Glück im Hafen beflügelte die Köpfe. Unbewusst warteten wir auf eine Lösung, hofften auf den starken Mann, der unsere unterschiedlichen Charaktere zügeln, uns neu einstimmen, uns aus der Bedrückung befreien und zu einem besseren Miteinander verhelfen würde. Dafür kam eigentlich nur der Alte in Frage. Wer Otto Mendel von früheren Reisen her kannte, so wie Walli und Bootsmann Jan, der wusste, dass er dafür die richtige Persönlichkeit war. Mit klaren Vorgaben und Strenge, aber auch mit Nachsicht und Humor, führte dieser jederzeit faire Vorgesetzte mit sicherer Hand Männer und Schiff.

Wir erfuhren, dass sich der Alte an der Mukalla-Tragödie eine Mitschuld gab. Einer der Wachgänger hatte ein vertrauliches Gespräch zwischen ihm und seinem Ersten Offizier während der morgendlichen Brückenwache mit angehört. *»Der Schlendrian ist eingekehrt«*, soll der Alte gesagt haben, *»ich hätte besser aufpassen müssen, die ganze Schiffsführung war nicht aufmerksam genug. Jeder muss wieder Respekt vor dem anderen haben.«* Den Ersten Offizier und den Leitenden Ingenieur bezog er in die Verantwortung mit ein. Der Erste soll erwidert haben, dass es an der allgemeinen Lustlosigkeit der meisten Männer liege, sich einzubringen und sich zu engagieren. Viele zögen es vor, ihrer täglichen Langeweile nachzuhängen, Bier zu trinken und abends satt und trunken in die Koje zu kippen.

Als erste Gegenmaßnahme wies der Alte den Chefkoch an, die reichlichen Proviantreserven nicht länger zurückzuhalten und jedem, der Lust auf einen Nachschlag hatte, diesen selbstverständlich auch zu gewähren. Diese Order war dringend erforderlich, denn der Smutje war knauserig. Er machte seinem Namen – Hans Knapp – alle Ehre und sah es nicht unbedingt als seine Aufgabe an, uns etwas Gutes zu tun. Ab sofort wurde das Essen reichhaltiger und abwechslungsreicher. Einige Tage saß der Alte dann sogar mit der Mannschaft gemeinsam zu Tisch. Er unterhielt sich dort mit den Männern und lud alle, die wachfrei waren, für den nächsten Sonntag um zehn Uhr zum Kirchgang in den Salon, der guten Stube des Schiffes, ein. Zu Beginn der Reise hatte es schon einmal einen Kirchgang gegeben. Dort wurden Bordangelegenheiten besprochen wie anstehende Arbeiten am Ladegeschirr und technische Reparaturvorhaben, aber auch Halbprivates und die frisch hereingekommenen Neuigkeiten aus der Funkzeitung wurden vorgelesen. Am Captain's Table hörten sich Neuigkeiten aus der Heimat viel netter an als in den schmucklosen Mannschaftsmessen. Der Kirchgang – ganz ohne Gebet – kam gut bei uns an.

Für die gute Stimmung im Salon spendierte Mendel Zigaretten und jedem zwei Flaschen Beck's. Normalerweise trug er keine Uniform und legte keinen Wert auf diese Förmlichkeit. Aber beim heutigen Kirchgang? Wir waren auf hoher See und er trotzdem in Kaki und Krawatte? Es schien offensichtlich, dass er seinem Anliegen eine besondere Bedeutung verleihen wollte. Unruhig rutschten wir auf den eigentlich ganz bequemen Stühlen im repräsentativsten Raum des Schiffes hin und her. Niemand wusste, was der Alte plante. Seinen kurzen Vortrag begann er mit ein paar allgemeinen Erfahrungen, die er uns in seinem unverändert hessischen Dialekt vortrug: *»Auf See haben wir mit den Problemen, mit denen wir uns an Land herumschlagen müssen, nichts zu tun. Alles ist weit von uns entfernt. Um die Kindererziehung kümmern sich andere, kein Ärger mit der Frau, Freundin oder Schwiegermutter und auch um ein liegen gebliebenes Auto müssen wir uns nicht herkriegen. Solange wir unterwegs sind, belastet uns nur wenig. Wir haben hier einzig die verdammte Pflicht und Schuldigkeit, auf uns selbst aufzupassen. Und das sollte uns doch gelingen!«* Während Bootsmann Jan Przybylak, mit der festgeschraubten weißen Offiziersmütze auf dem Kopf, und Altmatrose Walter Meyer zustimmend nickten, staunten wir Jungen dagegen über die vielen Vorzüge, die wir den Landleuten gegenüber genossen. Kapitän Mendel war aber noch nicht fertig: *»Wir werden uns ab sofort auf gutes Miteinander hier an Bord konzentrieren. Wir werden uns unseren hier so deutlich erkennbaren Feinden zuwenden: Dummheit, Gemeinheit, Missgunst und Vorurteilen. Für jeden, der es noch nicht verstanden hat, will ich heute nochmal ausdrücklich klarstellen: Jedem einzelnen Mann auf meinem Schiff gebührt Respekt. Keiner ist besser als der andere. Jeder ist wichtig, weil er Teil unserer Gemeinschaft ist und sie auf seine Weise mitprägt. Von jedem Einzelnen verlange ich, sich daran zu halten. Mir ist es egal, ob er als Matrose, Reiniger, Ingenieur, Steward, Schiffsjunge oder Offizier hier arbeitet. Wer sich nicht daran hält, hat auf meinem Schiff nichts mehr zu suchen. Ich werde ihn sofort von Bord jagen und auf eigene Kosten nach Hause schicken, egal wo wir auf der Welt gerade sind. Und den Ersatzmann zahlt er auch noch. Sagt das auch allen, die heute nicht hier sein können.«*

Er nickte den betretenen Gesichtern zu und hob das Glas. Zögernd hoben wir unsere Flaschen. Dann kündigte er an, dass er selbst oder der Erste Offizier bei der Deckscrew und der Leitende Ingenieur bei den Heizern einmal wöchentlich unangemeldet Kammerinspektionen durchführen würde. Außerdem werde jeden Freitag ein Skatabend in der Offiziersmesse veranstaltet und einmal die Woche solle der Koch uns zu einer Grillparty auf dem Achterdeck einladen. Im Hafen könnten wir mit dem Motorrettungsboot Ausflüge unternehmen und die Flüsse hinauffahren, auf denen wir gerade unterwegs sein würden. Jenen, die Spaß am Lesen hätten, stelle er seine kleine Bibliothek zur Verfügung. Das wichtigste Ziel des Alten bestand darin, Rituale in die Tagesabläufe einzuführen, auf die wir uns freuen konnten.

Als wir nach zwei Stunden den Salon verließen, hatte sich etwas verändert. Es war schwer zu sagen, was das war, wir spürten aber, dass es mit der Nachlässigkeit vorbei sein würde. Kapitän Mendel hatte uns vor Augen geführt, dass er auf alles achtete und sich jeder für seine Worte und Taten vor ihm zu verantworten habe. Mit der Androhung, Quertreiber nach Hause zu schicken und sie damit empfindlich zu bestrafen, dass sie finanziell nur schwer wieder auf die Beine kommen würden, hatte er ein klares Signal gesetzt.

Sein Appell richtete sich vor allem auch an Theo, der nicht nur mir merkwürdig fremd geblieben war. Der fünfzigjährige Leichtmatrose hatte drei Jahre wegen schwerer Körperverletzung im Gefängnis gesessen und von der Reederei wohl seine letzte Chance bekommen. Ein Außenseiter, wir schnitten ihn und er schnitt uns. Theo gehörte ganz und gar nicht zum Typ von Weltenbummlern und Abenteurern, wie ich sie mir vorgestellt hatte; er gehörte eher zu den »Bagaluten«, wie wir Männer nannten, die mit ihren Familien gebrochen und sich in der Zivilgesellschaft nicht mehr zurechtgefunden hatten. Sie missachteten Gesetze, und wenn sie für Behörden unsichtbar werden und verschwinden wollten, war die See ein willkommener Zufluchtsort. Theo war für uns nicht einzuschätzen. Er blieb misstrauisch wie ein Hund, dem ein anderer einen Knochen entreißen wollte. Er rauchte sechzig Zigaretten am Tag, trank wenig Bier, ging nur selten an Land und bekam nie Post.

Wer Kapitän Mendel das erste Mal traf, dem prägte sich neben der aufrechten Gestalt, dem festen Gang und dem starken Händedruck vor allem sein offener Blick ein. Seine Figur neigte zur Fülle. Mit jedem neu an Bord gekommenen Seemann wechselte er ein paar Sätze und merkte sich dessen Namen und Stellung – mit diesem Mann war gut zur See zu fahren. Seit der Jungfernreise führte er die Goldenfels als Stammkapitän. Da er sie auch schon während der Bauphase beaufsichtigt hatte, wusste er um die Stärken und Schwächen seines Schiffes wie kein anderer.

In der Kajüte von Kapitän Mendel hingen zwei lange Bücherregale, die mit recht gegensätzlicher Lektüre bestückt waren. In dem einen standen Werke des von ihm verehrten Goethe, gegenüber lagen Hefte von Jerry Cotton und Tom Prox: »Wahlverwandtschaften« gegen »Die Hölle ist schon angeheizt«, »Faust« gegen »Sterben will ich in New York«. Der Rest bestand aus Krimis und Science-Fiction sowie aus Landser-Heften mit Soldatenerlebnissen aus dem Zweiten Weltkrieg. Der literarische Spagat zwischen Goethe und den Groschenheften schien dem Alten leichtzufallen.

Für zehn Pfennig Leihgebühr pro Heft holten wir uns Jerry Cotton und seine Kollegen in die Kammer und verbrachten spannende Stunden mit ihnen. Wenn wir ein eigenes Heft ablieferten und es nicht wieder zurückhaben wollten, war die nächste Ausleihe kostenlos. Die neue Ausgabe ging dann in die Sammlung des Alten über, die so im Laufe vieler Reisen erheblich angewachsen war. Einen Schmöker sortierte er erst dann wieder in seine Bibliothek ein, wenn er Seite für Seite sorgfältig restauriert hatte. Jeden Riss schloss er gewissenhaft, jede Klebebindung oder Heftung erneuerte er, jedes Eselsohr wurde gerade gebogen. Mit diesem Hobby versetzte er auch die älteren der mehr als zweihundertfünfzig Hefte in einen ganz passablen Zustand zurück. So konnte er sie möglichst oft verleihen und manche Mark zusammentragen. Seinem Zweiten Offizier vertraute er einmal an, dass er aus dem Heftverleih Jahr für Jahr etwa dreihundert Mark einnehmen würde, die er einem Kinderheim seines Dorfes spendete.

Mehrmals die Woche klopften wir an seine ohnehin immer offen stehende Tür und holten uns Nachschub aus der »Leihbücherei«. Das nutzte er auch immer, um ein paar Worte mit uns zu wechseln. Er hörte aufmerksam zu, wusste deshalb immer Bescheid, was auf seinem Dampfer passierte und wo die Stimmung hinging. Die Bibliothek avancierte zum wichtigen Teil seines Konzeptes, mit dem er nach Manfreds Tod das angeschlagene Vertrauen der Männer untereinander wieder reparieren wollte.

Persischer Golf

Die größte Tankstelle dieser Erde liegt im Persischen Golf – dem hässlichsten und heißesten Tümpel am Rande der Weltmeere. Mit matten zwei Windstärken flüsterte der Nordwest-Monsun – Schemal genannt – fast das ganze Jahr ins Land hinein und strich über Küsten und Palmenwälder. Wir waren alles andere als begeistert, dass wir dort hingeschickt wurden, und über das, was wir dort vorfanden. Öde Küsten, abscheuliche Häfen und ein für die meisten Europäer schier unerträgliches Klima mit immens hoher Luftfeuchtigkeit und Schattentemperaturen von bis zu fünfzig Grad Celsius. Während dem Alten kühle Luft in seine Kabine geblasen wurde, war es in unseren achtern gelegenen Kammern dagegen unerträglich heiß. An den Ufern rang der Iran um frische Luft, nicht anders erging es dem Irak und den anderen arabischen Staaten. Und ausgerechnet hier, in dieser zweihundertfünfzigtausend Quadratkilometer großen Seefläche des Persischen Golfs, soll der mythenumrankte Garten Eden geblüht haben, in einer kleinen Inselgruppe im Königreich Bahrain. Unvorstellbar! Uns machte der Aufenthalt in dieser Region schwer zu schaffen. Der Zweite Ingenieur ließ das salzige Meerwasser von seinen Leuten ins Kühlsystem der Hauptmaschine pumpen, war jedoch misstrauisch, ob das Seewasser aus diesem flachen Randmeer seine Kühlaufgaben überhaupt erfüllen konnte. Das Echolot lieferte Tiefen lediglich zwischen dreißig und achtzig Metern an die Brückencrew. Im Sommer lagen die mittleren Wassertemperaturen bei handwarmen zweiunddreißig Grad. Weil niemand dieser lauen Brühe etwas abgewinnen konnte, sprang auch keiner hinein, wie wir das gelegentlich taten, wenn wir anderswo vor Anker lagen und warteten. Wir fuhren von einer armseligen Landschaft in die nächste.

Und wir mussten in den Häfen nicht nur ein paar Tage ausharren wie die großen Ölschiffe, deren mächtige Tanks in wenigen Stunden gefüllt waren. Wir blieben Wochen, viele Wochen, wenn wir Pech hatten sogar Monate. Wir Persienfahrer wurden von anderen Seefahrern nicht beneidet. In den Häfen warteten wir darauf, dass ein Stück Ladung nach dem anderen, jede einzelne Kiste und jeder einzelne Kasten mit bordeigenem Ladegeschirr zeitraubend an die Pier gesetzt wurde. Luke für Luke wurde so geleert, ein Deck nach dem anderen. Gelöscht wurde alles, was die herrschenden Clans und Familien begehrten: ganze Fabrikanlagen, Kraftwerke und Diesellokomotiven, auch Betonmischmaschinen, Kampnagelkräne und Schaufelbagger waren dabei, sogar eine vollständige Hafenanlage – und immer wieder teure Autos. Größter Abnehmer war der Schah. *»Den unermesslichen Bedarf dieses Riesenlandes Iran zu decken, das wird eine Generation dauern und länger«*, veranschlagte der Erste Offizier. *»Die halbe Welt macht dem Schah schöne Augen und liefert ihm alles, was Fabriken und Werkbänke hergeben. Natürlich nur solange sein Geld reicht.«*

Wenn die zermürbenden Wartezeiten vor Anker vorüber waren und wir es endlich bis an eine der Kaianlagen geschafft hatten, waren die Behörden auf unsere Ankunft oft nicht vorbereitet. Es fehlten dann Eisenbahnwaggons, die unsere Waren aufnehmen sollten, sodass die Löscharbeiten unterbrochen werden mussten. Spürten wir bei unseren Streifzügen durch die Hafengelände einen leer herumstehenden Güterwaggon auf, bestachen wir die Einheimischen mit Dollars und Zigaretten. Für derartige Spielchen hatte die Reederei jedem Schiff ein Spezialkonto eingerichtet. Sobald das Bestechungsmaterial geflossen war, rollten die Eisenbahnwagen wie von selbst zu unserem Liegeplatz. Manches Mal haben wir sogar leere Waggons auch einfach geklaut. Die wurden dann mithilfe von Winden und Muskelkraft an langen Drähten zu unserem Schiff gezogen, und das Warten hatte ein Ende.

Ein Land in dieser traurigen Region machte allerdings eine Ausnahme und fand unsere Anerkennung: ausgerechnet das kleinste von allen, nämlich Kuwait. Hier gab es ausgebaute Straßen statt staubiger Trampelpfade, glitzernde Hochhäuser aus Stahl und Glas statt kümmerlicher Hütten und elektrische Straßenbeleuchtung statt trauriger Funzeln. Männer mit kunstvoll gewickeltem Turban um Kopf und Stirn, alle mit Schnauzer und in feingesponnene Beduinenkleider gehüllt, drehten ihre Runden in klimatisierten amerikanischen Straßenkreuzern. Sie sprachen uns an, ob sie uns ihre City zeigen dürften; von ihren dicken Schlitten aus sahen wir uns den Reichtum ihres erst kürzlich souverän gewordenen Stadtstaates an: seine Juwelierläden, Restaurants, Hochhäuser und sogar eine Kameltränke am Wüstenrand, wo sie uns zu starkem, schwarzem Tee mit sehr viel Zucker einluden. Als wir genug von Land und Leuten geschaut und empfunden hatten, chauffierten uns die Kuwaiter zurück in unsere Heimat, auf unser Schiff. Nie fühlten wir uns wie Touristen, wir waren neugierige Besucher und als solche willkommen, Besucher und Gastgeber bereicherten einander. Allerdings fragten sie auch immer wieder an, ob wir nicht verheiratet seien und vielleicht eine Schwester hätten. Schon bald hatten wir unsere Standardantwort parat: *»Not married, no sister.«* Die Einladungen in Privathäuser lehnten wir ab, weil wir die dahinter versteckten Absichten nicht einschätzen konnten. Einer Frau begegneten wir in diesem kleinen Öldorado zu unserem Leidwesen nie.

Auf See trug der Appell unseres Alten inzwischen seine Früchte: Wenn wir nicht zusammensaßen, Bier tranken und uns Geschichten erzählten oder auch kein Grillabend das Tages- und Nächteeinerlei auflockerte, beschäftigten wir uns selber, indem wir lasen, uns mit Puzzles rumplagten, Patience legten oder auch Briefmarken neu sortierten. Sehr beliebt war ein Heizer, der ein recht begabter Karikaturist war und seine Kunstwerke für einen Freibierabend verscherbelte. Ein Ingenieurs-Assistent sagte gegen Hochprozentiges die mathematische Kreiszahl Pi bis zu vierzehn Ziffern hinter dem Komma fehlerlos auf, obwohl dauernd jemand versuchte, ihn mit dazwischen gerufenen falschen Zahlen aus dem Konzept zu bringen. Und der Zweite Offizier hat endlich im Dritten Ingenieur einen Partner fürs Schachspiel gefunden.

Das von uns gerade befahrene Minimeer machte es uns insofern leicht, unserer Freizeitbeschäftigung nachzugehen, weil es ruhig war, um nicht zu sagen apathisch. Unser Schiff lag fast immer unbewegt im Wasser, nicht einmal den kleinen, hier häufig verkehrenden einmastigen Booten, den Dauen, bereitete es Probleme. Es verhielt sich nicht annähernd wie seine großen, wilden Brüder, sondern eher wie ein Mann mit gebrochenem Rückgrat.

Als wir durch die schmale Meerenge von Hormus in den Golf hinein gedampft waren, hatte er sich noch ganz anders vorgestellt, denn es drückten so heftige Strömungen in ihn hinein, dass die Einbeziehungsweise Ausfahrt von den Nautikern zuverlässigste Arbeit und größte Umsicht erforderten. Extreme Kurswechsel von hundertzwanzig Grad innerhalb weniger Minuten wurden hier ver-

Die Insel Hormus in der gleichnamigen Straße

langt, wobei Stromschnellen, drohende Untiefen und schlechte Sicht die harten Manöver erschwerten. Außerdem mussten während der Passage ständig neue Positionsbestimmungen gemacht werden. Doch Kapitän Mendel kannte sich aus. Er tastete sich an Klippen vorbei, durch ›ungenau vermessenes Seegebiet‹, wie es in den Karten hieß, vorbei auch an der kreisrunden Insel Hormus, die der Meerenge einst ihren Namen gegeben und vor fünfhundert Jahren ihre prächtigste Epoche erlebt hatte. Damals suchte sie unter den großen Handelsplätzen dieser Welt ihresgleichen, heute war sie längst ihrer Bedeutung beraubt, verkommen zur Hauptstadt der Zigarettenschmuggler und Tagediebe.

Dann steuerten wir unser erstes Ziel im Golf an, die kleine iranische Hafenstadt Bandar Abbas, die ganz im Süden des Landes im Sonnendunst vor sich hin döste und wo seit Jahrhunderten eine Karawanenstraße endete. Auch ein Gouverneur hatte hier seinen Sitz und kam seinen politischen Ordnungs- und Überwachungsaufgaben nach. An der schmalen Pier entluden wir Textilien, Zucker und Tee und auch einen fabrikneuen weißen Mercedes. Der Schiffshändler lieferte uns den telegrafisch bestellten Reiseproviant – zwei Kälber und dreißig Hühner – und die Stempel des Amtstierarztes gleich mit. Ein paar Tage später schlachtete Kochsmaat Karl Kusch für uns den lebenden Proviant.

Am zweiten Tag unseres Besuchs in Bandar Abbas zog sich Yedullah die Gangway hoch. Der junge Perser kam als Kadett, er stammte aus der südpersischen Provinzhauptstadt Schiras, wo sein Vater dem Schah als hoher Beamter diente. Der athletische Mann mit der hohen breiten Stirn und der geraden Nase trat uns gegenüber still und zurückhaltend auf. Er sprach fließend Englisch und lernte Deutsch in wenigen Wochen. Yedullah wollte das große deutsche Kapitänspatent erwerben, um später in der Kaiserlichen Iranischen Marine Karriere zu machen. Den Golf nannte er »mein Mittelmeer«, wusste aber von seinen Besonderheiten weitaus weniger zu erzählen als unsere altgedienten Persienfahrer. Er wurde verlegen, wenn wir unsere tägliche Mühsal, die wir an den Küsten seines heißen Landes erdulden mussten, bei ihm abluden. Nicht selten diente er unserem Frust als Blitzableiter, musste sich manchen Fluch gefallen lassen. Er ließ dann die Perlen seiner alabasterfarbenen Gebetskette durch die Finger gleiten und schwieg. Yedullah schwärmte von den schönen Frauen seiner Heimat, von Garten- und Orangenhainen, manchmal sang er auch leise persische Lieder. Er zitierte Verse der Dichter Hafis und Saadi, die in seiner Heimatstadt Schiras begraben lagen. Wo immer wir uns später landfein machten und die Bars besuchten, der Zwanzigjährige gab sich überall als großer Charmeur zu erkennen, die Frauen flogen auf ihn, doch er hielt sich auffällig zurück, weil diesbezüglich, wie er einmal sagte, schon *»alles geregelt«* sei.

Nachdem alle Ballen, Kisten und Kästen in Bandar Abbas abgeliefert waren, wurden wir ausklariert. Dafür setzten sich Zoll- und Einwanderungsbeamte in den Salon. Nachdem alle amtlichen Aufgaben erledigt waren, ließ der Alte jeden Einzelnen von ihnen mit der fälligen Stange Filterzigaretten versorgen. Als sie endlich gegangen waren, warfen wir die Leinen los. Für die kurze Seereise nach Basra entlang der iranischen Westküste nutzte Mendel die Hauptschifffahrtsroute, für die sich wegen der problemfreien Wassertiefen meistens auch Tankerkapitäne entschieden. Während die Tanker auf halbem Weg ihre Kurse nach Westen änderten und den arabischen Ölquellen im westlichen Golf zustrebten, zogen wir weiter nach Norden, den Irak als Ziel.

In der ersten Nacht wieder auf See, nagelten zwei Matrosen, im Jargon auch Teerjacken genannt, dem Smutje Heinzi vier zu hart geratene Frikadellen an die verschlossene Kammertür, die dieser mittags als gehobene Verköstigung angepriesen hatte. Der Smutje wollte die randalierenden Männer trotz ihrer Suffstimmen erkannt haben, Leichtmatrose Mehlzack und sein Matrosenkumpel Jimi sollen die Frikadellennagler gewesen sein. Trotz gerade überstandener »Todesangst« blieb Heinzi gegenüber der höchsten Obrigkeit an Bord stumm und verriet die beiden nicht.

»Gut, dass der das Maul hält«, mehr sagten Jimi und Mehlzack nicht zu ihrem mitternächtlichen Rabatz, sie waren heilfroh, dass nichts davon bis zum Alten vorgedrungen war. Smutje hatte seiner Verschwiegenheit zu verdanken, dass seine persönliche Gesamtwetterlage über Nacht von einem kräftigen TIEF auf ein moderates HOCH umgesprungen war. Da seine guten Vorsätze nach dem Rüffel des Alten schnell wieder eingeschlafen waren und er uns nur sehr kurzfristig satt und glücklich gemacht hatte, waren wir nicht mehr besonders gut auf ihn zu sprechen. Seine Verschwiegenheit aber schaffte es, dass wir plötzlich bereit waren, seine Kochkünste nachsichtiger zu beurteilten. Er selbst schien sich über seine Zurückhaltung am meisten zu freuen, lächelte verschmitzt und wog den massigen Kopf mit dem prächtigen Doppelkinn.

Nur wenig später erreichten wir den irakischen Hafen Basra. An der altersschwachen Pier standen mit Wasserdruck betriebene Uraltkräne aus England. Während der Arbeit schnauften und quietschten sie, aus undichten Stellen sprudelten Wasserfontänen auf Pier und Luken. Vor ein paar Tagen erst, erzählte uns der Reedereiagent, sei ein Hafenarbeiter von einer Kiste erschlagen worden, weil ein Kranschlauch geplatzt war. Der jäh abfallende Leitungsdruck ließ die noch am Kranhaken hängende Kiste auf die Pier stürzen und zerschmetterte den Unglücklichen auf der Stelle. Die Hafenarbeiter hatten daraufhin bessere Kräne gefordert und sich geweigert, ihren Job wieder aufzunehmen; doch schon wenige Tage später war alles vergessen, an den Zuständen hatte sich nichts geändert.

Aus den Lagerschuppen huschten fleischige Riesenkakerlaken auf die feuchte Pier, machten Beute an diffusen Krabbeltieren und hetzten zurück in das Schuppendunkel. Spitzmäulige Ratten, prall wie Miniferkel, huschten zwischen Bordbesuchern, Schauermännern und Seeleuten umher und erwischten dabei auch die ein oder andere sorglos gewordene Kakerlake. Die flinken Nager waren nicht geneigt, den Menschen das Terrain freiwillig zu überlassen. Wenn wir sie verscheuchen wollten, reagierten sie renitent und bissig.

Die Tage in Basra waren heiß und schwül, ihnen folgten bitterkalte Nächte. Die Decksbeleuchtung oben in den Masten zerschnitt das tiefe Dunkel in helle Kegel und überstrahlte die Funzeln an Land. Zusammen mit Mehlzack war ich zur Lukenwache eingeteilt, zwölf Stunden, von sechs bis sechs. Wir sollten aufpassen, dass die Hafenarbeiter nichts von dem im Unterraum von Luke zwei verstauten Milchpulver stahlen und auch die Kisten mit den Textilien in Ruhe ließen. Mein Gegenüber schlief bald schon ein.

Er fuhr bereits länger als drei Jahre als Leichtmatrose zur See, bei ihm wollte die Routinelaufbahn einfach nicht klappen. Heuerbaas Ludwig Lessing, der Mehlzack vom Hauptkontor in Bremen aus betreute, hatte ihn schon mehrere Male zur Matrosenprüfung angemeldet. Doch immer wieder war dieser, der bei einem Onkel aufgewachsen war, entweder volltrunken oder einfach nicht zur Prüfung erschienen. Bis Lessing ihm seine schützende Hand entzog und den 28-Jährigen seinem Schicksal überließ. Weil Mehlzack hoch verschuldet war, arbeitete er an Bord so hart wie kein anderer, er leistete so viele Überstunden wie sonst niemand. Sein Gesicht war weich, Wangen und Kinn bartlos, sein Körper dick. In allen Klimazonen, die wir im Laufe der Reise durchfuhren, lief er in einem weißen Overall herum. Für Walli sah er darin aus wie ein Mehlsack, so handelte er sich seinen Spottnamen ein. Wenn es einmal vorkam, dass Mehlzack einen Jerry Cotton las, bewegte er dabei intensiv die Lippen, das Lesen fiel ihm sichtlich schwer. Ständiger Hunger quälte den mittelgroßen Blondschopf, der anhänglich war wie ein Dackel und verletzlich wie der Flügel eines Schmetterlings. Immer wieder aufs Neue ließ er sich von seinem Kammerkumpel Jimi zu Alkohol und allerlei Schabernack verführen. Mehlzack glaubte, Jimi gegenüber besonders verpflichtet zu sein, weil dieser seine große Leidenschaft tolerierte: die Liebe zu einem Indischen Mungo, der mit den beiden in einer Kammer hauste. Jede freie Minute führte Mehlzack seinen Mungo an der Leine durchs Achterschiff und fütterte ihn mit süßen Früchten. Mungo war Mehlzacks ganzer Lebensinhalt. Jimi war stark wie Drei und dabei rund wie ein Fass und immerzu schwitzend, seine Brustbehaarung hart und fest wie Kokosfasern. Sein besonderes Kennzeichen: ewiger Durst. Er nutzte Mehlzacks Arglosigkeit weidlich aus und überredete seinen Kumpel zu Streichen, die der oft nicht überblickte.

Während unserer Lukenwache in dieser Nacht lenkte mich ein armer Teufel von meinem Wächterjob ab. Der irakische Hafenarbeiter hockte in den Pausen abseits auf einem Fetzen Pappe, seine Leidensgenossen schnitten ihn. Dem Mann ragten die Knochen aus der Haut, er lief barfuß durch die kalte Nacht, die zerrissenen Kleider schützten ihn nicht, sein Zähneklappern steckte an. Er tat mir leid. Sein Mund loderte wie glühende Kohle, Zähne, Zahnfleisch und Zunge leuchteten rot; rot auch seine Lippen und das verzagte Grinsen im dunklen Bartgesicht; rot auch sein Speichel, wenn er mit langem Strahl das Lukensüll bespritzte. Der Dürre kaute Betelnüsse, die Droge der Ärmsten. Sie dämpfte seinen Hunger, machte euphorisch und tauchte den Wieder- und Wiederkäuer in ein vernebeltes Glück. In den Pausen aß er trockenes Fladenbrot, von dem er kleine Stücke abriss und zusammen mit überreifen Weintrauben in die rote Höhle schob. Nicht mit süßem Tee spülte er das trockene Mahl hinunter, wie es ihm seine Nebenmänner vormachten, der Dürre trank Wasser aus einer blechernen Konservendose, auf der ich noch den Schriftzug ›Bassermann‹ entziffern konnte. Mein Betelnussmann war der Ärmste unter den Armen und gehörte dennoch nicht zur Gemeinschaft dieser Elenden. Sein Leid erzählte er mir auf Englisch, von Kälteschauern geschüttelt, mit gedämpfter Stimme und glühenden Augen. Er war ein Ausgestoßener. Die Gruppe missbilligte seinen Betelnusskonsum, er dagegen teilte ihre politischen Ansichten nicht über den gerade im Irak herrschenden Diktator Abd ar-Rahman Arif. Dessen Handlanger legten auch die Löhne der Hafenarbeiter fest. Fünfzehn Stunden Schufterei brachten dem Mann achthundertfünfzig Fils, zehn Mark. Zu wenig, um ein kleines, aber anständiges Leben zu führen. Wolle ein irakischer Mann heiraten, müsse er die Braut für tausend Dinar kaufen, zehntausend Mark. Vielen Irakern sei die Erfüllung des Wunsches nach Frau und Kindern damit verwehrt und zum Traumbild verkommen, klagte er. Er schien in dieser Schauermännerclique der Einzige zu sein, der sich diesem Diktat nicht beugen wollte. Sein Preis war die Einsamkeit, die er nur mit der Betelnuss ertragen konnte.

Als der Morgen überraschend schnell in die Luke blickte und eine Stunde später der seinen Dienst antretende Zweite Offizier unsere Wächterarbeit überprüfte, fand er aufgerissene Milchpulver- und Textilkisten im Unterraum vor. Schlafmützen, nannte er uns und machte sich Notizen. Ob er sich nur die Mängel notierte, die er vorgefunden hatte oder auch unsere fehlgeschlagene Wachterarbeit, wussten wir nicht. Mehlzack und ich beendeten unsere Wache um sechs Uhr morgens, kletterten aus dem Laderaum und gingen in die Kombüse, wo wir den Kochsmaaten Karl überreden konnten, uns noch vor der offiziellen Frühstückszeit um halb acht ein Continental Breakfast mit Rührei und Schinken auf Schwarzbrot und mit knusprigem Speck anzurichten. Als Hauptspeise spendierte er uns Filetsteaks mit gebräunten Zwiebeln auf amerikanischem Buttertoast. Mit vier Flaschen Beck's schütteten wir das frühe Frühstück hinunter.

In meinem gemütlichen dunkelholzgetäfelten Kojenplatz studierte ich noch einmal einen Brief von Zuhause. Mich durchströmte das warme Gefühl, nicht vergessen zu sein, geliebt zu werden; das blaue Luftpostpapier mit der vertrauten Schrift und den heimischen

Briefmarken wirkten wie Balsam. Mich quälte das Verlangen, mich nicht ständig behaupten zu müssen und das Heimweh nach meiner Familie. Dass ich bei keinem Ereignis mehr dabei sein und es mit Familie und Freunden teilen konnte. Im Brief war von der Verlobung meines Bruders Wilhelm die Rede, dass meine Cousine Uta eine große Hilfe im Haushalt war, vom neuen Hofverwalter Kurt und dem neuen roten Trecker. Und auch davon, dass das Haus meiner Großmutter mütterlicherseits, Mumme, in St. Peter-Ording neue Fenster bekommen sollte. Und vom Tod meines Schulkameraden Erhard, der mich zutiefst erschütterte. Die alte Sütterlinschrift entschlüsselte ich inzwischen ebenso flüssig wie Kapitän Mendel.

In Basra blieben wir ein paar Wochen und hatten reichlich Gelegenheit, die Stadt zu erkunden. Meist gingen wir in kleinen Gruppen an Land, weil dann einer den anderen schützen konnte, üblicherweise zu Dritt. Onno Diederichs war Schiffszimmermann und hatte täglich die Tanks auf mögliche Wassereinbrüche hin zu peilen, Teakholztüren abzuziehen und andere Konservierungs- und Holzarbeiten zu erledigen. Mit ihm verstand ich mich besonders gut. Wir gingen häufig zu Zweit an Land, unternahmen Ausflüge, konnten uns über die unbekannten Landschaften freuen, besahen Sehenswürdigkeiten und besuchten manchmal auch Bordelle. Er war achtundzwanzig, zehn Jahre älter als ich, hatte gleich nach Abitur und Bundeswehr eine Tischlerlehre gemacht und sich dann ein Schiff gesucht. Seit fünf Jahren fuhr er jetzt zur See. Unsere Interessen und Hoffnungen lagen dicht beieinander. Das dunkle Kurzhaar auf seinem Hartholzschädel war wie eine Mischung aus Moos und Wacholder, es wuchs langsam, war rau und sperrig wie ein Topfschrubber. Er war stolz auf seinen ungewöhnlichen Putz und überließ ihn niemals einem Durchschnittsfigaro, da war die Angst vor Fehlschnitten viel zu groß, viel zu lange würde es dauern, bis die Pracht wieder nachgewachsen wäre. Es musste also jemand Besonderes sein. In Baltimore etwa saß ein Haarschneidekünstler seines Vertrauens, den er zufällig einmal entdeckt hatte und den er immer wieder aufsuchte, wenn er sich gerade einmal an Amerikas Ostküste aufhielt. Doch manchmal trennten wir uns während unserer Streifzüge, denn Onnos Schwäche waren die Frauen. Er war ihnen verfallen und hoffnungslos ausgeliefert, er konnte von ihnen nicht lassen, wo immer er ihnen begegnete. Frauen waren sein Schicksal. Seine Liebe zu ihnen hatte ihm schon viel Ärger eingebracht, wenn er ihretwegen seine Arbeit an Bord vernachlässigte oder erst im letzten Augenblick an Bord sprang, wie z.B. in Genua. Fast wäre das Schiff ohne ihn abgefahren. In den einschlägigen Vierteln machten sie es ihm aber auch sehr leicht, dass er bleiben durfte, auch wenn sein Portemonnaie leer war.

Als wir den Basar von Basra besuchten, waren wir überwältigt von den sinnlichen Eindrücken. Tausenderlei Gerüche und Geräusche berauschten uns. Es war heiß und stickig und nicht gerade der ideale Ort für empfindliche Nasen. Ein wildes Durcheinander schien dort zu herrschen und eine orientalische Geschäftigkeit, in der wir unsere eigenen Worte nicht verstehen konnten; schier fassungslos waren wir und wussten nicht, wohin wir den nächsten Schritt setzen sollten. Hunderte Menschen, vielleicht waren es auch tausende, suchten in den engen Gassen ihre unterschiedlichsten Bedürfnisse zu stillen. Jeder wurde von irgendeinem Händler oder Verkäufer freundlich bedrängt, doch unbedingt gleich jetzt und sofort bei ihm und nur bei ihm und sonst nirgendwo genau das zu kaufen, worauf der Blick gerade zufällig gefallen war: Ziegen, Hühner und halb verhungerte Kälber wurden uns als Spitzenware feilgeboten. Dabei freuten sich die bärtigen Turbanmänner in ihren bis zum Boden reichenden Hemden über unser scheinbares Interesse und strahlten, wenn wir überhaupt kurz Halt machten. Egal ob sie Zigaretten, Uhren, Schmuck, Andenken oder sonst was anpriesen, alle Waren schienen ihren Platz nach einem unergründlichen Plan auf Tischen und Ständen gefunden zu haben. Manchmal fuhr auch ein Auto durch den dicht gedrängten, lang dahingezogenen Basar; dann räumten die Händler ihre Güter kurz zur Seite und ließen den Wagen passieren. Männer hockten vor altersschwachen Häusern und schiefen Eingangstüren direkt auf der Straße. Wir kauften weder Ziegen, Hühner noch halb verhungerte Kälber, sondern erholten uns in einem klimatisierten englischen Hotel, tauschten dort ein paar Dollar ein und tranken Martini on the Rocks und frisch gezapftes deutsches Bier mit einer ordentlichen Blume obenauf.

Ein Angebot

Nachdem wir Basra verlassen hatten und unsere Treibstofftanks in Abadan, dem größten Ölhafen der Welt, wieder gut aufgefüllt hatten, zogen wir weiter nach Buschir, einer ebenfalls zum Iran gehörenden Hafenstadt weiter im Süden des Landes. Zweihundertfünfzig Tonnen Angorawolle und Gummi sollten wir in der Kleinstadt laden und nach Marseille bringen.

In Buschir klopfte mich ein zunächst harmlos scheinender Störer aus der verordneten dreistündigen Mittagsruhe, zu der wegen der Hitze alle Besatzungsmitglieder angehalten wurden. Unwirsch reagierte ich auf die fremde Stimme und bedeutete dem Mann, zu verschwinden. Er aber stand in der halb geöffneten Kammertür, blickte dabei um die Ecke in meine Koje und flüsterte meinen Namen: *»Hannes?«*

Ich sah ihn fragend an. Der kleine Mann trug ein weißes, kragenloses Hemd nach iranischer Mode, das locker über der hellen Stoffhose hing, an den nackten Füßen Sandalen. Er mochte vierzig sein, vielleicht jünger. In den Händen hielt er ein in bräunlichen Stoff geschlagenes Päckchen von der Größe einer Zigarrenkiste. *»Du musst mir einen Gefallen tun. Nimm dieses Päckchen mit nach Hamburg und du bekommst dafür von mir gleich jetzt tausend Dollar«*, sagte die sympathische Stimme, die sofort auf das Wesentliche des Besuchs zu sprechen kam, als hätte sie keine Zeit zu verlieren. Weitere zweitausend würde ich erhalten, wenn ich es einem Gewährsmann abgeliefert haben würde. *»Der Mann in Hamburg nennt dir ein Stichwort, das ich dir gleich geben werde. Wenn du ihm das Päckchen ausgehändigt hast, ist für dich die Angelegenheit erledigt.«*

Er schien davon auszugehen, dass ich seinem Angebot sofort zustimmen würde. Schlagartig war ich hellwach! Ich verdiente fünfzig Mark im Monat, mit allen Extras wie Urlaubsgeld, Überstunden und ausbezahlten Seesonntagen schaffte ich es auf achtzig Mark. Hundert Blitze schlugen in mein Hirn ein, alle hatten mit unerfüllten Wünschen und ewig währender Sorglosigkeit zu tun.

Der Päckchenbote versicherte mir, inzwischen in Zimmerlautstärke, dass daran keinerlei weitere Bedingungen geknüpft seien. *»Du musst das Paket nur abliefern und schon fließt das Geld in deine Tasche.«* Der Fremde stand mir in der kleinen Kammer jetzt direkt gegenüber. Mit einer leichten Verbeugung neigte er sich zu mir hin, verharrte in dieser Stellung und bot mir das Stoffpäckchen zur sofortigen Übernahme an; er wartete, dass ich es entgegennehmen und damit seinem Angebot zustimmen würde. Gleich jetzt würde er mir das angekündigte Stichwort nennen, die tausend Dollar aushändigen und schon fände das todsichere Geschäft seinen vorläufigen Abschluss. Ein paar Wimpernschläge lang beschäftigte mich eine hässliche, weiße Narbe auf brauner Haut über seiner rechten Augenbraue, schlecht und nur wulstig verheilt, sie führte von der Braue schräg nach oben in die Stirnmitte. Sie irritierte mich und lenkte ab, weil sie nicht zu dem artigen Auftritt des Mannes passen wollte.

»Das Geld habe ich bei mir«, lächelte er und zeigte unregelmäßige Zähne, weiß wie die Narbe. In mir regten sich Zweifel.

Mein Kammerkollege Paul steckte seinen verschlafenen Kopf durch den Vorhang der Oberkoje und greinte: *»Was redet ihr denn da für komisches Zeug? Haut ab und lasst mich endlich schlafen.«*

Völlig überrascht, schnellte der Blick des Fremden zu Paul hinüber. Sein Lächeln erstarb auf der Stelle, das Päckchen zog er mit beiden Händen wieder an sich, drückte es an den Bauch und sagte, als wäre er beim Plündern ertappt worden: *»Wir sind nicht allein«?* Er wirkte, als hätte ihn jemand verraten.

Ich drängte ihn jetzt die drei Schritte vor die Tür auf den langen, halbdunklen Gang und ließ die Tür von außen ins Schloss fallen. Die Narbe und die Sekunden nach Pauls Maulerei setzten

Skrupel in mir frei. Tausend Dollar sofort und später zweitausend Dollar in Hamburg. Hatte ich das richtig verstanden? Aber wofür und von wem? Und alles fast ohne Gegenleistung? Der Mann und ich standen uns in dem schmalen Gang frontal gegenüber, jeder mit einer Wand im Rücken, fast berührten wir uns. Das Päckchen zwischen uns hielt er fest umschlossen.

»Nimm das Geld, jetzt, sofort«, presste es aus ihm heraus, als stünde er unter fürchterlichem Druck, *»das Stichwort lautet …«*

»Nein, du verdammter Hurensohn«, donnerte ich, packte ihn wütend und mit aller Kraft an den Oberarmen und riss ihn zu Boden. Er kam flink wieder auf die Beine, griff das entglittene Päckchen und schob es unter sein weißes Hemd. Dann raste er den Gang entlang an Deck und verschwand aus meinem Leben, so schnell wie er darin eingefallen war.

Jetzt kam Paul aus unserer Tür. *»Was ist denn hier los? Brauchst du mich?«*

»Alles okay«, schnaubte ich und drückte ihn in unsere Kammer zurück. Ich erzählte ihm alles, er konnte sich den Spuk so wenig erklären wie ich.

Als ich später Onno von meiner unheimlichen Begegnung berichtete und auf seine Fragen einging, schwieg er lange, sah mich an und sagte: *»Mächtig viel Glück gehabt, Seemann!«* Wieder schwieg er einen Moment und fügte hinzu: *»Du solltest als neuer Drogenkurier gewonnen werden, das ist dir hoffentlich klar.«* Er drückte meine Hand, knuffte mich an der Schulter und wiederholte: *»Mächtig viel Glück gehabt! Wenn du Päckchen, Geld und Stichwort angenommen hättest, wärst du für immer in der Todesfalle der iranischen Drogenmafia gefangen gewesen. Daraus gibt es kein Entrinnen.«*

Schon bald hatte ich die Geschichte abgehakt, und wir alle waren guter Dinge, weil die Zeit im Persergolf allmählich ihrem Ende zuging. Der Steven der Goldenfels zeigte gen Süden, der Fahrtwind erfrischte uns ein wenig, es wurde kühler. Mit dem kräftigen Strahl des Deckwaschschlauchs spülten Matrosen den bei Ladearbeiten entstandenen Schmutz ins Meer, machten gründlich Reinschiff.

Eines Tages war ich dem Alten kurzfristig als Laufbursche zugeteilt worden, er wollte wieder eine seiner vorher nicht angekündigten Kammerkontrollen durchführen. Nach seinem Appell vor Wochen war es bereits die dritte Stichprobe. Meine Aufgabe bestand darin, die Kammerbewohner zu holen, die er nicht antreffen würde. Beim Kochsmaaten Karl gab es nichts zu beanstanden, alles war tipptopp, bei der Spindkontrolle des Messestewards dagegen bemängelte er die schmutzigen und zerknüllten Handtücher, die der Mann dort zusammen mit dreckiger Bettwäsche verborgen hielt. Die Fotos aufreizend nackter Mädchen an den Schränken störten den Alten nicht und auch nicht, dass die Stewardkammer nach Männerschweiß und Hafenkneipe stank.

»Ein kräftiger Windstoß würde dir und deiner Kammer guttun«, bemerkte er beim Hinausgehen. Bei den Kammerkollegen Jimi und Mehlzack waren die Matratzen und Zudecken nicht bezogen, die Kojenvorhänge zerrissen, eine Schublade unter Jimis Koje fehlte ganz. Dort klaffte ein Loch, in dem Mehlzacks Indischer Mungo seine Höhle gefunden hatte. Sie war übersät mit Futterresten und Exkrementen. Der Alte verlangte, innerhalb einer Woche alles ordentlich herzurichten, gegen den Mungo selber hatte er nichts einzuwenden, er wusste von Mehlzacks bestem Freund.

Als wir nach den Kammervisiten aus einer Seitentür an Deck traten, fragte ich den Alten, ob ich nun gehen könne. Er aber antwortete nicht, sondern schien in Gedanken versunken. Plötzlich machte er auf dem Absatz kehrt und sagte wie zu sich selbst: *»So muss es gewesen sein!«* Und zu mir: *»Komm noch mal mit!«*

Erneut strebte er den Gang entlang und wir steuerten abermals die Kammer des Vollmatrosen Jimi und des ewigen Leichtmatrosen Mehlzack an. Mit einem zackig-kurzen Klopf und ohne die Antwort abzuwarten, trat er ein. Die erstaunten Bewohner hatten keinen weiteren Besuch erwartet, den des Alten schon gar nicht. Jimi saß auf dem Rand der Unterkoje, Mehlzack hockte in seinem einteiligen, schmutzig-weißen Arbeitsanzug auf der Bank, beide blieben sitzen. Der Kapitän sagte kein Wort. Er sah sich sorgfältig um, als suchte er etwas ganz Bestimmtes. Dann schien er gefunden zu haben, was er bei seiner ersten Visite nur flüchtig erfasst haben musste. Er machte zwei entschlossene Schritte auf den PLAYBOY-Kalender zu, der zwischen den beiden Bullaugen über Mehlzacks Kopf hing. Ohne Erklärung nahm er ihn vom Haken: *»Wem gehört der?«*

»Mir«, antwortete Jimi.

»Uns beiden«, sagte Mehlzack.

Der Alte blätterte den Kalender zielstrebig durch, ohne an den Pin-ups hängenzubleiben. Er ließ die einzelnen Seiten durch den Daumen gleiten und stoppte abrupt, als er das gefunden hatte, wonach er gesucht haben musste. *»In eurem Kalender fehlt der Monat März«*, stellte er fest. *»Könnt ihr mir das erklären?«*

»Da fehlt nix«, sagte Jimi tonlos und sah zu Mehlzack hinüber. Beide waren aufgestanden.

»Ihr wisst, dass in der Kammer des toten Manfred Neumann das hier fehlende Kalenderblatt gefunden worden ist. Auf der Rückseite stand ›Muttasönchen‹ und ›fauler hunnt‹.« Die beiden Matrosen standen plötzlich steif da wie Schaufensterpuppen. Der Alte klemmte sich den Kalender unter den Arm und sagte, bevor er die Kammer endgültig verließ: *»Ich erwarte eine Erklärung. Bis dahin gibt es Überstundenstopp und Alkoholverbot.«* Mich entließ er ohne eine Bemerkung, nur seine wegwerfende Handbewegung deutete an, dass ich nicht länger gebraucht würde. So zornbebend habe ich Kapitän Mendel nie wieder erlebt.

Jeder an Bord erhielt von Otto Mendel eine zweite Chance, manchmal sogar auch eine dritte. Aber vorher ging er zur Folter über: Alkohol- und Überstundenstopp. Dabei machte Alkohol für die meisten von uns ein ordentliches Stück Lebensqualität aus, gehörte so unzweifelhaft zu unserem Alltag wie Sonnenauf- und Sonnenuntergang. Mit dieser drastischen Entzugsmaßnahme und dem empfindlichen Griff in unsere Geldbeutel traf der Alte die Sünder bis ins Mark. Doch alle fünfzig Männer an Bord wussten nur zu gut, dass er mit seiner Fürsorge einerseits und seinen disziplinarischen Maßnahmen andererseits die stärkere Position einnahm. Sein schärfstes Schwert allerdings hatte er noch nicht gezogen: die fristlose Kündigung sowie die dazu gehörenden Kosten zu Lasten des Schuldigen. Bevor es soweit kommen konnte, musste der Alte aber eine Gefährdung des Schiffsbetriebs als vorsätzlich beurteilt haben, oder es mussten Aktionen gegen Mensch, Schiff oder Ladung geplant oder durchgeführt worden sein.

Bahrain

In Bahrains Hauptstadt Manama erwarteten uns abermillionen Fliegen; sie peinigten uns noch mehr, als das feucht-heiße Klima, das wir ohnehin schon ertragen mussten. Seit Tagen quälten mich auch noch Zahnschmerzen. Nachdem wir im Wirtschaftszentrum des zweihundertfünfzigtausend Einwohner zählenden kleinen Insel- und Königreichs festgemacht hatten, konnte ich endlich Hilfe erwarten. Den Zahnarzt von Manama stellte ich mir vor wie meinen alten Zahnarzt Herbert Haberkorn im heimatlichen Bauerndorf. Dieser hier praktizierte jedoch nicht in einem soliden niedersächsischen Fachwerkhaus unter hellem Lichtstrahler. Der Doktor von Manama erlöste seine Patienten auf einem von Sandstaub durchwehten Marktplatz von ihrem Leid, unter hohem Himmel und einer strafenden Sonne. Ein Angestellter der betreuenden Schifffahrtsagentur begleitete mich dorthin, verschwand aber sofort wieder, nachdem er mich auf dem Behandlungsstuhl abgesetzt hatte. Der Doktor erfasste schnell, was mir fehlte, denn die Entzündung hatte meine Backe extrem anschwellen lassen, sie machte mich zerfahren und aggressiv.

»*Extraction!*«, ließ er mich auf Englisch wissen und wollte sogleich zur Zange greifen. Doch mir ging das zu schnell. Ich protestierte, weil ich einen doch noch recht jungen Zahn nicht einfach aufgeben wollte. Er gab ohne ein Wort nach und wies stattdessen seinen kräftigen Assistenten an, meinen Kopf gut festzuhalten. Der Starke nahm mich daraufhin so geschickt in den

Schwitzkasten, dass ich meinen Kopf nicht mehr rühren und der Doktor ungehindert in meinem Mund herumwerkeln konnte. Ein junger Bursche, der dritte im Dentistenteam, erhielt nun die Anweisung, den Bohrer in Gang zu setzen. Wie auf einer alten Singer-Nähmaschine trat er sogleich heftig in die Pedale und ließ damit den Bohrer des Doktors rotieren. Mein Körper schraubte sich unter den Schmerzen von links nach rechts und wieder zurück, zuckte und ruckte, doch der Schwitzkastenmann ließ nicht locker. Als der Bursche am Pedal müde und langsamer wurde und die Rotationsgeschwindigkeit nachließ, feuerte ihn sein schwitzender Chef lauthals an und schrie: »*Yalla yalla*«, was so viel heißen musste wie schneller, schneller. Der Mann am Pedal wachte auf und trat wieder kräftiger zu. Mein Stöhnen und Röcheln hatte offenbar Neugierige angelockt, denn als der Schwitzkastenmann nach getaner Schwerarbeit seinen Griff ein wenig lockerte und ich die Augen aufschlug, klatschten sie Beifall. Der Doktor stillte die Blutung mit einer bitteren Tinktur und füllte den Zahnkrater mit einer frisch gerührten Paste. Sie sah aus wie weißes Porzellan. Nach der halbstündigen Behandlung bewegte ich benommen meinen Kopf hin und her, um zu prüfen, ob alles andere, das Hören und das Sehen, noch funktionierte. Ich wankte vom Stuhl, hielt mir die Backe und hörte erneut das klatschende Publikum. Ob es den Doktor oder mich mit Beifall bedachte, oder sich einfach nur gut unterhalten fühlte, konnte ich nicht erkennen. Gestützt auf die Schulter des zurückgekehrten Agenturangestellten, wankte ich Richtung Schiff. Mir blieb eine Stunde, mich von der Tortur zu erholen, dann versorgte mich Bootsmann Jan fürsorglich wieder mit Arbeit. Es vergingen Jahre, bevor sich der Backenzahn unten links noch einmal meldete. Erst da wurde mir bewusst, dass der Medizinmann von Manama wohl nicht allzu viel verkehrt gemacht haben musste.

Orientierungshilfe: das Fort Fujira in Abu Dhabi

Das Geständnis

Der rechtweisende Kurs auf dem elektrisch angetriebenen Kreiselkompass zeigte hundertfünfundsechzig Grad, Kurs Südsüdost: raus aus dem Persischen Golf. Zunächst aber mussten wir noch Abu Dhabi hinter uns bringen, wo wir anlegen sollten, um Stückgüter zu löschen und Datteln sowie Ölkuchen für Europa zu laden. Die beiden Häfen, Abu Dhabi und Dubai, an der arabischen Küste schienen sich mithilfe einer Barriere aus kleinen Inseln, Untiefen und Riffen vor fremden Seefahrern schützen zu wollen. Den Nautikern bereitete dieses ungenau vermessene Seegebiet, das früher als Piratenküste gefürchtet war, große Kopfschmerzen, weil Angaben über Wassertiefen und korrekte Positionen einiger Inseln und Riffe nicht wirklich verlässlich waren. Auch die Große Perlenbank im Süden des Golfs forderte von der Brückenbesatzung an den Radarschirmen größte Wachsamkeit. Wir mussten vor allem auf die unscheinbaren Boote der arabischen Perlenfischer achten, die von unserem Schiff aus kaum zu erkennen waren und leicht überfahren werden konnten. Hatten wir diese vorgelagerten Hindernisse mit halber Kraft passiert und den Hafen von Abu Dhabi mit Lotsenhilfe glücklich erreicht, half uns das weiße, auch in der Seekarte eingetragene Fort ebenso zur Orientierung wie der hohe Flaggenmast vor dem Gebäude des Politischen Agenten, wie die britische Regierung ihren hiesigen Statthalter nannte. Dann endlich hießen uns die langen weißen Sandstrände und Dattelpalmhaine willkommen. Abu Dhabi – der Vater der Gazelle –, mit seinen vierzigtausend Einwohnern, war eine weitgehend aus Steinen erbaute Stadt, nur in ihrer südlichen Region mussten etliche Menschen in ärmlichen Lehmhütten leben.

Vierundzwanzig Stunden später warfen wir die Leinen wieder los und unser Kurs zeigte nun ostwärts. Sobald wir wieder das Nadelöhr Hormus passiert haben würden, würde er uns südwärts in die offene See hinaus führen, Bombay lag dann direkt vor uns. Mit uns liefen eine Zeitlang tief im Wasser liegende Tankerriesen, gefüllt mit Energie für die Welt. Entgegen kamen uns voll beladene Frachtschiffe aus Europa, Amerika und Japan, manchmal auch Massengutfrachter mit Kohle für Kuwait oder Viehdampfer aus dem australischen Perth, die jeweils hunderte lebende Schafe nach Saudi-Arabien verschifften.

Wenn unser Steuermann sich während einer Nachtwache langweilte, knipste er den tragbaren Scheinwerfer an und morste mit Hilfe des weit strahlenden Lichtkegels wahllos irgendeinen dieser vielen Frachter an, die sich vor der Straße von Hormus tummelten. Wenn auf seinen Ruf niemand reagierte, versuchte er es beim nächsten. Sobald ein Schiff antwortete, unterhielten sich die beiden mit Hilfe des Morsealphabets. Hatte einer ein Wort nicht verstanden, bat er mit der flackernden Morselampe um Wiederholung. Während des »Gesprächs« wurden selbstverständlich keine großen Geheimnisse ausgetauscht, lediglich die Namen der Schiffe, ihre Ziel- und Heimathäfen sowie die Nationalität der Besatzung. Zu mehr reichte die Zeit einfach nicht, denn die Entfernung zwischen den auseinanderstrebenden Schiffen wurde schnell zu groß und damit die Lichtsignale zu schwach, um sie noch deuten zu können. Bei einem Mitläufer allerdings, mit dem eine gewisse Nähe über einen längeren Zeitraum zwangsläufig erhalten blieb, konnte eine Unterhaltung schon mal länger als eine Stunde dauern und das ein oder andere Weltereignis zur Sprache kommen. Waren die beiden Männer an ihren Scheinwerfern gut drauf, endete so eine Unterhaltung erst, wenn sich die beiden Schiffe buchstäblich aus den Augen verloren hatten.

Ansonsten enträtselten wir ganz ohne Morsealphabet und nur anhand der jeweiligen Schiffspositionslichter, woher der andere Dampfer gerade kommen mochte und welches Ziel er ungefähr haben könnte. Anhand der grünen, roten und weißen Positionslichter, die ein Schiff nachts zu zeigen hatte, war grob zu erkennen, ob wir auf Kollisionskurs lagen oder nicht. Bei Tageslicht zeigte uns die Stellung seiner Masten, ob es uns gefährlich werden konnte. Abgesichert wurden diese Erkenntnisse natürlich durch das Radargerät, dem wichtigsten Navigationsgerät neben dem Sextanten.

Mit Bombay im Kopf und den Erwartungen an eine schöne Zeit, kletterte die gute Stimmung von Etmal zu Etmal ständig nach oben. Unter »Etmal« verstanden wir die Zeitspanne von rund vierundzwanzig Stunden und die dabei zurückgelegten Seemeilen zwischen zwei Mittagspositionen. Nach getaner Arbeit an Deck und in der Maschine hockten wir unter aufgespannten Sonnensegeln an Tischen und Bänken, bei schlechtem Wetter auch dicht gedrängt in unseren engen Kammern, tranken Beck's-Bier und Whisky mit Cola und sprachen über das, was uns wichtig erschien. Vor allem aber immer wieder über Frauen, von Eroberungen in früheren Häfen, von Enttäuschungen, besonderen sexuellen Praktiken und für wie viele Dollar sie wo zu haben waren.

Wir tauschten Erfahrungen über Tätowierungen aus, geeignete Motive und ob sie auf Brust, Bizeps oder Rücken am wirksamsten waren. Am beliebtesten war die älteste Tätowierstube Deutschlands an der Straße Hamburger Berg auf St. Pauli. Dietmar Schwarz, der Zweite, strahlte neuerdings, wenn vom Schach die Rede war, denn beim letzten Duell hatte er seinen Erzrivalen schachmatt gesetzt, und Mehlzack holte beim Preisskat zweimal den ersten und einmal den dritten Preis.

Aber irgendetwas stimmte nicht mit ihm. Seit dem Tod Manfreds wirkte er ernst und in sich gekehrt, ganz anders, als wir das sonst von ihm kannten. Auf alles reagierte er gereizt, banalste Alltagsfrotzeleien ließen ihn an die Decke gehen. Bis zum Alten hatte er sich bislang nicht vorgewagt, nach der missglückten Kammerkontrolle und dem beschlagnahmten Kalender war er ihm bisher eine Antwort schuldig geblieben. Bevor das nicht erledigt war, würde der Alte den Alkoholstopp und die Überstundensperre nicht aufheben. Die Angst, ein Leben ohne Alkohol und Überstunden führen zu müssen, trieb dem armen Mehlzack den Schweiß auf die Stirn. Jimi dagegen ließ sich kaum etwas anmerken, blieb stur und verschlossen, saß prall und schweigsam in seiner Kammer. Nur selten noch sahen wir die beiden auf einem Poller hocken, aufs Meer hinausschauen und Fliegende Fische beobachten. Der Alkoholstopp zermürbte beide. Es ging ihnen nicht gut, sie rauchten viel. Aber der Alte blieb unerbittlich und dachte gar nicht daran, ihnen entgegenzukommen. Allein schon aus Respekt vor dem toten Manfred. Wer die beiden Männer aus Mitgefühl heimlich mit Bier oder Whisky versorgte, dem drohte die gleiche Strafe oder sogar ein Sack – der seemännische Ausdruck für eine fristlose Kündigung samt aller Folgen.

Mehlzack hielt dem Alkohol- und Überstundenstopp nur sieben Tage stand, dann marschierte er zum Alten und gab zu, das Kalenderblatt in Manfreds Koje gelegt zu haben. Auch die inkriminierenden Worte nahm er auf seine Kappe. *»Ich war's«*, soll er nur gesagt haben.

»Allein?«, hakte der Alte nach.

Mehlzack schwieg wie sein Mungo und streichelte den tierischen Freund, den er zur moralischen Unterstützung mit in die Kapitänskajüte genommen hatte. Kein weiteres Wort soll der Alte seinem ewigen Leichtmatrosen abgetrotzt haben. Dann folgte noch das eingeforderte zweitwichtigste Wort – *»Entschuldigung«*.

Nach einigen bedrückenden Schweigeminuten verabschiedete ihn Kapitän Mendel mit der Aufforderung: *»Du kannst gehen. Alkoholstopp und Überstundenverbot sind aufgehoben. Ich gebe Petersen Bescheid.«* Eine Bemerkung allerdings schob er noch nach, wie

Mehlzack später erzählte: *»Mich bist du los, sobald du von Bord gehst, Seemann. Aber dein Gewissen trägst du immer mit dir herum.«*

Kajütsteward Petersen erzählte die Geschichte vom Geständnis auf der Stelle weiter, im Nu spürte der ganze Dampfer Erleichterung. Mehlzack feierte an diesem Abend seine Wiedergeburt. Jimi aber hielt noch durch. Seine Augen blickten traurig und abgewandt, nicht mehr so lustig wie sonst. Er wurde zum Einzelgänger, kraulte sein krauses Brusthaar intensiver als zuvor. Er war zwar unruhig und schwitzte wie immer gewaltig, aber zehn Tage ohne Promille im Blut, wer von uns schaffte das schon? Wir bewunderten ihn. Und auch ich hatte ihm die brutale Attacke, als er mir den mit Gulasch und Nudeln gefüllten Teller ins Gesicht geschlagen hatte, längst verziehen.

Drei Tage später kapitulierte auch Jimi. Nicht allein der fehlende Alkoholnachschub zermürbte ihn, sondern der verordnete Acht-Stunden-Tag mit dem parallel dazu einsetzenden finanziellen Druck, den der Überstundenstopp demnächst auf der Heuerabrechnung sichtbar machen würde. Monatlich schickte Jimi dreihundert Mark an seine Freundin in Elsfleth, mit der er einen vierjährigen Sohn hatte, Herbert. Hinzu kam, dass Jimis Konten beim Kajütsteward dunkelrot blinkten und schließlich lasteten auch die Schulden, die noch von Vorgängerschiffen stammten, auf seinen starken Matrosenschultern. Nur wenn der Alte ihm jeden Monat mehr als hundert Überstunden zugestehen würde, konnte er flüssig bleiben. Und nun das! Ihm blieb also nichts anderes übrig, als auch seine Schuld zuzugeben. Ihn leitete jedoch nicht unbedingt die Einsicht, dem toten Kochsmaaten etwas angetan zu haben. *»Wer so bekloppt ist, wegen so 'n Nacktfoto außenbords zu jumpen, dem kann ich auch nicht helfen«*, sagte er einmal. Sein einziges Motiv, die weiße Flagge zu hissen, hieß Herbert. Wenn er seinen kleinen Sohn nicht verlieren wollte, musste er den Ziehschein Monat für Monat erfüllen. Herberts Mutter hatte schon einmal gedroht: *»Wenn der Ziehschein weg ist, ist Herbert auch weg.«* Jimi war schockiert, seine Verlustängste ertränkte er in Schnaps und Bier. Er strengte sich sehr an, den monatlich von der Reederei an seine Freundin zu überweisenden Geldbetrag aufzubringen und schaffte das auch. Ab einem gewissen Promillestand allerdings kamen ihm Zweifel auf und er machte sich laut Gedanken darüber, ob er überhaupt Herberts Vater sein konnte.

»*Wo war ich denn eigentlich genau neun Monate vor Herberts Geburt*«, grübelte er eines Tages und sah sich die Fahrzeiten in seinem Seefahrtsbuch noch einmal genau an. Dann aber beschloss er doch, alles schön auf sich beruhen zu lassen und nicht weiter nachzuforschen.

Der Alte sah Jimi als den eigentlichen Drahtzieher der Nacktfoto-Affäre an, am liebsten hätte er ihn von Bombay aus direkt nach Hause geschickt, hörte sich aber vorher noch die Bedenken seines Ersten Steuermannes an. Dem Seemann Jimi ging der Ruf voraus, einer der besten Schwergutmatrosen der Reederei zu sein. Der Erste würde ihn nur ungern hergeben, zumal in Bombay, Rangun und Beirut schwere Kolli zu entladen waren. In Schwergutdingen kannte sich Jimi aus wie keiner, nur Bootsmann Jan hatte mehr Erfahrung und Sachverstand, reichte aber körperlich nicht an den Kraftprotz heran. Jimi wusste mit dem wuchtigen Geschirr am besten umzugehen und kannte alle Schwierigkeiten, die sich beim Löschen oder Laden auftun konnten. Gemeinsam mit dem Altmatrosen Walli führte er uns Kadetten bei der Arbeit an. Fast schweigend und nur durch Gesten und Handzeichen dirigierte er an besonders arbeitsschweren Tagen die schuftende Decksbesatzung. Bootsmann Jan Przybylak musste nicht eingreifen. Jimi war stark wie ein Ochse, seine Schultern breit und muskelbepackt wie die eines Sumo-Ringers, seine Energie und Ausdauer furchterregend. Er setzte sich als Letzter aufs Lukensüll und legte erst eine Pause ein, wenn der Job nach vielen Stunden Schwerstarbeit erledigt war. Wir konnten alles von diesem gutmütigen Bären haben, wenn wir ihn nur machen ließen. Schwergut war seine Leidenschaft, Müßiggang sein Verderben. Jimi blieb an Bord.

Der Alte stellte allerdings eine Bedingung. Er verpflichtete ihn und Mehlzack, einen handschriftlichen Brief an die Mutter des toten Küchenjungen zu schreiben, ihr zu sagen, wie leid ihnen das täte und dass sie sie um Verzeihung bitten würden. Später erwähnte er einmal, dass er lieber zwei Schwergutbäume auf- und abtakeln würde, als noch einmal so einen schweren Brief zu schreiben. Mehlzack unterschrieb in fein gesetzten Buchstaben. In Bombay fand das Schreiben mit der Reedereipost seinen Weg nach Bremen und gelangte schließlich an die gewünschte Adresse. Die Besatzung reagierte erleichtert über das behutsame Finale der Tragödie von Mukalla.

Später plauderte Steuermann Dietmar Schwarz seine eigene Version über das Verhalten des Alten in dieser Sache aus, eine ganz andere nämlich, die wir nicht für möglich gehalten hätten. Der Steuermann kannte Kapitän Mendel am besten und konnte die Motive für dessen Entscheidungen gut einschätzen. Die beiden redeten eben nicht nur über ihre Favoriten Goethe und Nietzsche. Der Alte sei, so Schwarz' Interpretation, nur pro Forma auf die Argumente des Ersten Offiziers eingegangen, dass nämlich Jimi als Schwergutmatrose fast nicht zu ersetzen sei. Mendel sei vielmehr, als er Jimi nicht fristlos gekündigt hatte, dem Geist der Schweizer Verfassung gefolgt, von der er während seiner häufigen Familienurlaube im schweizerischen Wintersportort Bettmeralp gehört und sie schätzen gelernt habe. In der Einleitung der Verfassung hieße es sinngemäß – und genau das wollte Mendel seiner Mannschaft wohl vorleben – dass die Stärke einer Besatzung ›am Wohl der Schwachen‹ gemessen werden müsse. Die Umsetzung dieses Ideals sei in Wirklichkeit Kapitän Mendels vorherrschendes Motiv für Jimis Verbleiben an Bord gewesen, denn er berücksichtigte bei seiner Entscheidung dessen Alkoholabhängigkeit und seine Probleme mit dem Sohn.

Himmel und Sterne

Kapitän Mendel hatte den Kurs auf Bombay gesetzt und ihn mit Bleistift in die Seekarte eingetragen, er allein legte ihn fest. Wenn weit und breit kein Küstenstreifen mit Leuchttürmen oder bekannten Landmarken zu sehen war, wie jetzt im Indischen Ozean, waren wir auf die Hilfe der Sterne zur Ortsbestimmung angewiesen. Das Handwerkszeug der Nautiker bestand aus Sextant und Chronometer, aus Bleistift und Papier; hinzu kamen die Nautischen Tafeln als Rechenbuch voll mit Gradtafeln und Logarithmen der trigonometrischen Funktionen.

Mit dem Sextanten wurden Sterne »geschossen«, allerdings nur bei wolkenlosem Himmel und im kurzen Zwielicht der Morgen- und Abenddämmerung. Um diese Stunden tat sich die Kimm, wie Seeleute den Horizont nennen, als höchst feingezeichneter Strich zwischen Meer und Himmel deutlich hervor. Der richtige Zeitpunkt musste genau abgepasst werden, es blieben immer nur einige Minuten: frühmorgens vor Sonnenaufgang, weil eine aufgehende Sonne die Kimm sogleich zu überstrahlen drohte und abends nach Sonnenuntergang, weil sich der feine Strich ganz schnell im anbrechenden Dunkel verlieren würde. Mit dem Sextanten also fixierte der Steuermann einen bestimmten Stern, holte ihn mit den beiden daran befestigten Spiegeln vom Himmel, legte ihn auf der Kimm ab und las auf dem Gradbogen des Sextanten den Höhenwinkel zwischen Gestirn und Kimm ab. Auf das Kommando »Jetzt«, wenn der Stern genau auf der Kimm saß, las ein Seemann vom Chronometer die Uhrzeit ab, auf Stunde, Minute und Sekunde genau. Je akribischer Zeit und die durch aufwendige Berechnungen erfolgte Winkelmessung festgehalten wurden, desto genauer würde der Standort sein. Mit diesen Daten hatten wir nun unsere erste Standlinie berechnet, auf der wir irgendwo stehen mussten. Aber wo genau? Denn mit einer Linie allein war noch nichts gewonnen, erst wenn eine zweite, dritte und möglichst noch eine vierte durch neu »geschossene« Sterne hinzukamen, würde unsere Position im Schnittpunkt aller dieser Standlinien feststehen.

Der Sextant war aus rein sprachlichen Gründen das Lieblingsinstrument der Seeleute, verführte er doch zu derben Späßen; sein Name leitete sich allerdings recht harmlos von der Maßeinheit seines Gradbogens her, sechzig Grad – und sechzig Grad sind eben das Sechstel eines Kreises.

Über Sterne redeten unsere Steuerleute so vertraut wie Schüler über ihre Klassenkameraden. Sie zeigten uns den Altair im Sternbild Adler, den Aldebaran im Stier und wiesen uns mit weit ausgestrecktem Arm und langem Zeigefinger auf den Deneb im Schwan und den Beteigeuze im Sternbild Orion hin. Wir Kadetten konnten dem Fingerzeig allerdings nicht recht folgen, weil bei aller Fantasie Adler, Stier und Schwan nicht aussahen wie Adler, Stier und Schwan auszusehen hatten. Aber wir erfuhren von unseren Steuerleuten, dass die Gestirne ihre Namen schon vor dreitausend Jahren erhalten hatten und sich der Himmel mit seinen Sternzeichen inzwischen sehr verändert hat.

Ich bewunderte Kapitän Mendel und seine Offiziere für ihr Talent im Umgang mit den Werkzeugen und um ihr Wissen über die Himmelskörper. Sie verstanden etwas von den Dingen, die mir rätselhaft blieben. Dabei hatte jeder Steuermann den gleichen Ausbildungsweg eingeschlagen, auf dem ich mich jetzt auch befand. Sie hatten allerdings schon viele Meilen auf ihm hinter sich gebracht, ich hingegen erst ein paar Schritte. Steuermann Schwarz tröstete mich einmal damit, dass er für den langen Weg bis zum Kapitänspatent auf Großer Fahrt ganze neun Jahre gebraucht hätte. Eine kleine Ewigkeit, fand ich, aber schneller ginge es eben nicht. *»Du bist nur, was du geworden bist«*, philosophierte er einmal während einer gemeinsamen Nachtwache. *»Du bist nicht, was du einmal warst.«* Ich verstand nicht genau, was er damit meinte, aber es machte mir Mut.

Bombay

Der Indische Ozean nahm uns mit seiner langen Dünung in sich auf, der Monsun wehte uns frisch ins Gesicht, unsere Zukunft lag wieder direkt vor dem Schiffssteven – und hieß Bombay! Mit fünfzehn Knoten würden wir die tausend Seemeilen vom Golf von

Oman in nur drei Tagen erledigen und unsere Leinen dort über die Poller werfen können. Für uns Kadetten würde es der erste Besuch im größten Hafen Indiens sein. Die Altgedienten an Bord kannten diese Riesenstadt bereits und machten uns mit ihren Erzählungen immer neugieriger auf neue Menschen und Amouren.

Einige Tage bevor wir einen Hafen anliefen, lag in den Messen immer eine Devisenliste aus, in die jeder seine Bargeldwünsche in Landeswährung eintragen konnte. Der Alte gab die Bestellung telegrafisch durch und der Reedereiagent brachte das Geld an Bord. Der Zweite Steuermann hatte meistens den größten Bedarf, Zimmermann Onno den geringsten. Der hatte sich nämlich mit harter D-Mark und Dollars bereits in Bremen eingedeckt und wollte die Devisen hier auf dem aufnahmewilligen indischen Schwarzmarkt gewinnbringend eintauschen.

In Bombay war morgens gegen drei Uhr vorerst kein Liegeplatz frei, wir sollten draußen auf Reede warten. Onno wurde auf die Back beordert, wo er das Ankergeschirr vorbereitete und »Klar zum Fallen« machte. Auf den HANSA-Schiffen war der Zimmermann für Bedienung und Instandhaltung des Ankerspills verantwortlich. Nicht irgendein Matrose oder Leichtmatrose, sondern nur er und der Bootsmann durften auf das Brückenkommando hin den Anker fallen lassen. Die Wartezeit auf Reede nutzten wir für einen Ausflug auf die vorgelagerte Insel Elephanta, um ihre Höhlen und Shiva-Tempel zu erkunden. Sie lag etwa zehn Meilen von unserem Ankerplatz entfernt, mit dem Rettungsboot bedeutete das nur zwei Stunden Fahrt. Wir richteten das Boot her und verstauten den vom Koch bereitgestellten Proviant für vierzehn hungrige Seemänner, die einen Tag lang verpflegt werden wollten. Auf der Insel tobten wir am Strand herum – ganz ohne Alkohol –, als feierten wir die Neuentdeckung Amerikas und Indiens gleichzeitig. Erst als die Sonne ins Meer stieg, kehrten wir zurück und fielen erschöpft und sonnenverbrannt in unsere Kojen. Bombay fing gut an, dachte ich.

Als ich am nächsten Morgen nach der Einklarierung die Gastlandflagge am Heck aufzog, fragte ich den Ersten Steuermann Hennecke nach dem seltsam strahlenden Kreis darin und seiner Bedeutung.

»Er stellt ein Rad dar, ein Chakra, das Symbol für die Unabhängigkeit und Gerechtigkeit Indiens«, sagte der altgediente Indienfahrer. Nach jahrelangem, gewaltfreiem Widerstand gegen die britischen Kolonialherren habe sich das Land unter der Führung Gandhis seiner Fesseln entledigt und sei Mitte der Vierzigerjahre souverän geworden.

Fast alles, was ich von Indien wusste, kam von meinem Onkel Hermann aus Hamburg, der eng mit seinem indischen Freund Suman da Gubda verbunden war. Mein Onkel verehrte Indiens Denker und die Geisteskultur des Landes, war selbst aber nie dort gewesen. Er hatte mir von den Maharishi, den geistlichen Würdenträgern erzählt, sie als geistige Wolkenkratzer bezeichnet, von ihrem spirituellen Lebenswandel und überhaupt von der großen Duldsamkeit der Inder. Beeindruckt hatte mich sein Hinweis, dass das indische Alphabet aus fünfzig Buchstaben bestünde, im Vergleich zu unseren sechsundzwanzig doch ziemlich viel, wie ich fand.

Steuermann Hennecke überbrachte uns die gute Nachricht, dass wir am nächsten Tag frei haben würden. Die Reinigungsarbeiten müssten diesmal nicht wir erledigen, eine heimische »Cleaning-Gang« würde die bisher ungenutzten Tanks von Dreck und Rost befreien. Sie mussten besonders sauber sein, weil sie hochwertiges Speiseöl aufnehmen sollten.

Wir gingen zu Dritt an Land. Jeder hatte sich zwanzig Mark in Rupien auszahlen lassen. Bevor wir das Hafengebiet verlassen konnten, mussten wir noch das hoch aufragende Hafentor mit seinen beiden Backsteintürmen passieren, ein Engpass, durch den sich wegen der Zollkontrollen ständig Menschen und Lastwagen drängten. Das Tor lag gerade ein paar Schritte hinter uns, als ein Pulk armselig aussehender Kinder auf uns zustürzte. Sie hatten uns längst entdeckt und umringten uns nun, zwanzig oder mehr, sie liefen barfuß, Hemden und Hosen zerrissen, die meisten Oberkörper nackt. Einige konnten gerade laufen, die älteren waren allenfalls sechs oder sieben Jahre alt. Wir strauchelten unter ihrem Bettelansturm. Sie zogen an unserer Kleidung, griffen nach uns und drückten ihre mageren Finger auf unsere Arme und Beine. Wir

Das »Tor nach Indien« im heutigen Mumbai

sollten sie ansehen; sie führten ihre leeren Händchen, deren fünf Finger sie auf einen Punkt zusammenpressten, an ihre hungrigen Münder, so wie sie gekochten Reis von der Schale in den Mund führen. Wenn sie denn Reis gehabt hätten. Der Kinderhunger äußerte sich in verzweifelten Gebärden, mit jeder Geste drückten sie ihre Verlassenheit aus, jeder Blick war geprägt von Leid, wir schienen ihre letzte Hoffnung zu sein. Sie flehten immer nur: *»Sahib, Sahib, Sahib.«* Wir verstanden es nicht, schlimmer noch, wir wollten es nicht verstehen. Mit harten Mienen und durchgedrückten Knien bewegten wir uns weiter, zeigten keine einzige Reaktion, die ihnen Hoffnung geben könnte. Mein Magen drehte sich um. Ich konnte das Elend nicht fassen, ich bedauerte die Hungernden so sehr, doch keinem der unterernährten Kinder mit den aufgerissenen, um Hilfe schreienden Augen gab ich auch nur eine einzige Rupie. Fünfzehn Minuten hätte ich Zeit dafür gehabt. Der Schock saß tief. Keiner von uns gab ihnen etwas, nicht mal einen elenden

Penny. Eine Weile liefen die Kinder noch neben uns her, dann gaben sie entmutigt auf und schleppten sich zurück zum Hafentor. Nie zuvor sah ich menschliche Verzweiflung so nah von Angesicht zu Angesicht, nie wieder sollte mir etwas so entsetzlich nah gehen wie das Siechtum der vor Hunger fast ohnmächtigen Kinder.

»Ihr dürft nicht stehen bleiben, auf keinen Fall anhalten«, hatten uns erfahrene Indienfahrer mit auf den Weg gegeben. Noch auf See hatten sie uns vor den Zuständen am Hafentor gewarnt und uns folgende Ratschläge gegeben: Erstens, niemals inmitten eines Pulks stehen bleiben, sondern ungerührt und stur weitergehen. Zweitens, keine Fragen stellen und mit niemandem ein Wort wechseln. Und drittens, Hände in den vorderen Hosentaschen lassen und dort das mitgenommene Geld festhalten. Auch solle man nie allein an Land gehen, zu groß sei die Gefahr, zu Fall gebracht, verletzt oder gar getötet zu werden. Die Aggressivität der hungerleidenden Kinder sei unvorstellbar brutal. Sobald man ihnen auch nur einen einzigen Penny ausgehändigt habe, gäben sie keine Ruhe und wollten auch den Rest, den sie bei dem Fremden noch vermuteten.

Über dem Himmel von Bombay stand eine glühende Sonne, sie machte sich über Straßen und Plätze her und über herumliegende Tierkadaver, Bombay roch nicht gut. Es war überfüllt mit Menschen. Überall Menschen und noch mehr Menschen, es gab kein Entrinnen, keine Pause, um auch nur in einem der Gesichter lesen zu können. Sie drängelten aneinander vorbei, auf Bürgersteigen, Straßen, Brücken und Plätzen, hasteten schweigend ihrer Wege, doch immer voller Respekt und voller Rücksicht aufeinander. Jeder Einzelne schien ein Ziel zu haben, strebte einer Aufgabe zu, einer Bestimmung. Die Männer trugen weite weiße Hemden, die Frauen hüllten sich in bunte Saris, führten Kinder und Körbe und Taschen mit sich. Alle waren schlank und wirkten stolz und distanziert. Die Stadt floss über mit Menschen und Tieren und Karren und Kisten und Rikschas und Rädern und Autos und Abfall.

Uns Dreien war die Stadt zu voll, zu chaotisch und zu wirr, wir wussten nicht mehr, wo uns der Kopf stand in diesem Getümmel. Wir winkten drei Rikschas heran und flohen in eine am Indischen

Ozean gelegene, allein Europäern vorbehaltene Anlage, die sie Europabad nannten. Dort tummelten wir uns in dem Element, das wir sonst nur von unseren Schiffsplanken aus sahen. Wir lagen im Sand und entspannten uns, endlich ohne die immerzu hämmernden Maschinenkolben im Ohr, einmal nicht diese ewigen Vibrationen ertragen zu müssen, die während der Reisen permanent das ganze Schiff erzittern ließen. Es war wunderbar ruhig hier.

Die Nacht kam früh. Als wir uns auf den Heimweg machten, begegneten wir erneut einer wie im Fieber liegenden Metropole, einer mit Millionen Menschen überladenen Weltstadt. Ihre Bewohner lagen unter offenem Himmel auf offener Straße, schliefen in Rinnsteinen und auf Bürgersteigen, lagen halbnackt auf Lappen und Pappen; Ratten flitzten um sie herum auf der Jagd nach Beute. Schwerstbehinderte mit über den Knien amputierten Beinstümpfen krochen über Fußwege, schwangeren Müttern hingen Kleinkinder über mageren Schultern. Ich hatte mir Bombay ganz anders vorgestellt. Ich hatte nur vergessen, wie.

Grace

Es war Michael Cramer von Laue, der mit einer Bemerkung unsere Fantasien gleichermaßen durcheinandergebracht und gefesselt hatte. Er hatte uns von Grace erzählt, die in Bombay am Hafen arbeitete, überirdisch schön sei und jeden Mann um den Verstand brachte. Ein jeder von uns malte sich so seine Begegnung mit ihr aus. Auch ich machte mir große Hoffnungen. Michael wollte sie unbedingt wiedersehen und versprach, uns mitzunehmen. Grace führe ein *»Bordell mit gutem Ruf«*, wie er sich ausdrückte, eines mit einer Besonderheit, die uns Spaß machen würde – mehr verriet er nicht.

Wir fuhren zu Fünft zu ihr in die King's Road. Sie war wirklich wunderschön: eine mittelgroße, hellhäutige Inderin, jung und äußerst selbstbewusst, gekleidet in einen roten, hochgeschlossenen Sari mit allerlei Stickereien. Mitten auf der Stirn ein dunkelroter Bindi-Punkt, die Augen schimmerten grün, ihre glänzenden langen schwarzen Haare hielt sie im Nacken mit einem fingerbreiten goldenen Band zusammen.

Ihre Pflicht sah sie darin, die Geschlechtsteile der ihr Bordell besuchenden Männer auf ihre äußerliche Gesundheit hin zu inspizieren. Erst wer den Gesundheitscheck bestanden hatte, wurde zu ihren Frauen vorgelassen. Der hohe Raum, in dem die Überprüfung stattfand, war mit warmen Stofftapeten ausgekleidet, der Fußboden mit hellen Bohlen ausgelegt. Bunte Teppiche dämpften Stimmen und Schritte, behagliches Seitenlicht beleuchtete den mit schweren Teakholztischen und -stühlen eingerichteten Raum. Während Grace uns untersuchte, saß sie auf einem gepolsterten Hocker mit kleinen Rädern, den Rücken leicht gebeugt, den Kopf nach vorn geneigt. Sie begutachtete diskret, was unter unseren heruntergelassenen Hosen zu Tage kam, kein Mienenspiel ließ auf ihre innere Befindlichkeit schließen. Amüsiert waren nur wir, denn wir freuten uns über Grace' Inspektion. Wir hielten es für eine völlig verrückte und durchgeknallte Vorgehensweise und sollten noch lange davon erzählen.

Das Prüfungsprozedere dauerte bei jedem Einzelnen nicht länger als vielleicht fünf Sekunden, bei Onno doppelt so lange. Nachdem wir bei Grace unsere Rupien abgeliefert hatten – ich bezahlte eine halbe Monatsheuer für diese Nacht –, wies sie uns mit einer einladenden Geste einen Raum zu, in dem bereits junge Frauen in bunten, hochgeschlossenen Saris auf uns warteten und an hohen Tischen Drinks für uns bereithielten.

Nachdem Grace mit Onno in ihren Privaträumen verschwunden war, gingen auch wir anderen jeder mit einer der Frauen auf ein Zimmer und blieben bis zum nächsten Morgen. Zur verabredeten frühen Stunde trafen wir uns unten vor dem Gebäude auf dem Bürgersteig und warteten auf Onno. Als er nicht kam, fuhren wir ohne ihn in Rikschas zurück zum Hafen, unser Arbeitstag begann.

Onno

Der zierliche Mann hockte auf einer schmalen, leicht erhöhten Plattform und überwachte das Entladen der GOLDENFELS an Luke eins. Er war Tallyman, zählte die gelöschten Waren und notierte die Ergebnisse auf einem zerknitterten Stück Packpapier. Seine Haare verwahrte er unter einem stramm gewickelten Turban, über die schmächtigen Schultern hatte er locker ein weites, graues Baumwolltuch geworfen, das alle Körperpartien lose bedeckte. Die Luft war heiß und feucht. Während meiner Lukenwache fiel mir seine ungelenke Langsamkeit ins Auge, wenn er sich Notizen machte, während eine an Stahlseilen hängende Holzkiste an ihm vorbeischwebte und an der Pier abgesetzt wurde. Wie er den Kugelschreiber in den gekrümmten Fingern seiner rechten Hand hielt, wirkte steif und staksig. Zuerst dachte ich, es könnte vielleicht eine verkrüppelte Hand sein, doch als ich näher an ihn heranrückte, nahm ich seinen kleinen Finger wahr. Der Nagel war überaus lang gewachsen, länger noch als sein Kugelschreiber, und bog sich wie ein arabischer Krummdolch Richtung Handteller. Sobald er seinen Stift auf das Papier setzte, reichte die Fingernagelspitze bis an den nackten Unterarm heran und ritzte dort die Pulsader leicht an. Dort erkannte ich einen inzwischen verkrusteten roten Strich. Alle anderen Nägel waren kurz geschnitten. Ich konnte mir das nicht erklären, wollte ihn aber auch nicht fragen.

Wie so oft, klärte mich der Zweite Steuermann auch diesmal auf: *»In seinem gesellschaftlichen Umfeld kann so jeder sehen, dass er nicht mehr körperlich schuften muss. Außerdem spiegelt der lange Fingernagel das intellektuelle Niveau dieses Mannes wider. Für Außenstehende das sichtbare Zeichen, dass er schreiben und zählen kann.«* Ich fand diese fein gezogene Demarkationslinie zwischen Tallyman und den Muskelkraftberufen sehr bemerkenswert.

Auf dem Weg zum Abendessen traf ich auf einen unserer Passagiere, Herrn Majorzcyk, der mit seiner Familie ins indische Rourkela weiterreisen wollte. Dort sollte er im Auftrag von Siemens für drei Jahre als Montagerichtmeister ein Kraftwerk bauen. Auf See hatten wir des Öfteren zusammen an der Reling gestanden, über die Seefahrt und mein Leben an Bord geredet, wir verstanden uns gut. Als ich meinen Tallyman erwähnte, während er mit seiner Frau und der zwölfjährigen Tochter Sylvia vor der Gangway auf ein Taxi wartete, wollte die Familie mehr davon hören und lud mich spontan zu ihrem Abschiedsabend ein. Im Hotel Breach Candy zu tafeln, fand ich sehr viel unterhaltsamer als die angekündigte Kalte Platte in der Kadettenmesse. Ich genoss das Dinner im Palmengarten dieses direkt am Golf von Bengalen gelegenen Fünf-Sterne-Quartiers. Mein Gastgeber spendierte exotische Drinks, deren Namen ich nie zuvor gehört hatte, und die Sängerin einer englischen Band träumte vom House of the Rising Sun. Zuerst tanzte ich mit Frau Majorzcyk, dann mit ihrer Tochter Sylvia und fühlte mich als Mann von Welt. Zum Abschied schenkte das Mädchen mir ein Halstuch aus blauem Chiffon; als wir auseinander gingen, weinte sie. Ich versprach, ihr zu schreiben – mein Versprechen aber hielt ich nicht.

Es war erst wenige Tage her, seit ich die hungernden Kinder und das Elend dieser menschenvollen Metropole gesehen, erst zwei Tage, seit ich Grace' Bordell besucht hatte. Heute speiste ich im Grand Hotel Breach Candy zu Abend und übermorgen würde ich im Überlandbus nach Osten sitzen, um den aus Liebesschmerz entstandenen historischen Palast eines Maharadschas zu besichtigen, das zutiefst berührende Taj Mahal. Diese gewaltigen Gegensätze waren für den Schiffsjungen aus Lachendorf kaum zu bewältigen. Bombays Lebenswahrheiten lagen jenseits aller mir bekannten Maßstäbe ozeanisch weit auseinander. Die offensichtliche soziale Kälte dieser Stadt einerseits und den zur Schau gestellten Reichtum andererseits vermochte ich nicht zusammenzubringen. Ich hatte eine radikal-abstruse Welt gesehen, in der es keine Brücken zwischen überwältigender Schönheit und brutaler Hässlichkeit zu geben schien. In Bombay begegneten sich Honig und Zwiebeln, Stadt der Süße, Stadt der Tränen.

Nach zehn Tagen ging unsere Zeit hier zu Ende. Wir sollten bald auslaufen, aber die Mannschaft war noch nicht wieder vollständig, fünf Seeleute fehlten. Zwei Stunden vor der festgelegten Abfahrtszeit warteten wir noch auf einen Steward, einen Heizer und zwei Matrosen, von Zimmermann Onno hatten wir seit Tagen nichts gehört. Auf Drängen des Leitenden Ingenieurs, der auf seinen Heizer nicht verzichten wollte, und des Ersten Steuermanns, der die beiden Matrosen dringend an Deck brauchte, schickte Kapitän Mendel einen Suchtrupp aus sechs Männern in die verschiedenen Rotlichtviertel. Es war nicht unbedingt üblich, dass ein Kapitän auf die Argumente seiner Offiziere einging und Leute auf dem Kiez suchen ließ, bevor es wieder rausging. Meist war es ihm egal, wo die Leute abblieben. Kapitän Mendel war anders. Tatsächlich brachte der Suchtrupp vier betreten dreinblickende Männer zurück, die verstohlen zur Brücke hochwinkten. Der Alte stand einfach nur da und schien auf diese saloppe Art die Entschuldigung anzunehmen. Nur Onno blieb verschwunden, niemand hatte ihn aufspüren können. Sein Verschwinden blieb uns rätselhaft, denn wir fragten uns, wie er sich in diesem unfreundlichen Umfeld und ganz ohne sein Schiff als Rückzugsort durchschlagen wollte. Doch der Alte war nicht mehr bereit, zu warten, gab den Befehl, die Leinen einzuholen, wir verließen Bombay ohne Onno. *»Er segelt achteraus«*, wie wir das nannten.

Ich bekam mit, wie Kapitän Mendel zum Ersten Steuermann sagte: *»Der Zimmermann hat es schon auf früheren Reisen wiederholt darauf ankommen lassen, und jedes Mal hat er meine Warnungen nicht ernst genommen. Heute wiederholt sich sein Achteraussegeln bereits zum vierten Mal.«*

Kapitän Mendel und Schiffszimmermann Onno Diederichs kannten sich schon lange – wie sie zueinander standen, behielten sie für sich, doch ihre gegenseitige Schweigsamkeit fiel uns auf. Sie mussten ihre Gründe haben, die keiner der beiden bisher offen ausgesprochen hatte. Auf früheren Reisen muss Onno Kapitän und Schiff bei den Behörden in Schwierigkeiten gebracht haben. Wir alle mochten Onno als beliebten und hilfsbereiten Seemann, mit dem man gern unterwegs war, aber wir wussten inzwischen auch, dass nicht nur der Alte schlechte Erfahrungen mit ihm gemacht hatte. Schon länger ignorierte er hartnäckig seine hohen Schulden bei uns, jeder wusste darüber Bescheid. Durch sein Verhalten brachte er nicht nur die verheirateten Männer in Bedrängnis, die ihm Geld geliehen hatten, sondern auch deren Familien. Diese Geldgeber mussten ihre monatlichen Überweisungen in die Heimat drosseln, um irgendwie auch an Bord zurechtzukommen. Doch Onno zahlte seine Schulden einfach nicht zurück. Dabei wussten wir alle, dass er Geld in harter Währung in der Tasche bei sich trug und es während seiner Landgänge freigiebig verteilte. Sein Ruf war angeschlagen wie der eines Bankers, der das Geld seiner Kunden veruntreute.

Ein Matrose übernahm Onnos Arbeit. Während meiner Brückenwache am Tag danach fragte der Zweite Steuermann Dietmar Schwarz beim Alten nach, warum er ohne den fehlenden Mann losgefahren sei.

»Ja, ich konnte nicht warten.«

»Warum nicht«?

»Unser Suchtrupp hat ihn nicht auftreiben können. Er hätte in drei Stunden, drei Tagen oder in drei Wochen wieder auftauchen können.«

»Haben Sie ihn für vermisst erklären lassen«?

»Das musste ich nicht. Die Einwanderungsbehörde weiß Bescheid, dass er im Land ist, desgleichen die Polizei und das Konsulat natürlich auch.«

»Ihm könnte etwas zugestoßen sein«, hakte der Steuermann nach.

»Wenn er im Krankenhaus liegt, wird das Deutsche Generalkonsulat darüber informiert und die Hafenbehörden auch.«

»Wird es eine Eintragung im Logbuch geben«?

»Ja, natürlich, was denken Sie denn wohl? Jeder kann sich den Bericht ansehen, da gibt es keine Geheimnisse.«

»Was passiert mit seinen Siebensachen«?

»Ich warte bis Rangun, wo wir drehen und entweder auf Heimreise gehen oder nach Amerika fahren werden. Solange bleiben Kammer und Habseligkeiten unangetastet.«

Wir stritten darüber, ob der Alte nicht doch mehr Rücksicht auf Onno hätte nehmen müssen. Altmatrose Walli Meyer sprach von dessen unseemännischem Verhalten und Bootsmann Jan meinte, Onno hätte den Bogen überspannt und keinen Augenblick an die Interessen aller gedacht, auf die des Alten am allerwenigsten. Der Großteil der Männer teilte diese Ansichten und stand zu Mendel. Onno musste dem Reiz der Frauen wieder einmal restlos verfallen gewesen sein. Mit seinem Verschwinden sahen seine Gläubiger nur noch geringe Chancen, ihr Geld je wiederzusehen. Mir schuldete er eine ganze Monatsheuer. Wir verfluchten Onno und unsere Gutgläubigkeit.

Auf dem Weg nach Süden entlang der indischen Westküste liefen wir nach dreißig Stunden Seereise Mormugao im kleinsten indischen Bundesstaat Goa an. Während einer Sicherheitsübung im Hafen sprang uns ein Rettungsboot aus einem Bootshaken, schlug hart zur Seite um und zerquetschte dem Leichtmatrosen Benno einen Zeigefinger, der im Krankenhaus vollständig amputiert werden musste. Seine ganze Leidenschaft gehörte seiner Gitarre, die bei abendlichen Gelagen und Grillpartys bisher für gute Stimmung gesorgt hatte. Damit war es jetzt vorbei. Ich bat ihn, trotz des dicken Verbandes mit uns auf den Landausflug zu kommen. Wir wanderten an einem hochgelegenen Steilküstenpfad entlang, wo wir weiter unten schon bald eine weiße Badebucht mit langer Brandung und Palmen fanden, die sich dem Meer weit entgegenstreckten. Der Strand beruhigte Benno ein wenig, lenkte ihn ab. Hier badeten und grillten wir in den nächsten Tagen, spielten Fußball oder Federball, manchmal auch Skat. Während wir uns am Strand vergnügten, schleppten zwei Hundertschaften Frauen und Männer dreitausend Tonnen schweres Erzgestein in Bastkörben auf ihren Köpfen an Bord unseres Schiffes und schütteten den Rohstoff in die offenen Luken. So ging das tage- und nächtelang. Eine nicht enden wollende Karawane von ausgemergelten Gestalten verrichtete Schwerstarbeit; ihr Magerlohn sorgte gerade einmal dafür, dass sie nicht verhungerten.

Nach Goa fuhren wir weiter gen Süden entlang der legendären indischen Malabar-Pfefferküste, an Kalicut vorbei. Nach zwei

Tagen erreichten wir Ceylons Hauptstadt Colombo. Ein Taxi brachte mich tags darauf in das zwölf Kilometer weit im Süden gelegene Strandhotel Mount Lavinia, an dessen Strand ich hoffte, endlich einmal allein zu sein. Ich wollte niemanden um mich haben, wollte baden, in der Sonne trocknen und den warmen Wind auf der Haut fühlen. Ich las Hermann Hesses »Das Glasperlenspiel«, und besann mich ganz auf mich selbst. Das Meer – hier empfand ich es als Aufmunterung, hier kam ich ihm nahe. Keine Maschinengeräusche, keine lärmenden Lüfter, keine Ölschwaden und kein Dieselgestank störten mich in der fast menschenleeren Bucht. Meine Gedanken stromerten herum, machten bei Familie und Freunden fest, zu denen die Distanz immer größer wurde.

Ein Strandläufer bot sich an, mir eine Kokosnuss von einer der vielen Palmen zu pflücken, die den Küstenstreifen einfassten. Ich schaute ihm zu, wie er sich ein Band um die Fußknöchel legte, seinen Körper parallel an den sanft ansteigenden Palmenstamm schmiegte und in kurzen, rhythmischen Hüpfern bis in die Palmenkrone hinaufschwang. Oben verschwand der Mann im raschelnden Blattwerk, bis eine Nuss in den Sand fiel. Als er wieder unten war, schlug der Kletterer mit drei platzierten Machetenschlägen ein Dreieck in das Oberteil der harten Schale und bohrte zwei Löcher in das Fruchtfleisch; ich saugte die kühlschrankkalte Milch in mich hinein, das weiße Kokosfleisch stillte meinen Hunger für den Rest des Tages.

Als ich an Bord zurückkehrte, hörte ich von einem getöteten Hafenarbeiter, alle Arbeiten ruhten. Die Behörden hätten längst geforderte Sicherheitsbestimmungen nicht umgesetzt. Die Schauerleute streikten deshalb einige Tage für mehr Sicherheit und bessere Arbeitsbedingungen. Mein Freund Paul und ich nutzten die Gelegenheit, mit dem Seemannspastor hundert Kilometer weit in die hoch über dem Meer gelegenen Inselberge nach Kandy zu fahren. Wir fühlten uns wie Kurgäste mit vollem Touristenprogramm: Elefantenritt, Tempelbesichtigung, Orchideenhaus und Teeplantage, wo wir Pflückerinnen in bunten Gewändern dabei zusahen, wie sie die Teeblätter in geflochtene Körbe legten. Grüne Papageien mit roter »Mütze« krakelten in den Bäumen herum, es duftete nach Erdreich und frisch geschnittenem Gras, ein weicher warmer Wind bewegte die friedvolle Landschaft.

Auf Colombo folgte Kalkutta ganz im Norden des Golfs von Bengalen. Mehr als tausend Seemeilen in dreieinhalb Tagen waren es bis zur riesigen Metropole am Ganges. Mich überraschte die prunkvolle Stadt mit märchenhaften Moscheen und goldbedachten Zwiebeltürmen. Und neben diesem orientalischen Zauber wiederum unzählige bettelarme Menschen. Sie wirkten auf mich wie abwesend von sich selbst und dieser Welt, als verharrten sie in tiefer Trance. Ich fühlte mich beengt und bedrängt, bekam Herzklopfen und Platzangst, ständig fand ich mich in einer anderen, sich nie zerstreuenden Menschentraube wieder.

Ich musste Distanz herstellen, zog mich zurück an Bord und versuchte meine Empfindungen zu ordnen. Von der sicheren Reling aus betrachtete ich jetzt das Treiben unten an der Pier. Besucher fuhren mit ihren Autos zum »Schiffe gucken« in den Hafen hinein, einige kamen offensichtlich zielgerichtet zu unserem Liegeplatz, es waren Auslandsdeutsche. Sie schauten interessiert zu uns hoch und nachdem sich ein Gespräch zwischen See- und Landsleuten entwickelte hatte, rückten sie mit ihrem Anliegen heraus: Sie baten um Schwarzbrot! Die Erfahrenen unter uns kannten das schon und bereiteten sich bereits auf See auf derartige Nachfragen vor. Sie ließen sich heimlich vom Bordbäcker Vollkornbrot auf Vorrat backen und konnten auf diese Weise den Schwarzbrotsuchenden ein angemessenes Angebot liefern. War man einander sympathisch, kam das Geschäft zustande. Die Gegenleistung war unverhältnismäßig und großzügig: Der Seemann wurde ins heimische Wohnzimmer eingeladen, nahm an privaten Partys teil, manchmal sogar an Überlandausflügen. Für viele Auslandsdeutsche war Schwarzbrot das, was sie am meisten vermissten. Es bot sich uns überall auf der Welt, wo Deutsche lebten, als hochgeschätzte Währung an.

Unser vorletzter Hafen im Golf von Bengalen war Chittagong. Die Stadt litt noch an den Folgen schwerer Wirbelstürme, sie stand unter Wasser, ganze Pieranlagen waren zerstört worden. Wir warteten deshalb draußen auf Reede zusammen mit dreißig anderen

Frachtern darauf, in den Hafen gerufen zu werden. Das schwüle Klima ließ uns matt und lustlos werden, bei vierzig Grad und hoher Luftfeuchtigkeit versuchten wir uns vor jeder Arbeit zu drücken. Regenschwere Monsunwolken verschafften uns kurzfristig ein wenig Abkühlung. Unsere Wartezeit verkürzte sich sehr, weil wir zum Nutzen der heimischen Exportwirtschaft hauptsächlich Waren wie Jute, Reis und Fischprodukte abholen und nur geringe Mengen importieren wollten. Unser Schiff wurde deshalb bevorzugt behandelt, sodass wir das wundgeschlagene Chittagong schon bald wieder Richtung Burma verlassen konnten.

In Rangun stand Onno an der Pier! Wir hatten ihn fast schon vergessen. *»Wie sieht der denn aus«*, rief einer. Tatsächlich stand Onno da unten, als wäre seine Rückkehr das Normalste auf der Welt. Wir konnten es nicht glauben. Dort stand aber nicht der starke und selbstbewusste Zimmermann, den wir in Erinnerung hatten. Er wirkte heruntergekommen, seine Körperhaltung kündigte uns einen erschöpften und mutlosen Mann an. Ein verbrauchtes T-Shirt hing von seinen Schultern herunter, dreckig wie die unter den Knien abgeschnittenen Jeans. Die Füße waren nackt, die Haare wirr, unrasiert das Gesicht und eingefallen, rotfleckig seine Haut. Während ein Schlepper die GOLDENFELS Meter für Meter an ihren Liegeplatz drückte, durchbohrten wir den Beachcomber da unten misstrauisch mit unseren Blicken; seine Schuldenlast drückte uns mehr als ihn. Zum Gruß hob Onno müde eine Hand, winkte scheu zu uns hoch, unsere Blicke erwiderte er nicht. Kein Lächeln glitt über sein Gesicht, von Erleichterung und Wiedersehensfreude keine Spur. Er stand einfach nur da, ohne sich zu rühren, kraftlos und ausgebrannt. Zwischen den Beinen klemmte eine weiße Plastiktüte, darin ein Regenschirm, ein blauer Pullover und ein blutiges Schweizer Messer, wie wir später feststellen sollten. Vor sechs Wochen hatten wir ihn zuletzt gesehen, in Bombay. Wir waren gut ohne ihn ausgekommen, jetzt wollten wir ihn nicht mehr.

Onno erregte großes Aufsehen. Alle, die abkömmlich waren, standen an der Reling und sahen sich den Heimkehrer an, der wie ein waidwundes Tier vor seinem alten Dampfer stand. Wie würde der Alte entscheiden? Das interessierte uns am allermeisten! Würde er ihn ablehnen und an die Deutsche Botschaft in Rangun weiterreichen? Onno musste Schreckliches passiert sein! Nie zuvor hatte ich einen Mann gesehen, der so verzweifelt ruhig war, aller körperlichen und seelischen Kräfte ledig wie Onno Diederichs.

Kapitän Otto Mendel entschied anders, als von allen erwartet. Schiffszimmermann Onno kehrte zurück an Bord und behielt seinen Job. Der Alte stellte harte Bedingungen: Onno musste sich bei seinen Geldgebern vor versammelter Mannschaft entschuldigen und seine Verbindlichkeiten nach einem festen Plan innerhalb von drei Monaten vollständig und unwiderruflich zurückzahlen. Für die nächste Zeit durfte er nur in Begleitung einer Vertrauensperson des Alten an Land gehen und schließlich sollte Kajütsteward Jens Petersen dem Kapitän auf Anfrage Onnos Alkoholkonsum melden. Onno war mit allen Auflagen bedingungslos einverstanden. Bevor wir weiterfuhren, wurde er im Krankenhaus von Rangun untersucht und Mendel forderte uns auf, Onno wieder aufzunehmen.

Im Laufe der nächsten Wochen erfuhren wir einiges von ihm: Onno war ausgeraubt, gequält und erniedrigt worden. Nach der Nacht bei Grace hatte er sie verlassen müssen. Er übersiedelte in ein anderes Rotlichtviertel, wo ihn Männer in einem abgedunkelten Raum festgehalten und vergewaltigt hatten. Nach zehn Tagen, schätzte er, konnte er sich aus einem Verschlag befreien, schlug sich mittels Ochsenkarren, Bus und Bahn die zweitausend Kilometer von Bombay nach Osten durch bis ins westbengalische Kalkutta. Er überlebte nur, weil er klaute und bettelte, sich mit seinem Schweizer Messer gegen Angriffe wehrte und wie ein Tier im Wald versteckte. In Kalkutta erlaubte ihm der dänische Kapitän eines Küstenmotorschiffs, sich nach Chittagong überzuarbeiten, wo er uns noch anzutreffen hoffte, doch wir waren schon weitergezogen. In Chittagong versteckte er sich als blinder Passagier auf einer Frachtfähre nach Rangun, weil er wusste, dass dieser Hafen in Burma auch der unsrige sein würde. Die Angst und sein Überlebenskampf in diesem lebensfeindlichen Umfeld hatten ihn fast um den Verstand gebracht und zu einem Skelett abmagern lassen. Onno war ein gebrochener Mann.

Atlantik

Rangun, eine üppige Schönheit mit goldenen Pagoden und freundlichen Menschen, war unser letzter Hafen im Indischen Ozean. Danach ging es zurück: durchs Rote Meer, wieder in den Suezkanal hinein und dann ins Mittelmeer. Bootsmann Jan Przybylak befahl uns, alle Türen, Fenster und Bullaugen zu öffnen, um das aufgeheizte Schiff ordentlich durchzulüften. Die Stahlplatten und Aufbauten der GOLDENFELS kühlten langsam ab, wir genossen die frischer werdenden Tage und Nächte.

Als Nächstes liefen wir die libysche Hafenstadt Tripolis an, wo wir Oliven und andere Früchte luden. Nach fünftägigem Aufenthalt warfen wir die Leinen los. Als sie ins Wasser platschten, lag das Hafenbecken von Tripolis friedlich in der Abenddämmerung glatt wie ein Dorfteich unter uns, keine noch so kleine Welle störte dieses Stillleben. Die dünne, sich kräuselnde Spur unserer Hecksee war flüchtig, verlief spurlos im abendlichen Zwielicht. Der Propeller drehte auf »Ganz Langsam Voraus«, der Steven zeigte Richtung Hafenmole, mit Minimalgeschwindigkeit glitten wir dem Hafenausgang entgegen und bereiteten uns auf einen gemütlichen Mittelmeertörn vor mit nächtlichen Wachroutinen, Grillabenden und einem Skatturnier. Am Heck hing ein von einem starken Seil gehaltenes Ölfass über Bord, darin sammelten wir während der Hafenliegezeiten Speisereste und Abfälle. Erst auf hoher See durfte der bis oben hin gefüllte Inhalt dem Meer übergeben werden, ein stets willkommenes Festfressen für Möwen und Fische.

Während unseres zweiten Besuchs in Genua ärgerte uns ein einfacher Käfer, der uns alle vorübergehend von Bord jagen sollte. Bei einer Routineuntersuchung waren Kammerjäger der italienischen Gesundheitsbehörde in den Ladeluken auf Kornkäfer gestoßen, die sich bereits kräftig vermehrt hatten. Ein Beamter präsentierte dem gereizten Alten das rotbraune Insekt und ließ ihn wissen, dass sein Schiff ab sofort unter Quarantäne gestellt sei und vollständig evakuiert werden müsse. Eine Spezialfirma werde das gesamte Schiff ausgasen, um es wieder ungezieferfrei zu bekommen. Wir verließen unsere Kammern, spazierten an Land und zogen um ins Hotel Crisby, einer schäbigen Absteige mit zwielichtigen Gästen. Kapitän Mendel und seine Offiziere dagegen bekamen ein feineres Hotel zugewiesen. Vier Tage lang feierten wir im Crisby Kornkäfer-Partys mit Rotwein und Martini, in liebevoller Eintracht mit weiblichen Gästen.

Unmittelbar vor der Weiterreise nach Amerika schleppte der Agenturbote noch ein Paket die Gangway hoch, das nur für mich bestimmt sein konnte. Ich sah es schon von Weitem: Es war in hellgrünes Packpapier eingeschlagen und wurde von Strohbindfäden zusammengehalten. Dieses farbige Papier bezog meine Familie von der Feinpapierfabrik Drewsen im heimatlichen Lachendorf, die dort schon seit Jahrhunderten ansässig war. Das Allernotwendigste lag gleich obenauf: Merino-Unterwäsche, Wollsocken, eine Pudelmütze und ein dazu passendes, blaues Stirnband. Die eigentlichen Schätze aber waren weiter unten versteckt: eine Büchse Leberwurst, ein würzig duftender Schinken und schließlich eine Dose Weihnachtskekse in familientraditioneller Rautenform. Freudentränen, Glücksmomente. Seit Generationen wurden in meiner Familie diese Kekse nach einem alten Rezept gebacken, ich kannte sie von Kindesbeinen an und war glücklich über dieses Fünkchen Familiennähe. Mit Paul teilte ich nicht nur die Kammer, sondern auch das Paket. Jedem Besucher spendierten wir vom Schinken jeweils eine dünn geschnittene Scheibe, nichts aber von der Leberwurst von Schlachtermeister Albert Wrede. Auch die hellgelben Knusperkekse behielten wir für uns allein. Ganz unten im Paket lagen Aldous Huxleys »Schöne neue Welt«, J. D. Salingers »Der Fänger im Roggen« und Ernest Hemingways »Der alte Mann und das Meer«. Auch der Brief meiner Mutter durfte natürlich nicht fehlen: Sie schrieb von einem Familientreffen, Geburtstagsfeiern, vom Richtfest eines Freundes und der Verlobung eines Cousins und dass mein Sportlehrer Willhaus jung gestorben war. Ich fühlte plötzlich, wie sehr mich dieser Brief belastete, statt zu erfreuen, und wie sich eine bisher nicht gekannte Teilnahmslosigkeit an den Geschehnissen zu Hause in mir breitmachte. Mit diesen Neuigkeiten konnte ich überhaupt nichts mehr anfangen. Ich empfand mich als Ausgestoßener. Dabei war ich doch derjenige, der weggegangen war. Der innere Faden, der mich mit meiner Familie verband, schien gerissen.

Paul ermunterte mich, zu reden. Ich sprach mit ihm über meine Zweifel an haltbaren familiären Bindungen, über Entfremdung und Trennungsängste. Paul nickte leise und versuchte mich zu beruhigen: *»Bleib bei deiner Familie, halt an ihr fest. Wenn einer von uns beiden abmustert, sehen wir uns wahrscheinlich nie wieder. Deine Familie aber, deine Mutter, deine Geschwister, die bleiben dir ewig. Nur sie sind es, auf die du dich wirklich verlassen kannst.«*

Aber verstand er mich wirklich? Paul war in einem Bremer Problemviertel aufgewachsen, seine Mutter alleinstehend, sein Vater, ein US-amerikanischer Soldat, verschwunden, er war ihm nie begegnet. Paul hatte eine Familie nie kennengelernt. Auf Vorstadtgassen hatte er sich geprügelt und sich durchsetzen müssen, eine Narbe am Hals und eine andere auf der glatten Brust zeugten davon. Ein Karatelehrer wurde ihm zum väterlichen Freund, hatte ihm beigebracht, sich zu verteidigen, schnell und gründlich zu handeln und in unübersichtlichen Situationen Tatsachen zu schaffen. Er stellte präzise Fragen, forderte eindeutige Antworten und wollte klare Verhältnisse haben. Paul wusste immer, was zu tun war. Seine Mimik kontrollierte er wie sonst keiner, er lächelte selten. Nur wer ihn sehr gut kannte, konnte in seinem Gesicht lesen und seine Reaktionen einschätzen. Nie habe ich ihn an sich zweifeln sehen, sein Selbstbewusstsein ging auf mich über, wir verhielten uns wie korrespondierende Röhrchen – er interessierte sich für meine Bücher, für meine Bedürfnisse nach den Ideen, Gedanken und Worten anderer, die mir die Welt erklären sollten, und ich mich für seine Ambition, heil durch sie hindurch zu kommen.

Über unseren Funkoffizier hörten wir, was auf der großen Welt passierte: SPIEGEL-Redakteure waren wegen angeblichen Landesverrats festgenommen worden, sie saßen nun in Untersuchungshaft;

vor Kuba soll es zu einer riskanten Begegnung zwischen den Vereinigten Staaten und der Sowjetunion gekommen und ein Atomkrieg gerade noch verhindert worden sein. Uns ging der Politiklärm da draußen aber nur wenig an; wir übernahmen fünf Weihnachtsbäume von einem Reedereischiff, für jede Messe einen. Und wir Schiffsjungen bereiteten uns gespannt und voller Erwartung auf unsere erste Nordatlantiküberquerung vor. Ansonsten hatten wir mit uns zu tun: Mehlzacks liebster Gefährte, der Mungo, war krank und wollte nicht fressen und ein Heizer hatte in Indien ein Affenmännchen für eine Stange Zigaretten eingetauscht und es in seinem Spind mit auf Weltreise genommen. Monkey schrie ununterbrochen, weil ihm der Käfig zu eng und der Maschendraht zu fremd war. Nur ein einziges Mal hatte der Heizer sein Äffchen frei in der Kammer herumturnen lassen, doch das hatte seiner Gefangenenwut gleich freien Lauf gelassen, die ganze Koje auf den Kopf gestellt und die Matratze total zerfetzt. Nun musste es im Schrankversteck herumspringen, und es kam einem Wunder gleich, dass es bei einer Kontrolle noch nicht entdeckt worden war.

Ständig mussten wir die fragile Zwangsgemeinschaft von Männern austarieren, bedrohliche Verschiebungen möglichst schnell erkennen und versuchen, sie wieder ins Lot zu bringen. Wie wichtig das war, hatte uns die Tragödie von Manfred gezeigt und nicht zuletzt auch die Probleme, die wir mit Onno hatten. Jimi und Mehlzack in unserer Mitte zu halten, war auf Dauer auch nicht so ganz einfach, außerdem hatte es erst kürzlich in der Maschine ordentlich gekracht: Der Zweite Ingenieur und ein Heizer waren aneinandergeraten, weil Letzterer beim Kolbenziehen einen kiloschweren Schraubenschlüssel auf den Fuß des Ingenieurs hatte fallen lassen und ihm eine üble Fleischwunde geschlagen hatte. Der Ingenieur war fest davon überzeugt, dass ihm die Verletzung vorsätzlich zugefügt worden war und beschimpfte seinen Untergebenen abfällig als Pfeife und Dilettanten, was diesen wiederum so schwer beleidigte, dass er Rachepläne schmiedete. Der Streit eskalierte, die schlechte Stimmung sprang auf die ganze Maschinencrew über, bis endlich auch der Chief davon hörte und die beiden

Streithähne miteinander versöhnen konnte. In einem anderen Fall wollte der Chefkoch einem seiner beiden Kochsmaaten die Faust ins Gesicht schlagen, weil dieser sein ureigenes Reich, die Kombüse, als Fettkeller bezeichnet hatte. Eine schwere Beleidigung, denn normalerweise war dies die Bezeichnung für den Maschinenraum, wenn man die dort arbeitenden Heizer beleidigen und herausfordern wollte, nicht aber die Kombüse. Der Kochsmaat sah den Schlag auf sich zukommen, wich blitzschnell aus und die Faust landete in einer Glastür. Der alte Fahrensmann Jan Przybylak stiftete auch hier, wie so oft, wieder Frieden. Unabhängig, ob es um seine eigenen Männer an Deck oder um die in der Maschine ging, ob um beide Seiten gegeneinander oder um die Kombüse, der erfahrene Seemann wusste um seinen ausgleichenden Einfluss und brachte uns immer wieder an einen Tisch, ganz ohne Bier und Whisky.

Auf dem Weg nach Gibraltar machten wir noch im Mittelmeer unseren Frachter atlantiktauglich, also besonders gründlich seeklar und bereiteten ihn auf Schlechtwetter vor. Wir zurrten jeden einzelnen Stuhl fest und sicherten Teller, Tassen und Terrinen, damit ihnen der Atlantik nichts anhaben konnte. Wir legten wie immer die Ladebäume waagerecht in seefeste Halterungen, sicherten sie, takelten das Ladegeschirr vollständig ab, zogen diesmal aber drei statt zwei Persenninge über die hölzernen Lukendeckel und verschalkten die Luken gründlich mit Keilen. Wir verzurrten die Rettungsboote, zogen die Ankersicherungen nach und verstauten Ersatzteile und Werkzeuge seefest, nicht nur die an Deck, auch die in der Maschine. Hinter Gibraltar und Kap Sankt Vinzenz an der felsigen Südwestecke Portugals steuerten wir nur noch westliche Kurse. New York auf vierzig Grad Nord und vierundsiebzig Grad West lag jetzt voraus: New York – mein ultimatives Ziel – nach dreitausend Seemeilen und dreizehn Tagen würde ich es erreicht haben!

Nach drei ereignislosen Tagen mit unruhiger See und langem Schwell wurden wir aufmerksamer als sonst, denn das Schiff begann jetzt gegen eine kräftige Windsee aus Westen anzudampfen,

Der südwestlichste Punkt Europas: der Leuchtturm des Cabo de São Vicente, Portugal

wie ein Würstchen auf dem Teller rollte es von einer Seite auf die andere, von Backbord nach Steuerbord: Rolling to America. Mit einem tiefen Eintaucher in die lange und hohe Dünungssee fing es nachts an. Der Steven gründelte, nahm während des Auftauchens tonnenweise gurgelndes Wasser mit nach oben und warf es über die Speigatten zurück ins Meer. Danach blieb es eine Weile ruhig, aber es brieste weiter auf. Eine zweite Welle rempelte uns frontal an, flutete das Vorschiff, drückte es in die See und hielt es dort einen Moment lang fest. Erst als sie Widerstand leistete, kam die GOLDENFELS wieder frei. Der Propeller rotierte, mal halb im Seewasser, mal halb in der Luft, wobei Masten und Ladebäume erzitterten. Waren das die Vorboten eines gewaltigen Blizzards oder Hurrikans, die hier im Winter ihr Unwesen treiben konnten? Vielleicht waren wir ja schon ganz in der Nähe eines solchen Sturms. Jeder spürte, dass irgendetwas anders war als sonst, als vibriere die Luft.

Wir strichen gerade die Waschräume, Toiletten und Gänge, als Bootsmann Jan uns befahl, die Malerarbeiten sofort einzustellen: »*Barometer und Thermometer sind extrem schnell und tief gefallen«*, sagte er unaufgeregt, *»packt Farben und Pinsel ein und zieht an der Leeseite Strecktaue und Netze von mittschiffs nach achtern, damit die Wachgänger sicher auf die Brücke kommen und auch wieder zurück.«* Den kleinen Mann mit der schweren Hornbrille und der weißen Schirmmütze trieb die Sorge um, dass die an Deck steigende See uns gegen die Verschanzung pressen oder gar außenbords schleudern könnte. Aus dem Kabelgatt schleppten wir Taue und Netze heran, zogen sie an der dem Wind abgewandten Seite an den Ladeluken entlang und standen dabei selbst schon bis zu den Oberschenkeln in schwappendem Seewasser. In meiner Fantasie öffnete sich plötzlich ein Bild, auf dem sich die Wassertiefen von Tausenden von Metern unter dem Schiff auftaten, die uns zu verschlingen drohten. Mich beklemmte diese Vorstellung, ich verdrängte sie aber gleich umso heftiger, je konkreter sie sich meiner bemächtigen wollte. Als wirksamste Arznei gegen meine Untergangsvorstellungen hatte ich ein Urvertrauen zur uneingeschränkten Seetüchtigkeit meines Schiffes entwickelt. Ich vertraute meinem Schiff auf Leben und Tod.

Später hielten Matrose Walli und ich uns während der Seewache in den Nocken auf, den beiden unbedachten Seitenteilen der Brücke und gingen dort Ausguck. Die schwarz-gelbe Himmelskulisse verfinsterte sich weiter, der Horizont war wegen des heftigen Auf und Ab kaum noch zu erkennen. Wie der Affe Monkey in seiner Wut die Matratzen in der Kammer seines Herrchens zerfetzt hatte, so riss der Sturm nun an Wanten, Hangern und Funkantennen. Jeder einzelne Regentropfen verwandelte sich in einen Eispfeil und stach in unsere Gesichter. Endlich forderte uns der Zweite Steuermann auf, die schützende Brücke aufzusuchen. Ich verkeilte mich zwischen dem Maschinentelegrafen und der Fensterfront und suchte das tosende Wasser nach fremden Schiffen ab. Doch alles verschwamm in der aufgewühlten Natur. Der Maschinentelegraf, eben noch auf »Halbe Kraft«, stand jetzt auf »Ganz Langsam Voraus«. Fröstelnd starrte ich auf die um sich schlagenden Wasser- und Windungeheuer, die die gischtweißen Wellenkämme von den herandonnernden Wogen abrissen, in den Himmel schleuderten und diese in einem großen Wurf gegen Aufbauten und Brückenfenster schmetterten. Es schepperte, als wenn Vorschlaghämmer auf Wellblech schlugen, immer wieder und immer stärker. Der Hurrikan riss zuerst uns und dann der GOLDENFELS die Haut vom Fleisch. Wasserberge und Wassertäler bedrängten uns, sie warfen das Schiff ruckartig in Schluchten und sogleich hielten zweite und dritte Brecher dagegen und warfen uns zurück in noch tiefere Wassergräben auf der anderen Seite. Unser Frachter wog zusammen mit der Erzladung und den Teakholzstämmen zwanzigtausend Tonnen und dennoch spielte die See mit dem Schiff wie mit einem Federball. Seine Längs- und Querverbände knarzten unter den schweren Belastungen wie schlecht geölte Türen, es rollte und krängte, nahm wehrlos binnen Sekunden tausend Tonnen Wasser auf, gab unter dieser Überlast nach und bäumte sich dann abermals auf, um neuerlich tief Luft zu holen.

Ich stand immer noch festgeklemmt auf meinem Ausguckposten auf der Brücke. Direkt vor mir im Brückenfenster war eine elektrisch angetriebene Klarsichtscheibe eingearbeitet, etwas größer als ein Essteller. Sie rotierte ununterbrochen und sollte mithilfe der Fliehkraft Regen und Seewasserfluten wegschleudern und so für gute Sicht sorgen. Die Scheibe verlor schon bald ihren Schwung, wurde schwerer und behäbig langsam, auf ihrer Oberfläche wuchsen Eiskristalle, die sich schnell vermehrten und den Blick nach draußen versperrten. Ich schaute zu, wie die humpelnde Scheibe völlig blind wurde und mit ihr alle anderen Brückenfenster auch. Auf dem Meer brodelte es, wir machten keine Fahrt mehr, fuhren blind und vertrauten allein dem sich unablässig drehenden Radar auf dem Peildeck über uns. Das elektronische Auge sollte uns herannahende Gegner und nicht zuletzt Eisberge anzeigen. Bis auch dieses Hilfsmittel versagte.

Der Alte saß im Brückensessel und überwachte jede Bewegung seines Schiffes, er vermochte seine Stärken und Schwächen am besten einzuschätzen. Er blieb vierzig Stunden auf seinem Posten, gab knappste Befehle, gewährte sich keine Kojenauszeit, wie es sich die in Wachschichten eingeteilten Steuerleute und Wachgänger erlauben konnten. Er achtete darauf, dass das Schiff seinen Steven in die auf uns zurollenden Brecher hineinhielt und nicht querschlug, dafür musste aber die Hauptmaschine durchhalten. Der Chefkoch versorgte ihn mit Unmengen von Kaffee.

Nach den Wachen kämpften wir uns an den Sicherheitsnetzen und Strecktauen entlang zurück in die achtern gelegenen Unterkünfte. Die vom Sturm mit Höchstgeschwindigkeit gepeitschten Eistropfen verletzten uns auf Stirn und Wangen. Angeschlagen, kalt und durchnässt erreichten wir die Messe, wo wir darauf hofften, dass der Orkan seine Aggressionen bis zur nächsten Wache jedenfalls ein klein wenig eingestellt haben würde.

Nach zwei Tagen und zwei Nächten war plötzlich alles vorbei. So ungestüm der Hurrikan sich uns in den Weg gestellt hatte, so überraschend suchte er das Weite. Plötzlich schwammen wir auf glatter, silberglänzender See, ruhig lag sie da – wie ein schlafender Dorfteich –, nur bewegt von der leicht atmenden Dünung. Später endeckten wir blank gescheuerte Stahlflächen an der Steuerbordseite, denn von dort hatte das Unwetter auf uns eingedroschen. Milliarden Eiskristalle hatten die Aufbauten wie ein Sandstrahlgebläse blankgescheuert. Wie wild wir hin und hergeworfen worden waren, konnten wir auch an den Wänden der langen Gänge erkennen, die zu unseren Kammern führten: Auf ihnen fanden wir unsere eigenen Fußspuren wieder, denn wegen der starken Schlagseite waren wir auf der Wand entlanggelaufen.

Während der achtundvierzig Stunden dauernden Rumpelfahrt hatte die Hauptmaschine zu uns gestanden. Trotz aller Schlagseiten war der Brennstoff zuverlässig durch die Leitungen geflossen, hatte Öl die Kolben geschmiert und ihr Material gekühlt. Doch jetzt, als das Schlimmste gerade überstanden war, begann sie zu schwächeln und versagte schließlich ganz. Nicht auszudenken, wenn das früher passiert wäre! Nun fiel der Strom aus, das Ruder versagte, die Herdplatten blieben kalt, kein Lüfter brummte mehr, keine Glühlampe zeigte uns den Weg durch dunkle Gänge. Auf der Brücke und an Deck löste sich die Spannung der vergangenen Tage, als hätte eine höhere Macht dem Schiff Ruhe verordnet. Und alle hielten sich daran. Die Sonne blickte freundlich auf uns hinunter, helles Licht verjagte die dunklen Tage; ein neugieriger Wal – für mich der erste überhaupt – prustete Fontänen in den Himmel und zog bald wieder seine Bahnen; Möwen hofften auf uns als Futterspender, drehten aber bald schon enttäuscht wieder ab, wir hatten ihnen nichts anzubieten. Nur die ohnehin überstrapazierte Maschinenbesatzung – Reiniger, Schmierer und Öler sowie die Ingenieure mit ihren Assistenten – mussten während der Zwangspause ran. Als sie die Schäden behoben hatten, konnten wir nach sechzehn Stunden endlich wieder Fahrt aufnehmen.

Auf dem Weg nach Westen durchliefen wir mehrere Zeitzonen und kreuzten dabei die Längengrade beinah im rechten Winkel. Um uns der Ortszeit an Amerikas Ostküste nach und nach anzunähern, stellten wir fast jede zweite Nacht die Uhr eine Stunde zurück. Der Erste Offizier nahm diese Belastung während seiner Morgenwache von vier bis acht auf sich, sein Wachdienst zog sich deshalb über fünf Stunden, statt der üblichen vier, hin. Auf der Rückreise von Ost nach West würde er dann den Vorteil haben und seine Seewachen würden eben nur drei Stunden dauern. Oft nahmen diese »Über«-Stunden kein Ende, eine elend leere und langweilige Zeit, in denen die Köpfe hohl blieben und die Synapsen Schonzeit hatten.

Ganz anders dagegen war es, wenn Walli Meyer und ich gemeinsam mit Steuermann Dietmar Schwarz auf Hundewache zogen, dann sprudelten die Ideen nur so aus uns heraus, wir bauten Luftschlösser und ließen sie, je nach Lust, auch gleich wieder einstürzen. *»Schiffe sind das größte Reservoir für Phantasie«*, meinte der Philosoph Foucault einmal, *»in den Zivilisationen ohne Schiff versiegen die Träume.«* Wir hatten mehr als genug davon, wir Drei harmonierten und vertrauten einander, hörten auch morgens um zwei noch zu, wenn Dietmar Schwarz Friedrich Nietzsche zitierte oder Walli sein Lieblingsbuch ins Gespräch brachte. Für ihn war die Bibel das bedeutendste Dokument unserer Kultur und brachte daraus manchmal Gleichnisse, die er dann der jeweiligen Bordsituation anzupassen verstand. Häufiger erwähnte er das Erste Buch

Mose. Gott hatte Noah damit beauftragt, ein Schiff zu bauen, um darauf alles für das Leben Wichtige unterzubringen. Dreihundert Ellen sei das erste Schiff der Menschheit lang gewesen und fünfzig Ellen breit, umgerechnet hatte es damit ungefähr die Abmessungen unserer GOLDENFELS. Ob Walli religiös oder gläubig war, behielt er für sich, wir fragten ihn auch nicht danach, wir gingen einfach davon aus.

Walli ruhte in sich selbst, war zurückhaltend und selbstironisch. Er wusste um seine Bedeutung für unser Zusammenleben, spielte seine passgenauen Kommentare zu Ereignissen an Bord aber immer herunter, oft trugen sie zur Entspannung bei. Seit zwanzig Jahren fuhr er zur See, lebte in Hamburg-Finkenwerder mit einer Gymnasiallehrerin zusammen, beide waren unverheiratete Eltern von Zwillingen. Zwei Mal hatte Walli auf Bitten seiner Familie schon versucht, zurück an Land zu gehen, war nach jeweils einem Jahr aber daran gescheitert, in seinem erlernten Beruf als Feinmechaniker wieder Fuß zu fassen. Das Alltagsleben an Land und seine gesellschaftlichen Grundlagen waren ihm fremd geworden. Zu sehr hatte er sich an das gemachte Lebensbett der Seeleute gewöhnt.

»Je länger ich zur See fahre, desto geringer werden meine Probleme«, sagte er einmal, *»an Land versteh ich die Welt nicht mehr.«* Er habe verlernt, ein Familienleben zu führen, zusammenzuleben, Erlebnisse zu teilen, mit seiner Frau auszugehen, mit den Kindern zu toben oder sich gegenseitig Geschichten zu erzählen. Walli hatte auch verlernt, sich mit Freunden im Kino oder im Theater zu verabreden, sich mit Kollegen auf dem Sportplatz oder im Restaurant zu treffen, um sich über die größeren oder kleineren Geschichten vom Tage auszutauschen.

Anderen Männern ging es nicht viel anders. In ihren Dörfern und Stadtvierteln hatten sie sozialen Schiffbruch erlitten, als sie versuchten an Land wieder Fuß zu fassen. Sie kehrten kleinlaut in ihre engen Kammern, in die übersichtliche und regulierte Welt an Bord zurück und wollten nicht mehr auf ihren missglückten Versuch angesprochen werden. Schuld an ihrem Scheitern an Land gaben die Männer den sich rasch ändernden sozialen Lebensbedingungen in ihren Städten und Dörfern, die sich aus ihrer Sicht zur Terra incognita gewandelt hatten. Ihre eigene Unfähigkeit, sich den neuen Verhältnissen anzupassen, erkannten sie nicht.

Walli war auch als Mittfünfziger ein sportlicher Typ geblieben: Auf seinem kantigem, allzeit braunen Schädel wuchs spärliches Blondhaar, seine wachen Augen schienen jedes Mal zu spotten, wenn wir uns unterhielten, über ihnen wuchsen buschige Brauen, die er mit der Nagelschere stutzte, wenn er nicht mehr durchblicken konnte. In seine hohlen Wangen gruben sich zwei Falten ein, tief wie der Marianengraben. Nie habe ich schönere Hände gesehen als die von Walli. Ich sah ihm gern dabei zu, wenn seine langen, kräftigen Finger Segel nähten, besonders wenn sie mit Tauwerk hantierten und komplizierte Knoten banden wie den Doppelten Palstek, die Lange Trompete oder auch nur den Webeleinstek. Auf seinen Unterarmen wuchsen hunderte sonnengeblichener Härchen, die sich krümmten wie Bumerangs.

New York

Ein erstes Anzeichen, dass wir uns dem Festland wieder näherten, war ein viermotoriges Flugzeug der US Coast Guard, das zwei Tage, bevor wir in New York anlandeten, über uns hinwegflog und zur Begrüßung ein paar Mal mit den Flügeln wackelte. Sie wussten natürlich von dem Orkan und hatten nach uns geschaut. Wir fühlten uns willkommen geheißen.

An einem Sonnabendvormittag erreichten wir in der Bucht von New York das leuchtend rote Feuerschiff mit den weißen Riesenlettern AMBROSE auf beiden Bordwänden. Diese sieben Buchstaben kannten alle Ostküstenfahrer. Nach fünfzehn Tagen und acht Stunden hatten wir unser Ziel erreicht. Kalt und klar war die Luft, die Sonne über dem Atlantik hinter uns begann gerade ihr Tagwerk, während sich amerikanische Möwen kreischend um je-

Lightship A*MBROSE*, *bis 1967 im New Yorker Hafen*

den über Bord geworfenen Bissen zankten. Der freundliche Lotse kannte unseren Alten bereits von früheren Reisen: *»Schön Sie zu sehen, Captain Mendel. Die Coast Guard hat uns bereits wissen lassen, dass Sie wieder auf dem Weg zu uns sind.«* Der Weg führte durch den schmalen Ambrose Channel in Richtung Manhattan. Um auf der Kurslinie zu bleiben, musste ich als Rudergänger die beiden Leuchtfeuer von Staten Island und der West Bank in Linie halten.

Während wir an Coney Island vorbeifuhren, zog eine italienische Schönheit unsere Blicke auf sich. Wir erinnerten uns an den Lotsen, Signore Montani in Genua, der uns unter Tränen der Rührung von der Linienführung und Ästhetik eines neuen Passagierschifftyps vorgeschwärmt und es mit der Anmut einer florentinischen Fürstin verglichen hatte. Jetzt konnten wir uns selbst davon überzeugen, denn die LEONARDO DA VINCI kam uns entgegen: Signore Montani hatte nicht ein bisschen übertrieben.

Wir ließen den Leuchtturm von Sandy Hook im Süden hinter uns, an beiden Seiten lange Sandstrände, kleine Badeorte und Sommerhäuschen. Bojen mit Radarreflektoren auf der Spitze, Heultonnen und andere maritime Wegweiser sicherten die Zufahrt zusätzlich ab. Extreme Witterungsschwankungen und großer Tidenhub an der Ostküste der Vereinigten Staaten verlangten sorgfältige Navigation. Unsere beiden reparierten Radarschirme auf dem Peildeck rotierten ununterbrochen. Nach zwei Kurswechseln auf zunächst dreihundertfünfundzwanzig und dann dreihundertfünfzig Grad rechtweisend breitete sich die Silhouette Manhattans direkt vor uns aus. Ich war überwältigt und eingeschüchtert zugleich. Mein Blick suchte in diesem riesigen Stalagmiten-Dschungel nach Orientierung und hielt sich schon bald am höchsten Wolkenkratzer fest, dem Empire State Building. An Backbord glitt die Statue of Liberty auf mich zu. Von meinem Dorfteich aus war ich nach langer Fahrt bis zu diesem Symbol für Freiheit und Selbstbestimmung geschwommen, jetzt prägte sich mir diese Wächterin ein wie Fußspuren in einen noch feuchten Betonboden. Eine halbe Meile weiter flussaufwärts glitt das historische Einwanderungszentrum von Ellis Island vorüber. Auf den letzten Meilen bis in die Docks von Hoboken half uns ein Schlepper steuerfähig zu bleiben und gegen die Strömung des Hudson River anzukommen. Ich spürte wieder, wie spannend und erwartungsvoll es sein kann, sich einer neuen Stadt anzunähern. Ob vormittags wie jetzt in New York, ob abends oder nachts wie kürzlich in Genua, Bombay und Rangun: Wie auf Luftkissen schwebte unser Frachter in hoheitsvoller Langsamkeit in den auf uns wartenden Hafen hinein. Mit dem Durchholen der Vor- und Achterleinen und der beiden Springs verwandelten wir das mobile Industrieprodukt Schiff in eine festgezurrte Immobilie. Wir gehörten jetzt zu diesem Hafen wie seine Kräne, Lagerschuppen, Gabelstapler und Lastwagen.

Nach dem Anlegen atmeten wir durch. Wir genossen unser nicht mehr schaukelndes Schiff und freuten uns über unser vibrationsfreies Zuhause. Im Hafen war ein Schiff endlich leise, denn die Hauptmaschinen und die sonst ewig lärmenden Lüfter schwiegen. Und doch war es hier ebenso in seinem Element wie auf hoher See, denn hier im Hafen erst erfüllte es seine ureigene Aufgabe, es lieferte ab, wo es etwas abzuliefern gab und nahm anschließend neue Güter für neue Bestimmungsorte auf.

Mich beeindruckten die selbstbewussten, gewerkschaftlich straff organisierten Hafenarbeiter New Yorks, die wie wild an unseren

Die Freiheitsstatue auf Liberty Island, New York

bordeigenen Windenrädern herumdrehten, um mit dem Geschirr die Ladung so schnell wie möglich von Bord zu holen und neue aufzunehmen. Die Schauermänner, so schien mir, wollten nur eines: die besten Hafenarbeiter ganz Amerikas sein. Als sie einmal für ein paar Dollars mehr streiken wollten, setzte ihnen Präsident Kennedy per Dekret die Pistole auf die Brust, untersagte ihnen achtzig Tage lang den Ausstand und verlangte von ihnen, sich mit den Arbeitgebern zu einigen.

Kaum war die Gangway ausgebracht, kamen sie heraufgestürmt: Reedereiagent und Schiffsausrüster, Beamte der Einwanderungsbehörde, des Zolls und der Wasserschutzpolizei. Ein Schiff wird immer erwartet! Auch der Ärztliche Dienst stieg auf. Sein oberster Vertreter händigte Kapitän Mendel eine Vorschrift aus, wonach alle Seeleute auf Geschlechtskrankheiten hin untersucht werden müssten. Alle Männer hatten sich auf dem Peildeck unter freiem Himmel einzufinden und sich – nach Dienstgraden geordnet – in Reih und Glied aufzustellen und die Hosen runterzulassen. Nur der Kapitän war von dieser Ungeheuerlichkeit ausgenommen. Wir jungen Seeleute, die wir dieses Prozedere das erste Mal erlebten, waren empört. Ein Arzt inspizierte unsere Genitalien – Mann für Mann – forderte jeden Einzelnen auf, kurz zu husten, dann durften wir die Hosen wieder hochziehen. Mir kam unser Besuch bei Grace in Bombay in den Sinn, was sonst. Aber diese beispiellos herabwürdigende Genitalparade war etwas völlig anderes! Wir waren zutiefst gekränkt. Dieser üble Brauch ist schon bald darauf eingestellt worden, nachdem französische Behörden allen Amerikanern die gleiche Prozedur angedroht hatten, wenn diese nach Frankreich reisen wollten.

Wegen der langen Lade- und Löschzeiten hatten wir die Möglichkeit, Land und Leute richtig kennenzulernen. Wir machten Ausflüge, kamen der heimischen Bevölkerung über alle Kulturen und gesellschaftlichen Unterschiede hinweg näher und bauten damit Misstrauen und Vorurteile ab. Wir waren gute Diplomaten und unser Schiff auf eine verbindliche Weise Mediator und Botschafter zugleich.

In jeder neu angelaufenen Hafenstadt stellte sich bei mir ein erwartungsfrohes Kribbeln ein und hier in New York ganz besonders. Ich hatte das Gefühl, die Stadt hätte nur auf mich gewartet, als wäre ich zum Rendezvous mit ihr verabredet. Ich liebte das wuselige und unergründliche Treiben der vielen Menschen in den Straßen. In keinem anderen Land der Welt, in keiner anderen Stadt habe ich einen derart ansteckenden Optimismus gespürt wie hier. Ich lief durch das zerklüftete Manhattan und glaubte den neben mir in die Höhe schießenden Wolkenkratzern ihre Erhabenheit nicht: Immerzu schaute ich nach oben, um mich zu vergewissern, dass sie nicht gleich auf mich niederstürzten. Für ein paar Sekunden erschien der Schornstein der Lachendorfer Papierfabrik vor meinem inneren Auge, ich stellte Vergleiche an. Wie töricht. Ich spazierte auf dem Times Square umher, sah irritiert dem hektischen Durcheinander zu, sah Plymouths und Cadillacs an mir vorbeigleiten und verglich sie mit den VW-Käfern zu Hause.

Im Empire State Building umfasste der Liftboy meinen Unterarm, als wir in seinem Fahrstuhl von der Größe einer Zweizimmerwohnung mit Fallgeschwindigkeit in den Himmel stoben, mir knickten dabei die Knie ein und meine Oberschenkel bohrten sich in ihre Hüftschalen. Das Selbstbewusstsein des Liftboys, kaum älter als ich, imponierte mir, er wirkte so, als wolle er im Leben einmal ebenso hoch hinaus wie sein Empire State Building. Im Jeansladen brachte mir die Verkäuferin gleich acht Nietenhosen zur Auswahl. Während sie mir die Vor- und Nachteile der verschiedenen Jeanstypen erläuterte, kam unerwartet ein Mann aus einem Hinterzimmer dazu, Ende zwanzig, vermutlich ihr Chef. Vielleicht weil er mein Schulenglisch ganz lustig fand. Er fragte mich nach meinem Land und meiner Stadt, nickte bei *»Germany«* noch mit dem Kopf, bei *»near by Hanover«* blickten seine Augen bereits fragend und bei *»Lachendorf«* versagten seine Geografie-Kenntnisse ganz: *»Never heard!«* Als ich aber fragte, ob er schon einmal etwas von dem international berühmten Städtedreieck New York City, Paris City und Laughing Village City gehört habe, hellten sich seine Züge augenblicklich auf, plötzlich wusste er als guter Verkäufer selbstverständlich Bescheid und konnte mit dem Flecken in der Südheide anscheinend tatsächlich etwas anfangen. Ich entschied mich für die 501 von Levi Strauss, sie passte mir am besten und war im Angebot zu haben.

»Gib dem jungen City-Man zwei Hosen mit, bezahlen soll er nur eine«, wies er die freundlichste aller amerikanischen Verkäuferinnen an und zu mir gewandt: *»Danke für die hübsche Geschichte und die nette Unterhaltung«*, und verschwand wieder in seinem Back Office. Mag sein, dass er dort auf einer Deutschlandkarte nach Lachendorf City suchte, mag sein, dass er das berühmte Städtedreieck auch gleich einzeichnete. Wenn ich später wieder einmal New York anlief, habe ich meine Jeans immer nur bei Mister 501 gekauft.

Anschließend wollte ich in einer Bar meinen Einkauf begießen und bestellte mir einen schottischen Whisky, die Bardame aber wollte vorher meinen Ausweis sehen. *»Komm in drei Jahren wieder, Darling«*, lächelte sie und reichte ihn mir zurück. Ich schämte mich, weil ich rot geworden war, und gab mich mit einer Cola zufrieden. In Amerika durfte Alkohol nur an Volljährige ab einundzwanzig ausgeschenkt werden. Ich fuhr zwar erst seit ein paar Monaten zur See und war noch lange nicht volljährig, aber ich war schon in mancherlei moralische Untiefen und Strudel geraten, von denen ich noch vor einem halben Jahr nicht einmal etwas geahnt hatte. Ich stand trotz meines Alters mit den Männern aus meiner Mannschaft auf der gleichen Stufe, ich war bei allem, was wir taten, einer von ihnen. Ich verabscheute mich, weil ich an Ferkeleien teilnahm, die rüder und sexistischer nicht hätten sein können. Dass sie aus Dumpfheit und Langeweile erwuchsen, änderte nichts daran, dass ich dabei war. Wir überredeten einander zu Dingen, die wir später bereuten, aber nicht wieder rückgängig machen konnten. Tätowierungen gehörten dazu. Tätowierungen gehörten zum Seemann wie Blumen zum Garten. Auch viele von uns hatten eine Schwäche für diesen Körperschmuck, für den zunächst aber gelitten werden musste. Manch einer ertrug die Schmerzen auch vergeblich. Onnos tätowierter Löwenkopf auf der Brust eiterte und vernarbte, die durchstochene Haut wollte nicht heilen und entzündete sich, was ihn eigentlich schmücken sollte, entstellte ihn nun. Besonders auf den Bizeps waren üppige Dekolletés beliebt, weil sie beim Anspannen der Oberarmmuskeln noch beeindruckender wurden als im Ruhezustand. Zu den Klassikern unter den Tattoos gehörten Anker und Adler, Blumen, Löwen- und Tigerköpfe und immer wieder nackte Frauen mit dicken Busen. Eines der ungewöhnlichsten Motive ließ sich der Reiniger Eckhard in unserem Beisein in einem New Yorker Atelier stechen: Seiner Freundin in Delmenhorst zuliebe wollte er seine Erektionen noch schmücken und ließ sich eine zwar simple, aber dennoch höchst komplizierte Sonderanfertigung auf den erigierten Penis stechen – ein Ausrufezeichen auf die Eichel! Zu viert drückten wir ihn während der Behandlung in den Stuhl, hielten seine Arme und Beine fest in der Umklammerung, während sich ein nacktes Mädchen so lange lasziv auf einem Bett vor ihm rekelte, bis der tätowierende Künstler seine Arbeit vollendet hatte. Der Seemann stöhnte und winselte während des Eingriffs, hielt aber tapfer durch, bis auch noch der Punkt unter das Ausrufezeichen gesetzt war.

Houston

Mehlzack und Onno konnten in Manhattan zwar an Land gehen, aber nirgendwo einkehren oder einkaufen, ihre Schulden waren immer noch zu hoch. In die Devisenliste trugen die beiden sich zwar ein, doch der Kapitän gewährte ihnen keinen Cent. Erst in Europa konnten sie wieder mit Geld rechnen. Entweder fristlos nach Hause fliegen oder ihre Verbindlichkeiten abbauen – das waren die Alternativen, die der Alte ihnen gelassen hatte. Statt durch Manhattan zu spazieren, führte Mehlzack nun seinen Mungo übers Deck, immer dann, wenn die Schauermänner mit dem Löschen gerade Pause machten. Die amüsierten sich dann über die zirkusreife Vorstellung und warfen ihm ein paar Dollar zu, wenn das stets hochnervöse und extrem schnell reagierende Tier auf Mehlzack herumkletterte. So bald sein Herrchen ihm rohe Fleischbröckchen zuwarf, sprang es wie ein Floh in die Höhe. Manchmal gesellte sich auch der Heizer mit seinem sonst im engen Spind hausenden Affen Monkey dazu, den er dann an einer langen Leine herumtoben ließ. Nur Heizer Manfred, der in Bombay drei leere Flaschen gegen einen grünen Papagei eingetauscht hatte, spazierte mit seinem Vogel allein auf dem Peildeck umher und versuchte unermüdlich, ihm das Sprechen beizubringen. *»Sag Manfred«* und immer wieder *»Manfred«*, manchmal auch das Wort *»Bier«*. Und wenn beides nicht klappte, *»Sau«* oder *»Puff«*. Doch der gefiederte Gefährte mit dem dunklen Naturhalsband war nicht sonderlich gelehrig und sperrte seinen dunkelroten Krummschnabel immer nur dann auf, wenn Manfred ihm Melonenkerne oder Früchte reichte.

Nicht nur Mehlzack und Onno mussten auf einen Manhattan-Besuch verzichten, auch anderen war die selbsternannte Welthauptstadt zu kostspielig, weil ihnen der offizielle Tauschkurs von D-Mark in Dollar zu hoch war: Für eine Mark bekamen wir gerade mal fünfundzwanzig Cent.

Nach einer Woche New York wünschte uns der Lotse, was Seeleuten überall auf der Welt zum Abschied zugerufen wird: *»Have a good trip!«* Und wir begannen mit einem »Hafen-Hopping« im Zwei-Tage-Rhythmus, das mit Philadelphia beginnen und mit Houston, Texas, im Golf von Mexiko enden sollte. Kapitän Mendel kannte das vor uns liegende Seegebiet gut und ließ südliche Kurse steuern. Das Barnegat Lightvessel passierten wir seewärts und blieben mit dieser Entscheidung gut frei von allen größeren und kleineren Untiefen, einwandfreie Radarechos und intelligent gesetzte Funkfeuer an der Küste halfen ihm und seinen drei Nautischen Offizieren, auf den Kurslinien zu bleiben. Schon bald hinter Atlantic City ließ der Alte die Richtung mit einem »Hart Steuerbord«-Manöver ändern. Wir passierten Cape May, fuhren in die trichterförmige Delaware Bay hinein und erreichten bald darauf über den ausgebaggerten Delaware River Channel, eine der meistbefahrenen Wasserstraßen der USA, die achtzig Seemeilen von der Küste entfernte Millionenstadt Philadelphia. Stadt der brüderlichen Liebe nannten die Gründerväter ihre neue Heimat im Bundesstaat Pennsylvania, wo am 4. Juli 1776 die Unabhängigkeitserklärung der Vereinigten Staaten von Amerika verkündet wurde.

Mein Besuch begann mit einem blutigen Kopfsprung. Die Goldenfels sollte mit einem Assistenzschlepper an die Pier bugsiert werden. Wir saßen achtern in der Messe und warteten darauf, dass über die Lautsprecheranlage der Befehl erteilt wurde, die Verbindung zum Schlepper herzustellen. Als das Kommando endlich kam, sprang ich ungestüm aus der Tür und knallte mit dem ungeschützten Schädel gegen den oberen Bogen des scharfkantigen eisernen Türrahmens. Blutüberströmt brach ich zusammen und verlor das Bewusstsein. Ein Hubschrauber flog mich ins Krankenhaus, Paul flog mit. Direkt an der Fontanelle war die Kopfhaut breit aufge-

Das Feuerschiff BARNEGAT. *Hier im Hafen von Philadelphia, 1970*

platzt, ein Arzt nähte sie wieder zu. Die Gehirnerschütterung verlangte ein paar Tage Bettruhe unter ärztlicher Aufsicht, und da mein Geld für einen Rundgang durch die ehrwürdige Metropole ohnehin nicht reichte, konnte ich diesen Krankenhausaufenthalt ohne großes Bedauern verkraften.

Nach Virginia und Wilmington in North Carolina liefen wir in South Carolina Charleston an, das sich wegen seiner unzähligen Kirchen gern auch The Holy City nannte. Hier ging ich endlich wieder an Land und sah mir unter anderem auch das Fort Sumter an, wo Kanonenschüsse am 12. April 1861 den amerikanischen Bürgerkrieg ausgelöst hatten. Wir hoppten weiter nach Savannah in Georgia, wo Mehlzack und sein Mungo Hafenarbeitern wieder ihre Kunststücke vorführten und erneut mit ein wenig Geld belohnt wurden. Mit diesen Dollars und denen aus New York lief Mehlzack abends an Land, um später mit einer Mittvierzigerin zurückzukommen, die bis zum nächsten Morgen bei ihm bleiben sollte. Kammerkollege Jimi räumte solange verständnisvoll das Feld und verbrachte die Nacht in einer leer stehenden Heizerkammer.

Hinter Miami begegneten wir wieder einmal einem der damals noch eher seltenen Passagierschiffe, doch je näher wir der Floridastraße kamen, desto häufiger tauchten sie an der Kimm auf. Wir mochten diese – von uns abwertend als Musikdampfer bezeichnet – Schiffe nicht, wir verachteten sie geradezu, sie hatten so gar nichts mit unserem Selbstverständnis von Seefahrt zu tun, ihnen fehlte die Seele und jegliche Seefahrernähe. Auch verstanden wir uns als die besseren Seeleute. Richtige Seeleute fuhren auf richtigen Schiffen und das waren nur Frachter. Wir verlachten die Besatzungen in ihren weißen oder dunkelblauen Uniformen, wie Pfauen kamen sie uns vor. Sobald wir einem Musikdampfer begegneten, gingen wir demonstrativ auf die andere Seite des Schiffes, um ihnen damit unsere tiefe Verachtung zu zeigen, doch zu unserem Leidwesen bekamen die Geschmähten unsere Geringschätzung gar nicht mit.

Ganz anders war unser Verhältnis zu den Windjammern, zu ihnen unterhielten wir geradezu eine Liebesbeziehung. Wenn wir einem Segler begegneten, sehnsüchteten wir der großen maritimen Seefahrergeschichte hinterher und begleiteten die Zwei- oder Dreimaster so lange mit wohlgesinntem Herzen, bis uns ihre Segel an der Kimm abhandenkamen.

Der südlichste Zipfel Floridas zieht sich als langer, schmaler Inselbogen bis hinunter nach Key West und den Tortugas Banks in den Golf von Mexiko hinein. Wir folgten diesem Bogen und passierten dabei im sicheren Abstand die Riffe an Floridas Südwestküste, ständig mehr als achtzig Meter Wasser unter dem Kiel. Dem hier langsam Fahrt aufnehmenden Golfstrom dampften wir ständig gegenan. Die Floridastraße liegt zwischen Florida im Norden und Kuba im Süden und verbindet den Golf von Mexiko mit dem offenen Atlantik – Schiffe aus aller Welt kreuzen hier ihre Kurse. Querab von Key West an Steuerbord lagen unter unserem Kiel zwei Übungsgebiete für amerikanische U-Boote, die uns an die gerade erst überstandene Kubakrise erinnerten. Weitab an Backbord, rund sechzig Seemeilen entfernt, erahnten wir Kubas Haupt- und Hafenstadt Havanna, die in kollektiven Seemannserinnerungen ihren

Spitzenplatz als das Paradies schlechthin behauptete. Einige ältere Seeleute an Bord verdrehten die Augen und schwärmten uns jungen von ihren sündigen Tagen im vorrevolutionären Havanna vor.

Hinter den Tortugas Banks öffnete sich uns das weite Rund des Golfs von Mexiko, von dem der mächtige Golfstrom einst seinen Namen erhalten hatte. Wir hielten jetzt Kurs auf das texanische Houston, in das ich ein Telegramm an eine entfernte Cousine vorausschickte. Heide war bei Verwandten in Nordassel in der Nähe von Hildesheim aufgewachsen. Weil ihr Dorf, ihre Stadt und ihr Land ihr keine Zukunft versprechen wollten, war sie in das Land ihrer Ideale ausgewandert.

Zweieinhalb Tage später erreichten wir Houston. Mein Freund Paul aus der Oberkoje nahm die Gelegenheit wahr und reiste mit der Bahn zu einem älteren Vetter in das gut tausend Kilometer entfernte El Paso an der Grenze zu Mexiko. Als Unteroffizier der Bundeswehr ließ sich Pauls Vetter bei der US-Luftwaffe zum Starfighter-Piloten ausbilden. Mich dagegen chauffierte ein Taxifahrer an den Stadtrand von Houston, wo Heide sich ein Apartment mit zwei Freundinnen teilte. Doch nicht nur drei, gleich zehn junge Amerikanerinnen empfingen mich dort, alle wollten *»unbedingt mal einen German Sailor kennenlernen«*. Für drei Tage ließ ich meine fein austarierte Männerwelt hinter mir und tauschte sie gegen den mir außerirdisch vorkommenden Alltag junger Amerikanerinnen ein. Ein überdimensionales Wohnzimmer mit hohen Decken und bis zum Dielenboden reichenden gläsernen Fenstern und Türen beeindruckten mich ebenso wie die eher kleinen Schlafstellen, die praktische Pantry, ein weitläufiger Swimmingpool und – keine Nachbarn! Vor Heides Tür parkte ihr neuer Ford Thunderbird, den hinten zwei große Bullaugenfenster zierten.

Bereits nachmittags tranken wir Wein, zur Abendparty im Garten gab es Steaks vom Grill, Weißbrot, jede Menge grünen Salat und einen lieblichen Wein von der Mosel: Kröver Nacktarsch. Als weiterer Mann nahm nur noch Dale, Student der Zahnmedizin, an der Party teil. Auf dem Plattenteller drehten sich ausschließlich Elvis und die Beatles, wer wollte, planschte im Pool. Ich übernachtete auf Heides Couch, zum Frühstück am nächsten Morgen waren alle Gäste wieder da. Ich mutmaßte, dass sie sich den deutschen Seemann noch etwas genauer ansehen wollten, vielleicht aber auch nur, um hinterher über seine Englischkenntnisse und seine Aussprache zu kichern, die sie ziemlich *»amusing«* fanden, wie Heide mir bestätigte. Später zeigte sie mir die University of Texas, an der sie arbeitete, danach Houstons Innenstadt. Am dritten und letzten Tag fragte mich Heide, ob sie mit Dale und ihren Freundinnen mein Schiff besichtigen dürfte. Kapitän Mendel stimmte zu. Sie waren alle sehr neugierig, wollten sehen, wie und wo man auf einem Schiff lebte. Als ich ihnen meine Koje zeigte, konnten sie kaum glauben, dass ich in einer derart kleinen Kammer auf so wenigen Quadratmetern so weit unten im Schiff mit so wenig Sonnenlicht so viele Monate zu zweit leben konnte. Ich zeigte ihnen die Messe, Deck und Kommandobrücke, wo ich auf See am Ruder stand und auch das Ankerspill ließen sie sich erklären. Als die Matrosen und Heizer die vielen jungen Frauen an Bord sahen, hielten sie sich mit anzüglichen Kommentaren nicht zurück. Dale und die Mädchen verstanden zu meiner Erleichterung kein Deutsch, Heide aber reagierte auf die Anzüglichkeiten pikiert. Zum Abschied schenkte sie mir Franz Kafkas Romane »Der Process« und »Amerika«. Für die drei, für mich völlig exotischen, Tage und Nächte wollte ich mich revanchieren und lud alle zu meiner Familie nach Lachendorf ein. Viele Jahre später, ich war zufällig zu Hause, schlich ein Mann um unser Gehöft und fragte nach mir. Es war Dale, er hatte meine Einladung tatsächlich wahrgenommen! Während seines Europabesuchs reiste er dann weiter nach Westberlin, in das mittelalterliche Rothenburg ob der Tauber und schließlich zum unvermeidlichen bayerischen Neuschwanstein.

Ich war froh wieder auf der Goldenfels und unter meinesgleichen zu sein. Heides selbstbewusste Frauen hatten mich verunsichert, ich war scheu, unsicher und verlegen. Die jungen Amerikanerinnen gaben sich sehr offen, auffällig freundlich und frei, gleichzeitig aber auch exaltiert und abweisend, das kannte ich so nicht. Unsere Lebenswelten lagen weit auseinander.

Später hatte mir Heide noch einen Brief nach Marseille geschrieben und sich darin um meine ›traurige und eingesperrte Seele‹ gesorgt, ich hätte sehr verlassen gewirkt. Sie hatte recht. Mein Freundeskreis war verdorrt wie ein morscher Ast. Ich hatte mich geirrt, als ich annahm, die Gefühle für sie und die engen Bindungen zu ihnen konservieren zu können. Die Schul- und Sportfreunde hatte ich aus den Augen verloren, ich wusste nicht, wie es ihnen ergangen war. Hans-Christian, der Autobastler, der auch nach der Schulzeit immer noch mit Biggi ging, dem schönsten Mädchen auf dem Schulhof, wollte Ingenieur werden. Jürgen auch. Beide hatten auf keinen meiner Briefe reagiert – Briefe ersetzten eben keine Anwesenheit. Auch zu Ecki, dem angehenden Physiklehrer, war das Band zerrissen. Nur Willi hatte mich einmal grüßen lassen, er war als Zeitsoldat zur Bundeswehr gegangen, wollte Offizier werden. Den schalen Geschmack, Freundeswaise geworden zu sein, würgte ich hinunter. Der hohe Atlantikhimmel, das ruhige Meer, die ereignislosen Nachtwachen – das alles verstärkte mein Empfinden, entsorgt und allein gelassen worden zu sein.

Wir hatten Houston mit den Ziel New Orleans am dritten Advent verlassen, als unser Funker ein Telegramm von der deutschen Seefunkstation Norddeich Radio abholte. ›Attention GOLDENFELS, Captain Mendel: Am 28. Dez. in New Orleans vierhundert Tonnen Baumwollöl laden. Sind Tanks mit Bordmitteln zu reinigen? Antwort dringend erbeten! gez. HANSA-Reederei.‹ Baumwollöl ist ein gelb-glänzendes Lebensmittelöl und sehr wertvoll. Margarine, Pflanzenfette und Speiseöle werden daraus hergestellt. Der Gewinn an dieser kostbaren Fracht musste absurd hoch sein, sonst hätte die Reederei einem so engen Zeitrahmen nicht zugestimmt. Gab es doch ohnehin überreichlich zu verschiffende Ladung. Der Alte wusste natürlich: Um das Speiseöl nach Europa zu verschiffen, musste er seine Mannschaft für derartige Höchstleistungen gewinnen. Vom grünen Reedereischreibtisch in Bremen aus betrachtet, ließe es sich theoretisch noch schaffen. Aber praktisch war es eigentlich unmöglich, die Tanks so schnell zu entrosten. Die Mannschaft müsste über sich hinauswachsen und die Tanks innerhalb der nächsten zehn Tage von allem Dreck befreien. Das war allein über einen kräftigen Heuerzuschlag zu erreichen. Der Alte beratschlagte die Angelegenheit mit unseren beiden Vorgesetzten, dem Ersten Steuermann und Bootsmann Jan, der seine dicke Hornbrille bei einem derart heiklen Problem jetzt noch häufiger den Berg hinaufschob, als er das sonst tat. Wir wussten, er würde das Beste für uns herausholen – oder sich verweigern. Nach zwei Stunden waren sich die drei einig, dass wir die Reinigung mit bordeigenen Mitteln hinbekommen könnten, wenn wir quasi Tag und Nacht durcharbeiteten. Das wiederum bedeutete, dass wir die bevorstehenden Weihnachtsfeiertage im Tank stecken und arbeiten müssten. Als Jan uns aber die Konditionen nannte, die er für uns ausgehandelt hatte, stimmten wir zu. Der Alte, der sonst so gar nicht ehrgeizig war, strahlte und ließ seine Antwort nach Bremen funken: ›Klar zur Ladungsübernahme am 28. Dez. gez. Mendel.‹ Wir waren uns sicher, dass die Reederei ihm einen ganz ansehnlichen Bonus zahlen würde, wenn wir das schafften. Von nun an verbrachten alle zur Verfügung stehenden Männer sechzehn Stunden täglich im Orkus, in den Tiefen stinkender und verrosteter Tanks. Mit allen Rostmaschinen und Stahlbürsten scheuerten wir stählerne Böden, Wände und Decken Zentimeter für Zentimeter ab, vergaßen auch die Träger, Kanten, Ecken und die verwinkelten Verstrebungen nicht. Feuchte Tücher vor Mund und Nase sollten den Roststaub filtern und unsere Lungen schützen. Das misslang. Mund- und Nasenschutz waren selbstgemacht, fielen immer wieder ab, wurden bald lästig, schränkten uns beim Atmen und Arbeiten ein und verschwanden bald ganz. Nun sogen wir den für uns nahezu unsichtbaren, im Halbdunkel des Tanks schwebenden Roststaub tief in unsere Lungen ein. Bald keuchten und husteten wir, als hätten wir uns alle gleichzeitig mit Tuberkulose angesteckt, kamen uns vor, als lebten wir in einer Lungenheilanstalt und nicht auf einem Schiff mit gesunder Seeluft ringsherum. Pausen gab es nur selten, dafür sorgte der strenge Bootsmann Jan. Jeweils eine, wie eine Ewigkeit anmutende Stunde, quälten wir uns, schufteten und schwitzten, die Tanks konnten kaum belüftet werden, dann durften wir für zehn Minuten frische Seeluft atmen. Doch kaum, dass die Bootsmannspfeife zweimal schrillte, waren die zehn Minuten auch schon wieder um und wir ertranken für die nächste Stunde erneut in Staub, Schmutz und Krach. So ging das zehn Tage lang. Wir schindeten uns bis an die Grenzen der körperlichen und seelischen Belastbarkeit. Nachts schliefen wir ein paar Stunden auf Matten in den Messen, keiner wollte auch noch seine Kammer verdrecken. Wir duschten die ganzen Tage über nicht, weil es sich nicht lohnte. Nur Hände und Gesichter reinigten wir flüchtig, doch sie blieben dunkelbraun und fleckig, nur das Weiß in den Augen leuchtete. Nachdem wir in New Orleans festgemacht hatten, ging die Plackerei weiter. Jetzt wurden die Tankwände mit einer scharfen Lauge gescheuert, unsere Hände, die eben noch vor Dreck starrten, brannten jetzt, röteten und entzündeten sich. Im letzten Arbeitsgang endlich ölten wir den nun silbrig funkelnden Tankstahl ein, bis er wie eine Speckschwarte glänzte. Die härteste, je von uns freiwillig angefasste Arbeit war am 27. Dezember geschafft, auf den Tag genau, wie angekündigt. Wir hatten Wort gehalten.

Tags darauf kamen Männer einer Spezialfirma an Bord und überprüften die Tanks, ob sie die US-Hygienevorschriften erfüllten. Keine Mängel! Boote machten längsseits fest und pumpten das kostbare Baumwollöl an Bord, während wir uns unter unseren Gemeinschaftsduschen gegenseitig abschrubbten und den kalten Schweiß sowie den verklebten schwarzen Dreck vieler Tage von der Haut bürsteten. Allein ein Telegramm meiner Familie erinnerte mich daran, dass wir inzwischen Weihnachten hatten und unsere Tannenbäume unangetastet im Kühlraum froren. Kein Lametta, keine Kerze, nicht eine einzige Strophe von »Oh, du fröhliche«. Allein die Überstunden interessierten uns, die wir in doppelter Höhe abrechnen durften, statt achtzig standen während der zehn Tage hundertsechzig auf dem Stundenzettel. So lautete das Geschäft. Außerdem gab es pro Mann und Tag vier Mark und acht-

Im French Quarter von New Orleans

zig Pfennige an tariflicher Schmutzzulage. Für die geleistete Knochenarbeit hatte uns der Alte außerdem noch mit einer anderen Prämie geködert: Jeder Mann, unabhängig von Alter und Dienstgrad, erhielt hundert Mark steuerfreie Extrazulage. Die meisten von uns kamen damit auf mehr als eine zusätzliche Monatsheuer. Ich war reich wie Rockefeller.

Drei Tage brauchte ich, um abzuhusten. Jeden Tag konnte ich ein bisschen besser durchatmen, meine Lungen erholten sich. Kopf und Körper waren inzwischen sauber geworden, wir konnten uns wieder unter Menschen wagen. Bootsmann Jan ging sonst nirgendwo an Land, hier in New Orleans aber machte er eine Ausnahme. Auf dem Fußweg von der Stadt zurück zum Schiff trafen wir uns am Hafentor. Mitternacht war gerade vorüber, der vorletzte Tag des Jahres begann, eine windstille, eine helle und milde Nacht stand über der Stadt, die einst den Jazz erfunden hatte. Ich hatte mich in einem Touristenlokal des Vergnügungszentrums French Quarter von den Strapazen der letzten Tage ablenken lassen, Bootsmann Jan hatte sich selbst zu American Steak und zum Alleinsein eingeladen. Zehn Minuten gingen wir ohne Worte nebeneinander her, vorbei an flachen Hafenschuppen, an Kränen und verschiffungsbereiten Lastwagen und Eisenbahnwaggons. Wir stolperten über Schwellen und Bahngleise, als Bootsmann Jan plötzlich stehen blieb. *»Hörst du auch was?«*, flüsterte er. Wir liefen weiter, als er unerwartet die Richtung änderte und zielstrebig dem Geräusch nachging – Musik und Gesang von irgendwoher. Jetzt hörte ich es auch, es klang festlich, doch sehr weit weg. Jan ging voraus, als wüsste er mit einem Mal, wohin er wollte. An der Stirnseite eines Hafenschuppens vor einem hohen, sehr breiten Tor mit einem schmalen Fenster in Brusthöhe blieb er stehen und pochte drei Mal. Wir warteten. Er wiederholte das Klopfen.

Schließlich kam jemand an das verschlossene Doppeltor und fragte durch die Ritze: *»Who is it?«*

»Jan, the bosun«, antwortete unser Bootsmann.

Das Holztor öffnete sich quietschend einen Spalt weit. *»Come in, bosun«*, sagte der Mann und auf mich zeigend: *»Who is him?«*

»A friend of mine from my boat.« Wir schlüpften hinein. Hinter einer dunklen Plane, die vom Boden bis zur Decke reichte und damit ein unbenutztes Fleckchen von der Lagerhalle abteilte, saßen vier schwarze Männer im Halbkreis. Wir hockten uns auf Bretter am Rande. Die Fünf probten für den Silvester-Auftritt ihrer Kirchengemeinde, wie Jan mir zuraunte. Sie sangen zweistimmig – Gospels und Spirituals, wie ich es nie zuvor gehört und nie wieder hören sollte; sie begleiteten sich mit Klarinette, Schlagzeug und Bass, schienen ihre beiden Besucher längst nicht mehr wahrzunehmen, verloren sich in heiligen Tönen und frommen Texten. Für mich war der nächtliche Übungsabend der Männer in den Docks von New Orleans das schönste Weihnachtsgeschenk überhaupt. Als wir uns vor dem Tor von ihnen trennten, war es früher Morgen geworden. Ein paar Stunden später würden hier Gabelstapler mit Kisten, Paletten und Säcken umherfahren. Jan Przybylak und die Musiker kann-

ten sich seit Jahren, sie hatten sich zufällig kennengelernt. Immer wenn er in New Orleans anhielt, hörte er sich seither nach diesen fünf Männern um. Zwei von ihnen verdienten ihren Lebensunterhalt als Hafenarbeiter, einer als Mechaniker, einer als Maurer und der fünfte als Briefträger. Probten sie hier im Schuppen ihre Gospels und Spirituals, durfte er ihnen zuhören. Die Männer mochten den kleinen Bootsmann, den wir Kadetten als große seemännische Autorität achteten und wegen seiner Bescheidenheit verehrten. Und der Seefahrer Jan mochte diese fünf Männer und ihren Gesang. *»Weil ich ihrer Seele zuhören darf«*, sagte er einmal. Wie benommen liefen wir zurück auf die GOLDENFELS. Diese Nacht knüpfte ein Band zwischen dem alten und dem jungen Seemann, das nie zerriss.

Jan hatte als Fünfzigjähriger noch eine Tochter bekommen, sein einziges Kind war jetzt fünf. Bei einem Bier auf See hatte er mir die zwei Gründe genannt, weshalb seine Wahl auf den Namen Astrid gefallen war. Zum einen habe Astrid etwas mit Astra zu tun, mit Sternen. Und die Sterne, die ihn während seiner Seefahrtzeit begleitet hätten, sollten sich im Namen seiner kleinen Tochter wiederfinden. Zum anderen: Ende der Vierziger war Deutschland ein Land ohne Schiffe gewesen. Entweder lagen sie ausgebombt an Kais in den Häfen oder sie waren von den Siegermächten requiriert worden. Jan mochte nicht auf bessere Tage warten, fasste sich ein Herz und fuhr mit dem Rad von Bremen nach Holland, sah sich erst in Rotterdam nach Arbeit um, dann im belgischen Antwerpen, doch ohne jeden Erfolg. Er radelte sogar bis nach Brest an der Atlantikküste, wo ihm ein französischer Fischdampferkapitän eine Anstellung bot, doch hier lehnte Jan ab. Fischerei wollte er nicht, er wollte weite Seereisen, neue Länder, das ruhelose Meer, den hohen Himmel und das unvergleichliche Licht. Endlich, schon wieder auf dem Weg zurück nach Bremen, fand er in der belgischen Provinz Flandern, in Brügge, sein Seemannsglück. In einer Hafenkneipe sprach ihn ein niederländischer Kapitän an, der mit seinem Schiff nicht in See stechen durfte, weil ihm ein Mann für die Besatzung fehlte. Vorurteile gegenüber dem jungen Deutschen zeigte der Niederländer nicht, er vertraute Jans Seefahrtbuch, das seine bisherigen Fahrenszeiten dokumentierte, und seiner Menschenkenntnis. Jan bekam die Arbeit und blieb dreißig Monate an Bord. Sein Schiff hieß ASTRID.

Führung

Einige Monate später. Kapitän Otto Mendel war an der amerikanischen Ost- und der Golfküste ein angesehener Mann, der gern besucht wurde, sobald er dort anlandete. Hier in New Orleans, ganz im Süden der Vereinigten Staaten, war das nicht anders. See- und Hafenlotsen kamen vorbei, Schiffs- und Versicherungsagenten, Konsulatsbeamte, Schiffsmakler, manchmal auch Kapitäne anderer Schiffe. Jeder besuchte ihn gern, brachte Zeit mit; ein Bordbesuch bot immer eine willkommene Abwechslung und war zugleich eine gute Gelegenheit, seine Geschichten anzuhören. Davon gab es genug, und der alte Seemann war ein guter Erzähler. Auch wir hörten ihm gern zu, wenn er etwa die Geschichte vom Matrosenaufstand in Singapur erzählte oder die von der Strandung seines Öltankers vor dem Kap der Guten Hoffnung, als er noch Matrose war.

Der Schiffsbauch war gut gefüllt: mit Baumwollballen, Kupferplatten und Stahlrollen für Marseille sowie mit amerikanischen Luxuslimousinen und Textilien für Ägypten und Häfen am Roten Meer. Schiffsmakler Rogers hatte gute Arbeit geleistet und reichlich Fracht akquiriert. Zwei Tage bevor wir die Jazz-Metropole verließen und uns auf einen langen Seetörn samt Atlantiküberquerung vorbereiteten, schlug Rogers dem Alten noch ein privates Geschäft vor. Er wolle dreiundsechzig Zigarettenkartons von jeweils einem Kubikmeter Volumen nach Marseille verschiffen lassen; alle Konnossemente und Papiere für den Zoll seien in Ordnung. Konnossemente sind traditionelle Seefrachtpapiere, mit denen sich der rechtmäßige Wareneigentümer ausweist und sich die Waren aushändigen lassen darf. Der französische Importeur würde die Kartons direkt vom Schiff entgegennehmen. Alles ginge seinen vorschriftsmäßigen Gang, nur dass er als Privatmann eben der Auftraggeber sei. So könne man einen Zwischenhändler ausschalten, sagte Rogers, die Seefracht halbieren und miteinander teilen. Der Kapitän wollte sich nicht festlegen, bevor er nicht mit seinen Offizieren gesprochen hatte. Als er diesen davon erzählte, klärte er sie über die sogenannte Führung auf, eine altbewährte Geschäftspraxis, wie sie früher gang und gäbe gewesen sei. Damals durften Kapitäne und auch andere Besatzungsmitglieder auf eigene Verantwortung und auf eigene Rechnung Waren in ihrem Schiff »mitführen« und hatten damit respektable Nebeneinkünfte erzielt. Diese Gepflogenheit sei beendet worden, als sich das Arbeitsverhältnis zwischen Reedern und Seeleuten grundsätzlich verändert hatte. Kapitän Mendel und seine Offiziere verständigten sich darauf, dem Geschäft zuzustimmen und den Erlös durch vier zu teilen. Am nächsten Morgen ließ Mister Rogers die dreiundsechzig Kartons anliefern. Was die Führung den vier Beteiligten letztlich einbrachte, haben wir nie herausbekommen, auch ein sichtlich vergnügter Zweiter Steuermann bewahrte Stillschweigen.

Stunden später warfen wir die Leinen los und dampften von New Orleans gen Osten, Richtung Europa. Als wir den Golf von Mexiko schließlich verlassen hatten, wählte der Alte die südliche Transatlantikroute, die schon Kolumbus während seiner ersten Überfahrt von Spanien nach Amerika genommen hatte. Hier versprach das Wetter eher ruhiger zu werden, als wir das auf der Hinreise weiter oben im Norden gerade erst bitter erfahren hatten. Und wieder lagen dreitausendachthundert Seemeilen vor uns. Tage und Nächte glichen wieder eineiigen Zwillingen, wir verfielen ins routinierte Einerlei, die Stunden flossen zäh dahin wie kalter Sirup.

Als die Bahamas weit hinter uns in der Hecksee verschwunden waren und sich vor uns die langen Atlantiktage auftürmten, überraschte uns der Alte mit einer Idee, die Kurzweil versprach: Wer Lust hätte, könne nach dem Abendessen zur Lesestunde in den Salon kommen, von sieben bis neun Uhr, so seine Anregung, sollten fremde oder eigene Texte vorgelesen oder Geschichten erzählt werden, jeder wie und was er wollte, Vorschläge seien willkommen. Er selbst kündigte einen Beitrag aus dem Alten Testament an, abwechselnd mit Walli wolle er aus dem Buch Hiob lesen. Gleich hinter den Bahamas setzte er die erste Lesestunde an. Am ersten Abend kamen zehn Männer nach Mittschiffs, die sich die tragische Geschichte um Hiob anhören wollten.

Am zweiten Tag interessierte sich schon die Hälfte der Crew für die Lesung im Kapitänssalon, Hiobs Schicksal musste sich rumgesprochen haben. Es kamen fast alle, die für den laufenden Wachbetrieb nicht gebraucht wurden.

Als der Alte Tage später seinen Hiob beendet hatte, stellte uns der Zweite Steuermann Goethes Fabel »Reineke Fuchs« vor. Und während der schäumende Steven ruhig durch dunkles Atlantikwasser zog und unser Schiff weich von einer Seite auf die andere rollte, hockten wir auf dem Holzboden oder schmiegten uns in die Sessel; wir genossen das feine Leder des Salonsofas, rauchten, tranken kühles Bier und amüsierten uns über Reineke, den Fuchs, und seinen Widersacher, den Wolf Isegrim. Auch eigene Geschichten wurden zum Besten gegeben. Tief beeindruckt waren wir zum Beispiel von der, die uns Bootsmann Jan erzählte. Als sie vor Jahren passierte, habe die Story in allen Zeitungen gestanden. Jan hatte sie mit besonderem Interesse verfolgt, denn er war mit dem Franzosen Henri Bertrand dann doch notgedrungen auf ausländischen Fischdampfern zur See gefahren, bis sich die beiden aus den Augen verloren hatten. Für uns war die Geschichte neu: Dreiundvierzig Jahre lang war Fischdampferkapitän Henri Bertrand für seinen Reeder in der brutalen Hochseefischerei Monat um Monat und Jahr um Jahr auf Fangfahrt gegangen, hatte oben im Nordatlantik, der gefährlichsten aller Ozeanregionen, Gesundheit und Leben eingesetzt. Hatte, um durchzuhalten, auf nächtlichen Fangreisen in den fischreichen Gewässern um Grönland, Spitzbergen und der Barentssee, aufputschende Tabletten eingeworfen, stangenweise Zigarettenteer in seine Lunge gezogen und literweise bitteren schwarzen Kaffee mit süßem Rum getrunken. *»Eine Tour dauerte mit Hin- und Rückreise jeweils drei Wochen. Während des siebentägigen Fangs hatte Henri Tag und Nacht nonstop durchgearbeitet, um schließlich bis zu fünfhundert Tonnen Fisch in seinen Kühlkammern zu lagern«*, erzählte Jan, der sich in der für ihn eigentlich unüblichen Rolle des Erzählers ganz wohl zu fühlen schien. Henris Gesicht sei fahl und neblig geworden, der Mund eingefallen, der Glanz der Augen erloschen, die Haut großporig, der schwarze Haarschopf licht und dünn. Permanenter Schlafmangel, Alkohol und ein Unfall, bei dem er drei Finger verloren hatte, hatten seine Kraftreserven aufgezehrt. Henri peinigte das Gefühl, zeitlebens von seinem Reeder, für den er sich gequält und aufgerieben hatte, nur ausgebeutet worden zu sein und erhoffte sich, bevor er nach all den dreckigen Jahren in Rente gehen sollte, jedenfalls ein kleines bisschen Anerkennung und ein Dankeschön. Doch der Reeder machte keinerlei Anstalten, seinem Capitaine zum Abschied auch nur die kleinste Belohnung zukommen zu lassen. Voller Zorn entschied Henri, seinen Abschied vom Meer selbst in die Hand zu nehmen. Für seine letzte Reise wünschte er sich einen Schlussakkord, der nicht im stinkenden Fischereihafen von Brest enden sollte, sondern in Nizza. Nizza musste es schon sein, der Mittelmeerhafen, wo die Reichen und die Schönen seiner Meinung nach ihr honigsüßes Leben lebten. Für ein paar Tage nur wollte auch er hier mit langbeinigen Blondinen glücklich sein und all seine Sehnsüchte stillen. Seine Fantasien hatten Henri vollständig aus der Verankerung eines verantwortlichen Schiffsführers gerissen, die Interessen seines Reeders waren ihm gleichgültig geworden, jetzt war er an der Reihe. Die gefangenen Fische verscherbelte er unterwegs, steckte den Gewinn in die eigene Tasche und steuerte seinen Dampfer, die REGINE, mit zwanzig Mann Besatzung Richtung Nizza, an die Côte d' Azur. Nicht tausend Mal durchgeschütteltes warmes Bier aus der Flasche, sondern eisgekühlten Champagner aus geschliffenen Gläsern wollte er saufen!

»Das waren Henris Sehnsüchte«, erzählte Bootsmann Jan voller Empathie. Die halbe Schifffahrtswelt habe damals von Henris Ausreißer gehört. Weil sein Kutter den Fang in Brest nicht pünktlich

abgeliefert hatte, wähnte man ihn und seine Männer in akuter Seenot, vielleicht sogar als verschollen. Die Küstenfunkstellen Nordeuropas wurden alarmiert und alle Schiffe aufgefordert, nach der REGINE Ausguck zu halten, längst verbreiteten auch Radiosender die Meldung. Schließlich fiel dem jungen Hafenmeister von Nizza die schnöde Aufgabe zu, Henris Aufenthaltsort an die Behörden zu verraten. Ohnehin war die rostbraune REGINE neben den schnittigen, weißen Jachten in dem mondänen Mittelmeerhafen aufgefallen; ein Dreckspatz unter weißen Schwänen.

Als Henris Geschichte bekannt wurde und die Zeitungen mit großen Fotos darüber berichteten, zeigte alle Welt Verständnis für die Sehnsüchte des Seemanns und wünschte ihm ein Happy End. Doch bei seinem Arbeitgeber konnte er mit keinerlei Verständnis, geschweige denn Entgegenkommen rechnen. Der zeigte sich von seinem Kapitän zutiefst enttäuscht und nahm dessen Entschuldigung nicht an. Kein Wort des Verständnisses war aus dem Kaufmannsmund zu hören.

»Ein Gericht verurteilte ihn im Namen des französischen Volkes zur Wiedergutmachung des entstandenen Schadens, der alte Seemann musste alle aufgelaufenen Kosten in Franc und Centime bezahlen«, beendete Jan seine Geschichte. Mit ihrem Spruch hätten die Richter am Ende seiner Laufbahn auch über Henris wirtschaftlichen Bankrott entschieden. Ihm selbst blieben nur ein paar Fotos aus französischen Zeitungen, die einen tapfer lächelnden Seemann zeigten, und Magazine, in denen die Redakteure ihn moralisch stärkten und trösteten. Aber helfen konnten die Zeitungsleute Capitaine Henri Bertrand mit ihren Berichten auch nicht. – Wir schwiegen lange, tranken unsere Flaschen leer, drückten die Zigaretten aus und kehrten in unsere Kammern zurück.

Wenn nicht gerade vorgelesen oder erzählt wurde, vertiefte ich mich während meiner Freizeit in Heides Kafka-Romane und in die Bücher, die mir in dem hellgrünen Genua-Paket von zu Hause zugeschickt worden waren. Meistens las ich die Bücher so, dass es die anderen nicht mitbekamen – Paul war die Ausnahme und natürlich auch die Goethe- und Nietzsche-Freunde Kapitän Mendel und Dietmar Schwarz, von denen ich in dieser Beziehung immer Unterstützung erfuhr. Nur wenige Seeleute konnten mit Büchern etwas anfangen, sie passten nicht so recht in ihre Welt, sie schienen ihnen zu nichts nütze. Umso bemerkenswerter war daher der erfolgreiche Versuch Kapitän Mendels, seine Leute für die Leseabende zu interessieren.

Jeder zweite Tag – wir fuhren weiter stramm gen Osten – dauerte nur dreiundzwanzig Stunden. Nachts stellten wir unsere Uhren wieder vor, weil wir zur ortsüblichen Europazeit ankommen mussten. Nur das Chronometer, die Präzisionsuhr für die astronomische Navigation, blieb unangetastet, sie zeigte dauernd die genaue Greenwich-Zeit an. Ursprünglich sollten wir jetzt Kurs auf Bremen nehmen und in den Norden zurückkehren, doch die Reederei hatte anders entschieden: Wieder hieß unser Ziel Indien. Bevor wir jetzt ins Mittelmeer eintauchten, wühlte uns eine Nachricht auf, die über uns niederging wie eine kalte Regenwand.

Kajütsteward Jens Petersen hatte nach dem Abendessen gerade mit unserem Funkoffizier geplaudert, nachdem dieser routinemäßig einen Funkspruch von Norddeich Radio aufgefangen hatte. *»Der Alte wird in Marseille abgelöst, die Reederei hat das gerade bestätigt«*, sagte Petersen. Er hätte diese Nachricht eigentlich nur an den Kapitän weitergeben dürfen, sie musste ihn aber zu sehr bewegt haben. *»Und wer ist der Neue?«*, hatte Petersen noch schnell hinterhergeschickt. Da die Botschaft nun schon mal in der Welt war, gab der Funker auch noch den Namen des Neuen preis. *»Fritz Wiedau.«*

Altgediente HANSA-Fahrer kannten Kapitän Wiedau – ihm eilte ein jämmerlicher Ruf voraus. Er hatte bei uns schon verloren, bevor er den ersten Schritt an Deck gesetzt hatte. Den Wechsel in der Schiffsführung hatte Kapitän Mendel erst unmittelbar vor Marseille bekannt geben wollen, weil er wohl schon ahnte, dass der Name seines Nachfolgers ein Beben auslösen würde. Als später Gibraltars Affenfelsen an Spaniens Südspitze in Sicht kam, fand der Alte eine Kündigungsliste mit achtzehn Namen vor. Ein Drittel der Besatzung floh vor seinem Nachfolger, darunter der Erste Offi-

Fort Saint-Jean in Marseille, Frankreich

zier, der Funkoffizier, Kajütsteward Petersen, Bootsmann Jan, mein Matrosenvorbild Walli Meyer, sechs Stewards und Männer aus der Maschine, auch der Chefkoch war dabei. Die Kündigungen leitete der Alte an die Reederei weiter. Naiv und unerfahren wie ich war, blieb ich an Bord. Ich kannte den Neuen nicht und würde schon mit ihm zurechtkommen. Ich sollte mich noch furchtbar irren.

Marseille blickte heiter auf seine einlaufenden Gäste hinunter, eine helle und auf mich optimistisch wirkende Stadt. Die Ansteuerung des Mittelmeerhafens war einfach, wenn uns auch der heftige Mistral von der Kurslinie drücken wollte. Der Kapitän entschied sich für die Nordeinfahrt, ein parallel zur Küste verlaufender Wellenbrecher schützte die Hafenanlagen vor Überraschungen. Mit Hilfe eines Schleppers legten wir im Alten Hafen an, beobachtet vom Bergfried der Festung Saint-Jean. Der Kapitän wickelte die Führung ab und ließ die Zigarettenpakete an die rechtmäßigen Eigentümer aushändigen. Damit war das Geschäft abgeschlossen. Er und seine Nautiker hatten auf eigene Verantwortung und auf eigene Rechnung Ladung mitgeführt und sich damit nicht mehr übliche Nebeneinkünfte verschafft. Als der Alte jetzt auf die Gangway zuging und seine ersten Schritte in den bevorstehenden Urlaub machen wollte, stand seine Besatzung in lockerer Reihe am Hauptdeck und stoppte seinen Schritt. Mit einem dreifachen Hipp-Hipp-Hurra dankte sie ihm für seine tolerante Art,

Schiff und Männer geführt zu haben. Ein Salut wie dieser war selten wie ein Regenschauer in der Wüste. Zimmermann Onno hatte die Sympathiebekundung organisiert und das Hurra angestimmt. Ihm machte das Leben wieder Spaß, mit der Ankunft in Marseille waren er und auch Jimi und Mehlzack wieder schuldenfrei geworden. Auch ich hatte meine vierzig Mark von Onno zurückbekommen. In drei Monaten würde der Stammkapitän auf seine Goldenfels zurückkehren.

Jimis Rache

Tage nach Mendels Abgang verließen wir die alte Mittelmeerstadt an der Löwenbucht mit so unterschiedlicher Ladung wie Lastwagen, Maschinen, Zement, Stahlplatten, Chemikalien und einem Zollboot für Colombo. Die Goldenfels tauchte bis zur Sommerfreibordmarke ein, die an beiden Schiffsseiten auf halber Schiffslänge angekörnt, markiert und aufgemalt war. Keine Tonne zusätzlich hätte hier in Marseille noch an Bord gehen dürfen, wenn wir uns durch zu schwere Fracht nicht selbst in Gefahr bringen wollten. Wir zogen durchs Rote Meer, passierten die Straße der Tränen, bekamen schließlich die Wasser des gewaltigen Indischen Ozeans unter den Kiel und nahmen erneut Kurs auf Ceylons Hauptstadt Colombo, das wir vor etwa zehn Wochen gerade erst besucht hatten.

Erneut bildeten wir eine auf unbestimmte Zeit zusammengewürfelte Männertruppe. Charakterlich, menschlich und moralisch waren wir so grundverschieden wie unsere Fingerabdrücke. Die Reedereiinspektoren in Bremen steckten uns wieder zusammen, wie es gerade kam: Wer einsatzbereit aus dem Urlaub zurückkehrte oder neu zur Reederei stieß, besetzte die frei gewordene Position – ob wir zueinander passten oder nicht, interessierte sie nicht. Entweder rauften wir uns im Laufe der Reise in einem ständigen Gärungsprozess zusammen oder das fragile System musste irgendwann explodieren. Der persönliche Führungsstil des ersten Mannes an Bord prägte das Zusammenleben entscheidend, von seiner Haltung und Gesinnung hingen Wohl und Wehe einer Reise ab; der Kapitän bestimmte die Richtlinien in allen Bereichen. Unsere veränderte Mannschaft richtete sich jetzt völlig neu aus und folgte Kapitän Wiedau wie die Wolken dem Wind, ganz nach dem spanischen Sprichwort: Nach einem Jahr gleicht der Hund seinem Herrn. Wir spürten die aufkommende Gleichgültigkeit schon nach wenigen Tagen und passten uns dem umgehend an.

Als Mittelmeer und Suezkanal hinter uns lagen, mussten wir fünf aufeinanderfolgende Geburtstage durchstehen. Weil die Partys nicht in ein einziges Fünf-Tage-Gelage ausarten sollten, legten wir alle Jubiläen auf den Freitag und mixten harte Kreationen mit Rum und Whisky sowie Wodka und Gin und gaben ihnen inhaltsschwere Namen wie Schwergutcocktail und Matrosentod. Promillekanonen, die einige auch noch mit Bier verdünnten. Trotz gegenteiliger Absprache feierten wir die ganze Woche durch, Kommandobrücke und Maschinenraum waren fünf Tage mit betrunkenen Männern besetzt, ausnahmslos in schwerer Schräglage. Die disziplinierten Zeiten unter Kapitän Mendel waren endgültig vorbei. Sein Nachfolger Fritz Wiedau reagierte auf keine der Orgien, er blieb so gut wie unsichtbar, wir bemerkten ihn kaum.

Nachdem wir uns auf die offensichtliche Gleichgültigkeit von Kapitän Wiedau eingependelt hatten, galt unser unmittelbares Interesse zwei neuen Männern in ebenfalls wichtigen Positionen: dem Chefkoch und dem Bootsmann. Unser Koch Willem Heddergott hatte bis dahin an Land gearbeitet und vor Monaten im südafrikanischen Sterne-Hotel Edward in Durban den Dank eines Gastes für ein besonders gelungenes Menü an einem Restauranttisch entgegengenommen. Der Besucher war Reedereiinspektor und hatte dem geschmeichelten Heddergott erklärt, dass sein Unternehmen immer an guten Mitarbeitern interessiert sei; falls er mal Gefallen an einer Seereise finden sollte, könne er sich an ihn wenden, er würde die Verbindung gern herstellen. Willem Heddergott hatte tatsächlich schon einmal über einen radikalen Standortwechsel nachgedacht, um sich *»seine Sehnsucht nach weiter Ferne«* zu erfüllen. Der Reedereiinspektor hatte seine schwache Stelle getroffen. Nur für ein Jahr wolle er zur See fahren, vertraute uns der dreißigjährige Amsterdamer an, und danach das Angebot eines guten Hotels im bayerischen Würzburg annehmen, als Partner und Chef de Cuisine. Willem Heddergott war ein flinker Mann mit rotblondem Haar und fein ausrasiertem Menjoubärtchen. Weil er klein war, baute der Zimmermann ihm rund um den Herd eine Plattform auf, damit er Töpfe und Pfannen einsehen konnte. Die tagesfrische Kochjacke mit den roten Knöpfen war so weiß wie die turmhohe Kochmütze; sie machte ihn größer. Sobald wir ihn an der Kombüsen-Klöntür, einer waagerecht in der Mitte geteilten Tür, die unten geschlossen blieb und oben geöffnet werden konnte, mit Fragen nach seinen Kreationen von morgen behelligten, verwies uns der Göttliche – so hatten wir ihn getauft – an seine Kochsmaaten, mit denen er die Menüfolgen festlegte. *»Wir wollen euch überraschen«*, war die häufigste Antwort. Wenn jedoch bereits feststand, was es am nächsten Tag geben würde, las ein Kochsmaat uns die Speisekarte vor. Jeden Tag ließ Willem sie für alle Messen neu anfertigen, nicht nur für die im Salon speisende Schiffsführung. Seine Kompositionen am Herd verglich der Maestro gern mit denen aus der Musik, die er abends vom Tonband hörte. »Figaros Hochzeit«, »Der Fliegende Holländer« und »Zar und Zimmermann« waren seine Lieblingsopern, bestimmte Motive daraus wolle er demnächst kulinarisch umsetzen. Aus Kunst und Literatur übernahm er auch bestimmte Begriffe. Hinter ›Der Widerspenstigen Zähmung‹ versteckte er Kohlrouladen, im ›Wildschütz à la Neptun‹ ließ er Reh- und Hirschgerichte verschwinden, das Schnitzel kam als ›Carmen‹ auf die Back. Reichte er in den Tropen frisches Speiseeis, stand in der Menüvorschau ›Winterreise‹ oder ›Titanic-Becher‹. Auch dieser Koch machte, wie schon sein Vorgänger Hans Knapp, seinem Namen alle Ehre: Heddergott kochte wie ein Gott, wir liebten ihn dafür! Wenn Willem seine Überzeugung kundtat, wonach ein

Koch gerade an Bord so wichtig sei *»wie der Torwart beim Fußball«*, und dieses mit einem ernsten Kopfnicken bekräftigte, stimmten wir ihm vorbehaltlos zu. Das Würzen und Abschmecken nannte er Ouvertüre, er müsse die Speisen zum Klingen bringen wie ein Musiker sein Instrument. Willem dirigierte die Kombüse wie ein Kapellmeister sein Orchester. Reparierten die schwerstarbeitenden Reiniger und Öler gerade einen Abgasturbolader oder plagten sich die Matrosen mit stählernen Schwergutmatten und bleischweren Taljen herum, sodass ihnen auch nach dem Essen noch immer der Magen knurrte, hielt Willem sanft dagegen: *»Richtiges Essen kann man lernen wie eine neue Sprache«* und ließ natürlich ihre Teller nachfüllen. Er zwinkerte uns listig zu, wenn er uns beibringen wollte, Essen auch als Lebensart zu entdecken, und versuchte uns in Gourmets umzuschulen. Er blieb zuversichtlich, dass ihm das gelingen würde, jedenfalls solange ich an Bord war.

Der neue Bootsmann hingegen, der in Marseille die Gangway zu uns hochgestiegen war, war ein Schläger. *»Pech gehabt«*, sagten die Männer, die ihn von früheren Reisen her kannten. Ihre Bemerkung galt einem kleinen Gernegroß mit Knödelstimme. Wenn er erregt war, hüpfte sein ausgeprägter Kehlkopf auf und ab wie der Ball auf einem Wasserspiel. Weil er sich hinter einem Besenstil verstecken konnte, nannten wir ihn Schmal. Ein Mann, der überraschend hart zuschlagen konnte. Es lag ihm daran, die Schwächen anderer aufzudecken und sie vor versammelter Mannschaft bloßzustellen. *»Schadenfreude gehört zu seinem Naturell wie das Gift zur Schlange«*, fasste es einer zusammen, der früher mal mit ihm gefahren war. Schmal brachte einen Matrosen mit, Petter Bettermann, einen grauen Rheinländer mit faulen Zähnen, Mundgeruch und einer dicken Beule auf der Stirn. Ich war vom neuen Bootsmann dazu eingeteilt, mit Jimi und Paul an Deck einen Renner auszutauschen, ein zu einem Ladebaum gehörendes brüchiges Drahtseil, das uns die Hände blutig riss. Als ich meine Idee einbrachte, wie dieser Auftrag am schnellsten und mit dem geringsten Aufwand zu erledigen sei, rammte mir Schmal seinen Ellbogen in den Solar Plexus.

»Nix hast du zu sagen!«, brüllte er. *»Ich sag hier, was los ist, sonst keiner!«*

Ich schrie auf, krümmte mich und drehte mich zur Seite weg.

Reflexartig schoss Jimi auf Schmal zu und umklammerte dessen Hals mit beiden Pranken: *»Bei nächster Gelegenheit dreh ich hier an deinem Kehlköpfchen rum, so richtig feste, damit du Bescheid weißt.«* Jimi presste das gefährlich gefasst hervor und stieß Schmal mit Wucht von sich. Der taumelte zurück, hielt sich gerade noch am Mastfuß fest und verließ mit eingezogenem Kopf die Szene.

Auch Paul war schon vom Bootsmann schikaniert worden. Weil er den Ankerkettenkasten angeblich nicht gründlich genug von Schlamm und Rost befreit hatte, hatte der ihn völlig überraschend mit einem Donnerschlag auf die Brust bestraft. Paul aber wehrte sich sofort, schlug Schmal die Beine weg, stellte sich drohend über ihn und sagte nur: *»Na! Noch was?«* Erst Tage nach dem Hieb konnte Paul wieder tief durchatmen, auf dem Brustbein schwoll ein dunkelblauer Fleck.

Mit Mehlzack war Schmal ebenfalls kollidiert, weil der dessen Mungo nicht ausstehen konnte.

An einem ruhigen Seetag mussten Mehlzack, Paul und ich den rot-weiß-roten Schornstein mit dem schwarzen Kreuz der Bremer HANSA frisch anstreichen. Wir brachten eine Stellage an, ein Gerüst, und entrosteten zuerst einzelne Stellen des hoch aufragenden Schornsteins, sechs Meter über dem Bootsdeck. Als Schmal die Arbeiten kontrollieren wollte und unter uns stand, schrie einer von uns oben: *»Wahrschau, Bootsmann!«* und ein kiloschwerer Stahlschäkel rauschte in diesem Moment nur Zentimeter an Schmals Schädel vorbei, schlug vor seinen Füßen auf dem Holzdeck ein und hinterließ eine tiefe Kerbe. »Wahrschau« ist unter Seeleuten ein Warnruf. Mit diesem herabgefallenen Schäkel verwarnten wir da oben auf der Stellage den Bootsmann ein letztes Mal. Als er abzog, tanzte sein Kehlkopf auf und ab. Doch verstanden hatte er nichts, wie wir bald feststellen mussten. Er schikanierte uns weiter, bezichtigte uns der Faulheit und versuchte einen gegen den anderen auszuspielen.

Schornsteinmarke der Reederei DDG HANSA, 1957

Wir arbeiteten schwer; tauschten die Leitblöcke an Ladebäumen gegen neue aus, fetteten das Lümmellager des Schwergutbaums und die Hanger- und Lastblöcke, rieben dicke Stahldrähte mit schwarzem Spezialfett ein und schmierten Blöcke und Taljen. Eine böse Plackerei, denn das Schiff lag nicht idyllisch ruhig im Hafen, sondern schaukelte in grober See, wir mussten immer wieder Halt suchen. Unsere Schufterei ging Schmal aber nicht schnell genug. Er trieb uns zur Eile und pöbelte mit Jimi, ausgerechnet mit Jimi, nur weil der für seine Gruppe einen dritten Mann angefordert hatte. Schmal unterstellte ihm, weil er onaniert habe, zu schwach auf den Beinen zu sein. *»Sonst kriegst du das doch immer zu zweit hin«*, bölkte er und nannte unseren besten Mann einen Wichser. Das war die übelste Kränkung überhaupt. Jimis Augen verengten sich zu Schlitzen, er legte den schweren Hammer aus der Hand, richtete sich auf, drückte sein massiges Kreuz durch und starrte den Feind an wie ein Tier sein nächstes Opfer. Jimis Körpersprache signalisierte: Den Krieg kannst du haben!

Tags darauf nahm Jimi Rache. Als Schmal mit einer Taschenlampe gewappnet in einen stockdunklen Doppelbodentank hinabgestiegen war, um zu kontrollieren, ob er gereinigt werden müsse, forderte Jimi Paul und mich mit einer kurzen Kopfbewegung auf, den schweren Mannlochdeckel mit anzupacken und die Tanköffnung, hinter der der Feind gerade verschwunden war, wasserdicht zu verschrauben. Schmal saß in der Falle. Wir nickten uns zufrieden zu und gingen in die Messe, wo es Kaffee und frischen Butterkuchen gab. Es war Donnerstag, Seemannssonntag! Nach Schmal erkundigte sich niemand, nicht einmal Bettermann, sein Spießgeselle mit den faulen Zähnen. Bis Colombo waren es noch drei Tage. Zwölf Stunden bevor wir einliefen, schraubten wir den Tankdeckel wieder ab, der Eingeschlossene entstieg seinem Kerker mit Todesangst in den weit aufgerissenen Augen – siebzig Stunden hatte er dort ausharren müssen. Wir waren zwar ein mörderisches Risiko eingegangen, denn der Alte hätte ohne unser Wissen den Doppelbodentank mit Brennstoff oder Ballastwasser fluten lassen können, doch wir hatten unser Ziel erreicht: Schmal war ein anderer geworden, er quälte uns nicht mehr.

Zu den in Marseille zugestiegenen Männern gehörte auch ein Original: Heinzi, ein vergrämter, schwarz-humoriger Einzelgänger, ein vom Alkohol vergifteter alter Matrose jenseits der fünfzig. Alle waren beruflich an ihm vorbeigezogen. Die vorgesetzten Offiziere fertigte er sarkastisch ab, sobald sich diese halb so alten Männer trauten, ihm etwas zu befehlen. *»Schlaumeierlein mit dünnen Ärmchen«*, feindete er, oder *»mach's selber, Bübchen«* und rührte keine Hand. Heinzi duzte jeden, auch Wiedau, den Alten. Bis auf die grauen Schläfen und ein paar Seitenhaare war der braune Schädel mit den Henkelohren kahl. Die zusammengepressten Lippen waren dünn wie ein Messerrücken, die Mundwinkel zeigten gen Süden und verliefen im Stoppelbart, seine Nase bog sich wie der Seeadlerschnabel von Joachim Ringelnatz. In dessen Seemannsgestalt Kuttel Daddeldu glaubte Heinzi sich wiederzuerkennen und sobald es passte, zitierte er aus dem Gedicht »Kuttel Daddeldu und die Kinder« und wurde dabei ganz rührselig, denn Heinzi selbst hatte keine Nachkommen. An Deck erschien er nie ohne seine abgegriffene Thermoskanne, in die er seine tägliche Flasche Schnaps abfüllte und zwecks Tarnung halbe-halbe mit gelber Brause vermengte. Wenn der Stoff zur Neige ging, hielt er oft Zwiesprache mit Kuttel Daddeldu, der wie er die Seefahrt und das Hochprozentige liebte. Wollten wir mit Heinzi ins Gespräch kommen, baten wir ihn um einen Schluck Brauseschnaps, den er uns im Thermoskannenbecher immer gern spendierte.

Neben Walli habe ich keinen Mann kennengelernt, der über Tampen und Knoten besser Bescheid wusste als er. Er zeigte mir den Einfachen Zopfknoten, das Schmetterlingsauge und den Wahren Liebesknoten so oft, bis ich sie halbwegs selber knüpfen konnte. Er wies mich auf die Seele des Tauwerks hin – Fasern, die den innersten Hohlraum eines Seiles füllen; er erklärte mir die Unterschiede zwischen Tau und Bändsel, zwischen Schnur, Garn und Kardeel. Als junger Seemann war Heinzi noch auf einem der letzten Windjammer nach Australien gesegelt, wo Schlingen, Schlaufen und Steks zur täglichen Seemannschaft gehörten. Er war im ostpreußischen Labiau als Sohn einer Schneiderin und eines Fährmanns zur Welt gekommen, das Ostseewasser direkt neben seinem Kinderzimmer. Mit vierzehn hatte er die Schule verlassen und war aufs Kurische Haff hinausgefahren. Seit vierzig Jahren ging er nun schon auf Große Fahrt. Wenn Heinzi Urlaub machte, wohnte er immer in Bremerhaven in einem Ein-Zimmer-Apartment mit Blick auf die Außenweser. Seine einzige Verwandte, eine Tante, bekochte ihn, wusch seine Wäsche und hielt sie in Ordnung. Aus Dankbarkeit schickte er ihr eine monatliche kleine Apanage.

Von unserem neuen Kapitän Fritz Wiedau hörten und sahen wir weiterhin wenig, meistens saß er in seiner Kajüte und las veraltete Zeitschriften. Er führte uns nicht, wenn wir ihm überhaupt mal begegneten, nickten wir ihm zu, er nickte nie zurück, vermied jeden Augenkontakt. Dem Bootsmann hatte er die Schlägereien durchgehen lassen; nicht einmal angehört wurden wir, wenn wir uns bei ihm beschweren wollten. Von Schmal im Doppelbodentank hatte er angeblich auch nichts mitbekommen. *»Dem Reinen ist alles rein«*, hatte er Heinzi einmal wissen lassen und sybillinisch hinzugefügt: *»Dem Bösen ist alles bös.«* Was sollte das? Wir verstanden ihn nicht und schon bald wurde auch er Luft für uns wie wir für ihn. Wir redeten oft von Kapitän Mendel.

Hans-Karl, unser neuer Erster Offizier aus Elsfleth in der Wesermarsch, war ein nervöser Mann, einer, dessen Kopf stets höchst bedenklich wackelte, als hätten Halsmuskeln und Sehnen ihre Spannkraft verloren, als müsse er ihn ständig neu justieren. Die Arme baumelten ihm am Körper herunter wie lose Taue. Hans-Karl wirkte zerstreut, wenn er uns während der Morgenwache seine eher seltenen Anweisungen gab. Sie hatten ihm den halben Magen wegoperiert, er aber schob kein gefülltes Glas beiseite, obwohl er Whisky auf Eis schon lange nicht mehr vertrug. Doch dem zu entsagen, schaffte er selten genug. Wenn er einen Zechkumpanen brauchte, holte er sich bisweilen Heinzi an die Seite, dabei spielte es keine Rolle, ob der gerade dabei war, verwitterte Teakholztüren abzuziehen oder neu zu lackieren. Der Erste suchte schließlich einen Trinkgenossen, und das ging für beide selbstverständlich vor. Zu den wichtigsten Aufgaben eines Ersten Offiziers gehörte es eigentlich, die Decksarbeiten zu überwachen und das Schiff in Schuss zu halten, Hans-Karl aber überließ diese Angelegenheit kampflos seinem Bootsmann Schmal.

Nach der langen Seereise konnten wir nur schlecht einschätzen, wie wir auf Fremde wirkten. Wir trugen Schlotterjeans und T-Shirts, uns schmerzten abgearbeitete Hände und ermattete Körper; zottelige Haare und wuchernde Bärte prägten unser Äußeres, wir waren über alle Maßen erschöpft. Ich fühlte mich seemüde und ausgebrannt und hatte trotz des guten Essens, das Willem Heddergott uns Tag für Tag auf den Tisch brachte, sieben Kilo abgenommen. In Colombo ruhten sich noch vier weitere Schiffe unserer Reederei aus, von denen die Swansea, ein ziemlich heruntergekommener Dampfer, direkt hinter uns lag. Ihre neunzehn Männer hatten sich durch stickig-drückende Monsunmonate im Bengalischen und durch Glutwochen im Persischen Golf gequält, ganz ohne Klimaanlage. Sie kreuzten zwischen diesen beiden heißen Meeren ohne Aussicht auf nur einen einzigen kühlen Tag – ein hässlicheres Fahrtgebiet war kaum vorstellbar. Mit ihren siebzig Metern war die SWANSEA nicht halb so lang wie die GOLDENFELS und viele Jahre älter. Als wir unsere Kollegen auf der SWANSEA besuchten, bekam ich Mitleid mit ihnen. Sie klagten darüber, wie der Zweitaktmotor auf See nahezu ungedämmt durchs Schiff hämmerte und ihre Körper und Seelen peinigte. Sie hausten in schäbigen Kammern und lebten ohne jeden Komfort. Wir waren deshalb nicht besonders überrascht, als sie uns von zwei Matrosen berichteten, die vor Kurzem ausgerissen waren. Die Deserteure wollten um jeden Preis zurück nach Deutschland und ihr Glück als blinde Passagiere auf einem anderen der vier im Hafen liegenden HANSA-Schiffe suchen. Zurück auf der GOLDENFELS mussten auch wir umgehend nach ihnen suchen, doch sie blieben unauffindbar.

In der Nacht rissen uns mehrere Explosionen aus dem Schlaf. An der Pier gegenüber brannte ein italienischer Dampfer lichterloh, Karbid- und Ölfässer flogen in die Luft. Das Vorschiff lag schon bald halb versunken unter Wasser auf Hafenschlick, während das Achterschiff grotesk in den Himmel ragte wie der Schwanz einer gründelnden Ente.

Am nächsten Tag bestellte uns Kapitän Nevermind, wie wir ihn inzwischen nannten, in den Salon. Wir waren misstrauisch, was wollte er plötzlich von uns? Er suchte unter uns sechs Männer, die bereit waren, mit sechs Männern der SWANSEA zu tauschen und auf deren Schiff umzusteigen, um für zwei Jahre im Bengal–Schatt al-Arab-Dienst zu pendeln. Also zwischen Monsun-Indien und Glutofen-Persien! Die sechs SWANSEA-Männer wollten aber nur als geschlossene Gruppe zu uns übersteigen oder gar nicht. Wiedau machte uns das Angebot im Auftrag der Reederei, die keine neuen Leute einfliegen, sondern den billigen Weg gehen wollte. Sie köderte die Freiwilligen mit höheren Heuern und freien Tagen, die immerhin um die Hälfte höher lagen als bei uns, außerdem würden jedem Umsteiger hundertfünfzig Überstunden pro Monat garantiert. Als Erster meldete sich Schmal, der lieber als Matrose auf der SWANSEA fahren wollte, als noch länger Bootsmann auf der GOLDENFELS zu sein. Den Typ mit den faulen Zähnen würde er mitnehmen. Auch zwei unserer Leichtmatrosen gingen auf das Angebot ein. Das Geschäft scheiterte jedoch, weil zwei Wankelmütige schließlich ablehnten. Später hörten wir, dass die SWANSEA verkauft worden und nahe Kap Finisterre an Spaniens Nordwestküste mit dem britischen Frachter COMORIN kollidiert und gesunken war. Keiner hatte überlebt.

Ich nahm mir ein paar Tage frei und fuhr wieder ins Mount Lavinia-Hotel vor Colombos Toren. Am Strand las ich in Louis Bromfields Roman »Nach einem langen Tag«: ›Einsamkeit ist das herrlichste Ding der Welt, wenn man sie richtig zu verwerten versteht, man kann sich beruhigen, klar sehen, Distanz zu den anderen gewinnen. Und in der Einsamkeit sein Leid zu ertragen, erspart so viel Demütigung und Beschämung.‹

Lachendorf

Wiedersehen mit Willi

Ich hatte vergessen, wie frisch aufgebrochenes Erdreich roch und Bauernrosen auf bunten Rabatten. Die Überfülle an Blumen und tausenderlei Grün in Halmen, Sträuchern und Bäumen überwältigten meine Sinne. Die Natur hatte ihr schönstes Kleid angelegt. Als ich vor dem schmiedeeisernen Tor aus dem Taxi stieg, war ich auf die eindringliche Schönheit des Bauerngartens nicht vorbereitet und reagierte verunsichert. Ich hatte ausgeblendet, wie vielfältig und bunt das Leben an Land sein konnte und wie farblos die See doch war. Nase und Augen hatten verlernt, wie sehr sie des Duftes und der Farben bedurften. Das vereinzelt Bunte auf Schiffen waren tote Farben: Masten, Bäume und Verschanzung langweilten in taubengrau, vereinzelt betupft mit roten Rettungsringen und Feuerlöschanschlüssen. Die schwarz angemalte Monotonie des Hauptdecks wirkte auf jedermann ein, ohne dass wir uns dessen bewusst waren. Auf Schönheit achteten Reeder nicht, ihre Schiffe dienten nicht der ästhetischen Befriedigung der Seeleute, sie waren industrielle Zweckbauten. Und das Meer verhält sich nicht wie ein Künstler, der mit der Farbpalette zaubert. Das Meer blinzelt zwar in vielerlei Nuancen, seinem Wesen nach aber zeigt es sich in tintenblau und regengrau, in granitgrün und kreideweiß. Kunterbunt ist nicht seine Stärke.

Nach langem Flug freute ich mich jetzt darauf, in einen altvertrauten Lebenskreis zurückzukehren und ging davon aus, alles wieder so vorzufinden, wie ich es verlassen hatte. Auf Enttäuschungen war ich nicht vorbereitet. Vielmehr erwartete ich die wohlbekannten und teilweise neuen Gesichter meiner Familie und Freunde wiederzusehen. Ich war gespannt, worüber sie redeten, wie sie miteinander umgingen, wie sie sich bewegten und wie sie ihre Tage füllten. Vor allem aber hoffte ich darauf, wieder als einer der Ihren wahrgenommen zu werden. Ich freute mich auf den Duft von Heu und frisch geschleudertem Honig, auf den Geruch von Pferdeäpfeln und Pferdeschweiß, auf das Trommeln galoppierender Hufe auf staubigen Feldwegen und auf Don, den Irischen Setter, der wachsam um die schlanken Pferdefesseln strich. Lange nicht hatte ich die raue Rinde der Rosskastanie berührt, ewig nicht die schrundige Borke der alten Eichen ganz oben auf dem Hof. Es war an der Zeit, dass ich meine Sinne wiederbelebte; dass ich zum festen Boden unter meinen Füßen wieder Vertrauen fasste. Während meiner Abwesenheit aber war mehr passiert, als ich mir vorgestellt hatte. Vieles hatte sich verändert, stellte ich verunsichert fest.

»Wenn du in die Fremde fährst«, hatte mich mein väterlicher Freund Jakob Maurer vor meiner ersten großen Reise gewarnt, *»kehrst du als Fremder in deine Heimat zurück.«* Würde er recht behalten? Als mein »ewiger« Freund Jakob im Sterben gelegen hatte, war ich nicht in seiner Nähe. Und auch auf seiner Beerdigung war ich nicht gewesen; auch nicht, als ein Brand einen Teil unserer Scheune zerstörte; zum Klassentreffen nicht und auch nicht zum größten Aufreger der letzten Jahre, als die erste Fußballmannschaft von TuS Lachendorf in die Bezirksklasse aufgestiegen war. Nicht beim Erntedankfest, nicht beim Schützenfest, der Geburt des Nachbarkindes und auch nicht bei der Prügelei auf dem Feuerwehrball, bei der ein Nachbar ein Auge verloren hatte.

Ich war nie dabei. Immer nur weit weg! Ich fühlte mich ausgeschlossen und konnte mich an normalen Alltagsgesprächen nicht beteiligen. Hatte sich das soziale Gefüge so sehr verschoben, dass ich es nicht wiedererkannte? Wer hatte sich verlobt oder geheiratet? Günter und Gertrud hatten sich scheiden lassen, Martin war an Multipler Sklerose erkrankt. Wer außer Kuddi, der jetzt bei Volkswagen in Wolfsburg am Fließband stand und besser verdiente als viele andere, war noch weggezogen? Die Männer des Stammtisches schräg gegenüber im Tannenkrug fragten: *»Wie geht's dir? Wo kommst du her? Wie war's?«* Wenn ich antworten wollte, fielen sie mir ins Wort. *»Wann fährst du wieder los?«*, fragten sie und merkten nicht, wie sehr sie mich damit verletzten. Sie wandten sich gleich wieder der Dorfpolitik und ihren Dorfgeschichten zu, die viel unterhaltsamer zu sein versprachen, als die des Exoten, der da gerade mal wieder an ihrem Tisch Platz genommen hatte. Meine Stammtischbrüder wandten sich ab, weil meine Erlebnisse mit ihren Dorfgeschichten kollidierten. Ich fühlte mich als Fremder unter Freunden. Dabei wollte ich nur dazugehören. Aber zwei Jahre richtig weit weg gewesen zu sein, das war doch schon eine richtig lange Zeit. Jakob hatte recht behalten.

Bevor ich mein Dorf verlassen hatte, hatten mein Freund Willi Görz und ich ohne den anderen nicht gekonnt. Als Jungen lockten wir fremde Tauben mit Anis in unseren Schlag und ließen sie erst wieder frei, wenn sie sich an ihre neue Heimat gewöhnt hatten; in selbst gegrabenen Erdhöhlen überstanden wir feuchte und durchfrorene Nächte; auf dem Dorfteich Wolfers Kuhle fingen wir eine brütende Ente vom Nest weg, köpften und rupften sie, nahmen sie aus und brieten sie am Lagerfeuer; mit dem Fahrtenmesser schnitten wir ins weiche Fleisch unserer Unterarme, rieben die blutenden Wunden aneinander und schworen uns Freundschaft bis in den Tod!

Als Willi und ich jetzt unweit des Hexenbergs auf zwei Baumstümpfen hockten, wo demnächst seine Wohnung im neuen Haus seines älteren Bruders entstehen sollte, begegneten wir uns abtastend wie Fremde. Wir begrüßten uns formell per Handschlag, ohne auch nur ein Signal auszusenden, den Freund in alter Verbundenheit und nach so langer Zeit zumindest an beiden Schultern rütteln und ordentlich durchschütteln zu wollen. Wir standen nebeneinander wie erkaltete Öfen. Wir nannten uns auch nicht mehr bei unseren rückwärts gelesenen Namen Illiw Zrög und Negah Ekceed, wie wir das früher immer getan hatten, wir kamen nur schleppend ins Gespräch. Willi erzählte vom neu gegründeten Kanuverein, von seiner Verlobten, von der Bundeswehr, an die er sich langfristig gebunden hatte, und von der geplanten Urlaubsreise nach Rüdesheim. Ich kam ihm mit Manhattan und Times Square, erzählte vom Tadj Mahal, dem French Quarter in New Orleans, vom Leben an Bord und dem Strand von Mount Lavinia. Als wir auf uns anstießen, schepperten die Bierflaschen wie Blechbüchsen. Mit einem *»Mach's gut!«* gingen wir auseinander.

Kybfels

Biskaya

Ludwig Lessings Goldzahn oben rechts blitzte mich an: *»Was willst du denn schon hier? Du hättest ruhig noch eine Woche Urlaub machen können.«*

»Aber Sie haben mich doch angerufen.«

Lessing war Heuerbaas und damit Personalchef See für die Decksmannschaft bei der HANSA. *»Muss ich vergessen haben, hab noch keinen Dampfer für dich, du kannst dich eine Woche auf der Ali Baba aufschießen, dann geht's weiter.«*

»Keine Chance sonst?«, fragte ich. Was sollte ich auf dem Wohnschiff rumlungern und viel Zeit und Geld verlieren.

»Probleme?«

»Ja«, flunkerte ich, *»und das Geld ist auch alle.«*

Lessing dachte nach. *»Die Kybfels könnte einen jungen Seemann mehr ganz gut gebrauchen. Passt das?«*

»Das ist okay. Danke.«

»Ich fahr dich an Bord, der Kapitän wird sich freuen. In zwei Stunden läufst du aus. Es geht nach Kalkutta.« Er blickte in den regnerischen Nachmittag hinaus auf die Weser, die direkt an seinem Schreibtisch vorbeizog, bückte sich von seinem Stuhl und tauchte mit einer grünen, eigenwillig geformten Flasche wieder auf. Dann holte er Gläser, dafür musste er zwei Handreichungen hinter sich bringen, weil er nur einen Arm hatte, der linke war im Krieg geblieben. *»Magst du auch einen?«* Er entkorkte den Glenfiddich, schenkte zwei Gläser ein, ohne die Antwort abzuwarten und sah mich an. Während er das Glas auf Augenhöhe hob, nickte er knapp und sagte in seinem leichten Bremer Singsang: *»Pass gut auf dich auf, mein Junge, und komm gesund wieder. Die Gegend da unten hat es in sich.«* Den Weg dorthin erwähnte er mit keinem Wort. Er schloss die Flasche, stellte sie zurück in die Kühlbox seines Schreibtischs, die Gläser ein Deck tiefer.

Wir mochten Ludwig Lessing. Er verstand uns, hörte zu, war gerecht, genoss unser Vertrauen und hat uns nie verraten. Nur Autofahren konnte er nicht, darin waren alle einer Meinung, die einmal mit ihm durch Bremen gefahren waren. Ihm fehlte eben der linke Arm. Die notwendigen Handgriffe regelte er souverän mit rechts quer über das Lenkrad hinweg, ließ dabei das Steuer los und lenkte mit Bauch, Brust, Oberschenkeln. Er fuhr sein Lieblingsspielzeug seit Jahren unfallfrei. Wer es wagte, seine Chauffeursdienste auszuschlagen, dem drohte er mit ironischem Unterton, ihn das nächste Mal einem Schiff mit einem unbeliebten Bootsmann zuzuteilen. Also stimmte jeder Seemann zu, wenn mal wieder das Angebot an ihn herangetragen wurde, sich vom Heuerbaas durch Bremen kutschieren zu lassen.

Von der Reedereizentrale an der Schlachte 6 in Bremens Innenstadt fuhr mich Ludwig Lessing weserabwärts Richtung Nordwesten: Am Brill, Faulen- und Doventorstraße, links in die Hans-Böckler-Straße und weiter Richtung Nordwesten und schließlich nach einem harten Backbord-Schwenk gen Süden in die Docks des Überseehafens. Während der fünfzehn Minuten klaubte er zwei filterlose Senoussi aus der gelben Schachtel, lehnte mein Feuer ab, zog den Hut vor zwei Passanten und fragte mich, ob ich mich auf die Reise freuen würde. Mir stand der Schweiß auf der Stirn.

Die Kybfels war seeklar und zum Auslaufen bereit, ich ging als Letzter an Bord und stellte mich dem Kapitän vor, wir hatten uns schon mal gesehen. *»Schön, dass Sie da sind«*, begrüßte er mich. Als der Lotse an Bord war, klappten wir die Gangway ein.

Wir hatten von Anfang an unruhiges Wetter, als wir die Außenweser verließen und durch die Nordsee Richtung Rotterdam auf Reisegeschwindigkeit gingen. Ungünstige Großwetterlage, hieß es.

Wir verließen Rotterdam, wo wir mit eigenem Geschirr drei Lokomotiven und eine neunzig Tonnen schwere Jacht an Bord genommen hatten. Vierzig mehr oder weniger willkürlich zusammengesteckte deutsche Seeleute lebten und arbeiteten auch hier wieder auf engstem Raum, schräge Vögel und feine Kerle. Stür-

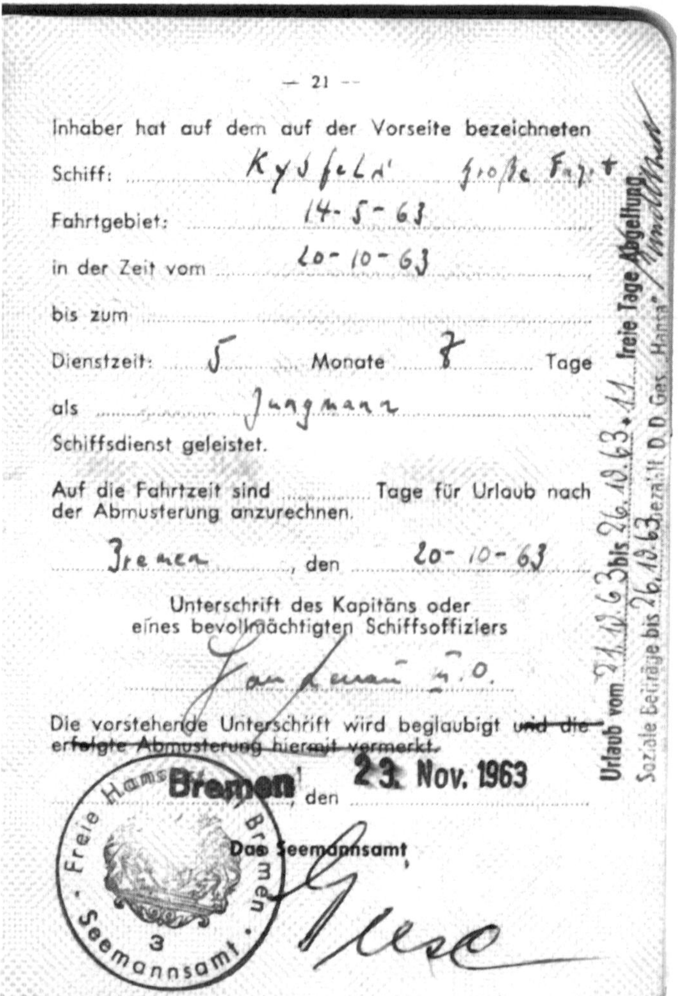

— 21 —

Inhaber hat auf dem auf der Vorseite bezeichneten

Schiff: Kybfels große Fahrt

Fahrtgebiet: 14-5-63

in der Zeit vom 20-10-63

bis zum

Dienstzeit: 5 Monate 7 Tage

als Jungmann

Schiffsdienst geleistet.

Auf die Fahrtzeit sind ...... Tage für Urlaub nach der Abmusterung anzurechnen.

Bremen, den 20-10-63

Unterschrift des Kapitäns oder eines bevollmächtigten Schiffsoffiziers

I. O.

Die vorstehende Unterschrift wird beglaubigt ~~und die erfolgte Abmusterung hiermit vermerkt.~~

Bremen, den 23. Nov. 1963

Das Seemannsamt

Freie Hansestadt Bremen · Seemannsamt · 3

Urlaub vom 21.10.63 bis 26.10.63 + 11 freie Tage Abgeltung.

Soziale Beiträge bis 26.10.63 bezahlt D.D.Ges. „Hansa"

»Große Fahrt« auf der K*YBFELS*. *Auszug aus dem Seefahrtbuch des Autors, 1963*

mischer Wind und hohe See erwarteten uns bereits in der schmalen Straße von Dover, Windstärke acht. Vier Stunden später lag Brighton querab an Steuerbord, die See sprang bei dem fast genau auf West liegenden Kurs bereits an Deck, doch alles war noch in Ordnung und wir guter Dinge. Als wir aber von der französischen Atlantikinsel Quessant gut frei waren und auf südliche Kurse einschwenkten, kam die See nicht mehr von vorn, sondern fast direkt von Steuerbord auf uns zugestürmt. Wir mussten uns auf einiges gefasst machen, denn vor uns tat sich das allzeit unberechenbare und gefürchtete Seegebiet an Frankreichs West- und Spaniens Nordküste auf, der Golf von Biskaya. Ihn wollten wir möglichst ungeschoren durchqueren, aber danach sah es ganz und gar nicht aus, im Gegenteil. Der Sturm baute tiefhängende, schwarze und weiße Zorneswolken zu einer bedrohlichen Kulisse auf. Seit Tagen stand hier ein wütendes Tiefdruckgebiet mit schwerem Sturm und Orkanböen aus Westnordwest; eine lange Atlantikdünung baute sich auf. Sie warf tobende Wasser auf das Hauptdeck des ohnehin schon tief liegenden, mit siebentausend Tonnen beladenen Frachters, der seinen maximalen Tiefgang voll ausgereizt hatte. Wir gingen gleich kräftig ans Werk, fühlten uns nicht mehr so wohl in unserer Haut mit den drei Lokomotiven an Deck und der Jacht auf der Luke. Die See warf inzwischen tonnenschwere Brecher über die Steuerbordseite an Hauptdeck und Luken, die mit Urgewalt aufschlugen und alles zertrümmerten, was nicht festgeschweißt oder vernietet war; tauchte uns unter in eine graue Wutsee, eine Wasserwelt, die weiß und fahl geworden war wie kochende Milch. Die Kybfels krängte stark zur Steuerbordseite und fiel Sekunden später ruckartig nach Backbord zurück; wurde immer wieder von Wassermassen zugedeckt, die in riesigen Schwallen aber gleich wieder von Bord stürzten, sobald das Schiff seinen Steven in den Himmel streckte, tief Luft holte, um sich gleich darauf wieder aufs Neue der See zu ergeben, die alles daran zu setzen schien, sich nicht lange mit uns aufzuhalten. Nur langsam warf unser Schiff die schwere Wasserlast über Verschanzung und Speigatten zurück ins Meer, streckte den Kopf in den Himmel, tauchte abermals ein, langsamer werdend, schwerer atmend und heftiger. Die Sicht war sehr schlecht, wir fuhren praktisch blind, weil auf dem Radarschirm vor allem Schnee zu sehen war. Die Wachgänger klammerten sich auf der Brücke an Handläufen fest, die Maschinisten an ihren Apparaturen, die wachfreien Männer verkeilten sich in den Messen oder ihren Kojen. Der Chefkoch und seine Maaten in der Kombüse legten den Herd mit Gestänge aus, in die nur halbvolle Töpfe gestellt wurden, damit der Eintopf bei starker Schlagseite nicht überlaufen konnte. Sie hielten sich an den Handläufen fest. Wir wollten und mussten essen, trotz des tobenden Windes und der über uns hereinbrechenden See. Wir waren vollgepumpt mit Adrenalin und wollten nur eins: heil hier rauskommen.

Schon seit Tagen nahmen die Wassermassen vom Atlantik her hunderte von Meilen lange Anläufe, brandeten ohne Unterbrechung in die weit offene, halbrunde Biskaya-Bucht hinein. Dort wurden sie von dem sehr schnell flach werdenden Schelfgebiet aufgestoppt und gleichzeitig von der steilen Schelfkante und der tellerrunden Steilküste wieder in den auf dreitausend Meter tief abfallenden Atlantik zurückgeworfen. Diese ungestümen und heftigsten Begegnungen brachten gefährliche Kreuzseen hervor, die aus verschiedenen Richtungen aufeinander zuliefen, sich zu Wasserwolkenkratzern auftürmten und unablässig neue Schluchten formten. Dort genau standen wir jetzt mit unserem Schiff und traten auf der Stelle; weil wir keine Meile gewannen, kamen wir aus der Gefahrenzone nicht heraus. Ein Inferno aus Wasser, Gewalt und tobender Wut umgab uns, wie es nur wenige von uns bisher erlebt hatten. Selbst der Alte nicht. Das Meer war wild, es war wahnsinnig geworden und völlig außer Rand und Band mit Schaum vorm Maul.

Der Kapitän war ein erfahrener und umsichtiger Seemann. Er hielt den Steven in Sturm und See, verringerte damit das starke Krängen und ließ so wenig Salzwassermassen an Deck schwallen wie irgend möglich. Trotzdem! Er konnte nicht verhindern, dass sich nach stundenlanger Schaukelei die Jacht selbständig machte, sich aus ihren Fesseln befreite, zerschlagen und über Bord gespült wurde. Zwei der drei jeweils neunzig Tonnen schweren, an Deck verstauten Lokomotiven lösten sich kurz danach aus ihrer Verankerung. Sie rutschten von der Schiffsmitte an die Steuerbordseite und wurden erst dort von der Verschanzung, der kompakten stählernen seitlichen Schiffsbegrenzung, gestoppt. Die Loks standen auf dicken, eigentlich rutschfesten Holzbalken und sollten von Drähten, dick wie Kinderarme, auf Position gehalten werden. Die Stahlseile hatten wir mit Spannschrauben ständig nachgezogen und so straff wie möglich gehalten. Es hatte nichts genützt. Uns erstarrte das Blut in den Adern. Die Schlagseite nach Steuerbord, die zuvor von in Luken losgerissen Stahlrollen verursacht worden war, nahm durch die losgekommenen Loks schlagartig von zehn Grad weiter zu und hörte erst auf, sich noch weiter auf die Seite zu legen, als eine Krängung von fünfunddreißig Grad erreicht war. Auftakt zum finalen Ende?

Der Alte war noch nicht so weit. Er wirkte angespannt, aber gesammelt. Er teilte uns ein, dirigierte uns, alle versuchten fieberhaft das angeschlagene Schiff wieder aufzurichten, zurück ins Lot zu bringen. Wir mussten Schlagseite verringern. Wir mussten dieser Verschwörung, die das Tiefdruckgebiet und die Biskaya gemeinsam angezettelt hatten, entrinnen. Das Mittelmeer war doch so nah! Die eigentliche Herkulesarbeit bestand darin, die beiden Loks an der Steuerbordseite mit Hilfe elektrischer Deckswinden wieder zurück an ihre alten Positionen in der Schiffsmitte zu zerren. Damit glaubten wir den uns beinahe unvermeidlich erscheinenden Untergang noch abwenden zu können. Eine höchstgefährliche Aufgabe für diejenigen, die direkt an Deck um ihr eigenes, um unser aller Leben kämpften und sich der unmittelbaren Gefahr aussetzten. Denn wenn die rasende See einen von uns – auch wenn wir mit Fangnetzen und Strecktauen so gut wie möglich gesichert waren – erfasste und gegen Eisenteile schleudern oder über Bord katapultieren würde, wären die Chancen gleich Null. Alles sprach dafür, auf Nimmerwiedersehen über Bord gewaschen, schwer verletzt oder von den beiden hin- und her rutschenden Lokomotiven zerquetscht zu werden. Wir standen oft brusthoch in gurgelndem Seewasser und waren auf Gedeih und Verderb der entfesselten Natur preisgegeben.

Mittlerweile dauerte der Spuk zweiundzwanzig Stunden. Hielt die Hauptmaschine die Höchstbelastungen bei dieser extremen Seitenlage aus? Wenn jetzt eine Brennstoffleitung riss und die wie wild auf und ab donnernden Kolben wegen der starken Schlagseite nicht mit Brennstoff versorgt würden; wir würden binnen einer Minute querschlagen und die an Deck auftreffenden Brecher die Stabilität des Schiffes vollständig preisgeben. Die See würde das wehrlos gewordene Schiff schlucken wie der Seeadler den Fisch.

Um uns zu retten, gab es nur noch eine Lösung: Die beiden losgerissenen Lokomotiven mussten geopfert werden! Storekeeper Hermann Wanninger, der Vorgesetzte der Maschinenbesatzung, meldete sich für dieses tollkühne Unterfangen. Unter allergrößter Gefahr zu ertrinken oder zerquetscht zu werden, führte der mit Sicherheitsgurten befestigte Zwei-Meter-Mann die Flexmaschine mit starker Hand und schnitt den harten Schiffsstahl weg, wo er nicht länger hingehörte, rasierte mit der rasend schnell rotierenden Scheibe einen Teil der Verschanzung ab. Aber auch noch nach Stunden der Schwerstarbeit hielten zwei stählerne Streben die jetzt schon ganz auf der Seite liegenden Lokomotiven immer noch fest – sie wollten einfach nicht über die Bordkante kippen. Der Storekeeper schnitt jetzt die massiven Streben Millimeter für Millimeter und Zentimeter für Zentimeter weg, vier Stunden brauchte er dafür, vor Erschöpfung musste er immer wieder Pausen einlegen, bei gespenstisch schwacher Notbeleuchtung. Erst morgens gegen fünf waren beide Stahlstreben weggeflext und die Kolosse stürzten endlich in die schäumenden Fluten des dreitausend Meter tiefen Atlantiks.

Nach dem Seewurf richtete sich das Schiff sofort wieder auf und gewann seine Stabilität zurück. Wir waren vorerst gerettet und schöpften wieder Hoffnung. Waren körperlich und seelisch am Ende, zu erledigt, um zu triumphieren, nur ein Gefühl tiefer Dankbarkeit, noch einmal davongekommen zu sein, überkam uns. Hermann Wanninger war unser Held. Die Anspannung des Alten löste sich, als er mit dem Typhon drei lange Töne über das Meer blies und dem heulenden Sturm Paroli bot. Später sagte er, dass er mit dieser Geste vor allem dem Storekeeper gedankt habe, denn seiner Courage verdankten wir unser Überleben. Alle waren an der Rettungsaktion beteiligt, jeder Einzelne. Einige von uns hatten sich verletzt. Der Matrose Klaas Johannsen war von grünem Wasser außer Gefecht gesetzt worden. Grüne Wasser schlagen mit brutalster Gewalt auf das Schiff ein und wenn dieses vom Sturm zusammengepresste und vorangepeitschte Wasser dabei auf Widerstände stößt, etwa auf stählerne Decks oder hölzerne Planken, dann entstehen smaragdgrüne Wirbel – brutal wie eine Steinlawine – und weiße und hellgrün durchmischte Presswasser. Sie setzen zermalmende Kräfte frei. Klaas war trotz gespannter Strecktaue zuerst gegen die stählerne Verschanzung und dann zurück gegen das Lukensüll geschleudert worden. Jetzt lag er mit bösen Platzwunden an Kopf und Knie in der Koje. Andere mussten mit schweren Prellungen an Brust und Oberschenkeln im Schiffshospital gesund gepflegt werden, den Zweiten Steuermann zog eine Gehirnerschütterung aus dem Verkehr.

Den Sturm verließen langsam seine Kräfte, er blies jetzt von Norden. Da wir südliche Kurse steuerten, kam das Wetter direkt von achtern, die See schob uns vor sich her, überholte uns, rollte vorbei, nahm uns mit sich, sie war schneller als wir. Querab an Backbord tauchten bald schon die Lichter der spanischen Hafenstadt La Coruña auf. Als bald darauf die Silhouette Lissabons am Horizont erschien, informierte uns der Alte: *»Wir laufen Lissabon als Nothafen an. Die Verletzten müssen ins Krankenhaus und das Schiff wieder seetüchtig gemacht werden, bevor wir unsere Reise fortsetzen.«* Es hatte immerhin noch zwölf Grad Schlagseite, das Steuerbord-Rettungsboot war aus seiner Verankerung gerissen worden und die Vermessungsluke stand voller Wasser. Die zerstörte Decksladung war ein wirres Durcheinander, durchmischt noch mit Holzbruchstücken von der über Bord gewaschenen Jacht. Im Nothafen musste vieles neu gestaut und gerichtet werden, nicht zuletzt die von unserem Storekeeper abgesäbelte Verschanzung und ihre Streben.

Die zertrümmerte Jacht, die der See geopferten Lokomotiven und auch alle anderen zerstörten Dinge hatten Eigentümer. Sie mussten nicht einfach auf ihren Besitz verzichten, nur weil die Kybfels in diesen Sturm geraten war. Deshalb meldete der Alte gleich im nächsten Hafen alle entstandenen Schäden an, vom Seerecht »Havarie-Grosse« genannt, und legte vor dem deutschen Konsul eine sogenannte Verklarung ab. Darin erklärte er schriftlich und unter Eid, wie es zu dem Seeunfall gekommen war, welche Maßnahmen getroffen worden waren und dass alle Schäden an Schiff und Ladung auf den Sturm zurückzuführen seien. Damit konnten die Ladungseigentümer ihren Anspruch auf Entschädigung gegenüber den Versicherern geltend machen.

Fünf Tage später verließen wir wieder den schutzbietenden Hafen, die Nadel des Kreiselkompasses zeigte endlich östliche Kurse und als wir Gibraltar passierten, schlief vor uns das sanfte Mittelmeer. Das Verhältnis zwischen Decks- und Maschinenbesatzung hatte sich verändert, vor allem unserem Storekeeper gegenüber, von uns nur Storie genannt. Zuvor hatten ihm nicht gerade unsere ganz großen Sympathien gegolten, weil er oft zornig war und andere Eigenschaften seinen Charakter prägten, die für uns nur schwer einsehbar waren. Jetzt aber war alles anders geworden.

Chorramshar

Persergolf, Elendsgolf. Windstille. Seit Wochen lagen wir auf dem Schatt al-Arab vor Anker und wussten nicht, wo wir vor Langeweile bleiben sollten. Kein Lüftchen kräuselte die See oder fächelte Frische auf die Gesichter. Unheilbar einsam und den Kopf voll dunkler Gedanken hofften wir, aus unserem schwimmenden Kerker befreit zu werden. Gerade noch waren wir im Golf von Biskaya zu einer monströsen Anstrengung gezwungen worden und nun dieses Elend. Wir durften nicht durchdrehen. Wenn wir entgleisten,

Die K*YBFELS*

konnten wir dafür bestraft und auf eigene Kosten nach Hause geschickt werden. Verdammt zu wochenlanger Zucht und Ordnung unter denkbar schlechten Voraussetzungen, warteten wir auf Erlösung, zermürbt und ermattet von den quälenden Umständen einer völlig veränderten Situation. Von der Biskaya-Solidarität war nur noch wenig zu spüren. Die iranischen Häfen, Chorramshar ganz besonders, waren mit Schiffen aus aller Welt chronisch verstopft, weil der Schah von Persien überall Waren bestellt hatte. Seeleute auf fünfundsechzig Frachtern aus mehr als dreißig Nationen warteten in brütender Hitze in der Mündung des Schatt al-Arab darauf, an die Pier gerufen zu werden.

Auf der KYBFELS konnten wir einander kaum noch ertragen. Ein falscher Blick, eine schräge Geste, ein leichtfertig dahingeworfenes Wort und wir reagierten heftig und aggressiv. Trafen Matrosen mit Maschinisten zusammen, wie das in der Mannschaftsmesse zu den Mahlzeiten unumgänglich war, lag eine frostklirrende Spannung im heißen Raum, denn zwischen Deck und Maschine ging es schon in normalen Zeiten nie störungsfrei zu. Schon deshalb aßen die potenziellen Streithähne immer an getrennten Backen. Wir von Deck hielten uns ohnehin für die echten und damit besseren Seeleute, waren doch die aus der Maschine in der langen Seefahrtgeschichte erst sehr viel später an Bord geklettert, notgedrungen. Das sollten die Jungs aus dem Fettkeller bloß niemals vergessen. Nur zufällig war es nicht zu Tätlichkeiten und Zusammenstößen gekommen, war das enge Miteinander der Männer bisher glimpflich verlaufen; wohl auch, weil Vorgesetzte anwesend waren und offenen Streit verhindern konnten.

Zweimal jedoch wären die zunehmenden Kabbeleien beinah in einen ernsten Kampf umgeschlagen: *»Welcher Idiot hat mein Beck's aus dem Kühlschrank gegen dies' pisswarme getauscht?«*, fragte Lothar, der rothaarige Reiniger, angriffslustig in die Runde. Den einzigen mit Stangeneis gekühlten Gemeinschaftskühlschrank in der Pantry teilten wir uns mit der Maschinencrew. Jungmann Hans-Jürgen fühlte sich nicht angesprochen und reagierte gleichgültig, weil er mit dieser Sache nichts zu tun hatte. Und doch warf ihm der Reiniger vor, derjenige zu sein, der das kalte gegen das warme Getränk getauscht hätte. *»Du alte Ratte, jetzt biste auch noch zu feige, das zuzugeben«*, und wollte sich auf Hans-Jürgen stürzen. Der Storekeeper, Vorgesetzter der gesamten Maschinencrew und damit auch der Chef des rothaarigen Lothar, stellte sich mit herrischer Geste zwischen die beiden, drückte sie auseinander und konnte so eine Keilerei im Keim ersticken.

Ein anderes Mal hatte Leichtmatrose Ralf auf das ohnehin nur sehr verhaltene *»Moin!«* des Altmatrosen Heinz wohl nicht angemessen reagiert und diesen angeblich mit Nichtachtung gestraft. Heinz, der bislang als besonnener und zurückhaltender Seemann galt, verbindlich mit jedermann und der Erfahrenste und Weltläufigste von allen, baute sich sogleich mit zurückgeworfenen Armen und durchgedrücktem Kreuz hautnah vor Ralf auf und patzte ihn an: *»Haste was gegen mich, hä?«*

Der vorbeikommende Bootsmann, der mit uns auf dem Weg zur Arbeit war, konnte gerade noch rechtzeitig dazwischengehen und musste die beiden Männer energisch voneinander trennen. *»Haut euch an Land! Aber nicht hier!«*, bellte er. Matrose und Leichtmatrose beruhigten sich schließlich und gingen mit uns zusammen weiter.

Derart geladene Momente verliefen nicht immer so glimpflich, eigentlich regelten gezielte Faustschläge solche Situationen. Um die Crew abzulenken, wurden uns als Beschäftigungstherapie leichte Pflegearbeiten aufgetragen, Routinejobs wie Farbewaschen und allgemeine Wartung, lange Pausen inbegriffen.

Bei Tage sahen wir am Ufer einen langgezogenen dünnen Streifen Dattelpalmen, viel mehr war da nicht, nachts funzelten nur ein paar Lichter. Landgang während der Ankerliegezeit in unseren Zielhafen Chorramshar erlaubten die Behörden nicht, er war auch noch viel zu weit weg. Wir dümpelten im Mündungsdelta, dort, wo Euphrat und Tigris sich zusammentaten und als vereinigte braune Brühe ein paar Meilen weiter südlich in den trostlosen Golf flossen. Bereits Anfang April, wenn die Temperaturen langsam mit denen in der benachbarten kuwaitischen Wüste zu wetteifern begannen, war an Steuerbord der Anker gefallen und hielt uns fest auf Position. Mittlerweile war es Mitte Mai. Seither drehten wir uns nur noch im weichen Rhythmus der Strömung um die lang ausgefahrene Ankerkette, wir schwoiten also um uns selbst. Bei mehr als vierzig Grad im Schatten verloren wir die Lust am Leben und fanden nur schwache Mittel, uns vor der Hitze zu schützen, immer in kurzen Hosen, das Schweißtuch um den Hals und einen Strohhut auf dem dampfenden Schädel. Mehrmals am Tag machten wir Kopf, Oberkörper und Beine nass, suchten nach einem lauen Luftzug und setzten auf Verdunstungskälte. Nur einige verdämmerten die Nächte mehr schlecht als recht in den Kojen, die meisten blieben auf den nur wenig kühleren Holzplanken der Boots- oder Peildecks.

Täglich gierten wir nach der erlösenden Aufforderung aus der Lotsenzentrale, den Anker zu lichten und zum Löschen an die Pier zu kommen. Wir wollten diesen verwunschenen Teich schnell hinter uns lassen, denn zu dieser Jahreszeit war der Persergolf ohne Klimaanlage ein Fegefeuer. Wenn unser strahlender Erzfeind gegen Mittag den Zenit erreichte und uns seine Brutalität spüren ließ, stand er fast senkrecht über uns, auf dreißig Grad Nord, achtundvierzig Grad Ost. Die Stahlplatten speicherten die Glut und strahlten sie nachts an die ohnehin aufgeheizte Umgebung wieder ab. Auf dünnem Blech an der heißesten Stelle an Deck briet der Chefkoch mittags einmal ein Spiegelei – einfach nur so. Als Leichtmatrose Ralf der Hitzschlag traf, wunderten wir uns nur darüber, dass der nicht längst alle getroffen hatte. Redete einer von uns mal wunderliches Zeug und konnte sich vor Frust und Mattigkeit nur schwer wieder aufrappeln, riefen wir nach Professor Bürger-Prinz. »Reif für Bürger-Prinz« war ein geflügeltes Wort bei uns. Der Professor vom Universitätsklinikum Hamburg-Eppendorf war Ordinarius für Psychiatrie und Neurologie und stand bei Seeleuten in dem legendären Ruf, der geeignete Mann für die erfolgreiche Behandlung langsam einsetzenden Irrsinns zu sein.

Zwei hässliche Sandstürme quälten uns, sie pressten den aus der kuwaitischen Wüste mitgeführten gelben Feinstaub in jede Ritze unserer Körper, Kammern und Kleider, auch feuchte Tücher vor Bullaugen und Türen schützten uns nicht. Tagelang knirschten wir mit den Zähnen, die Augen brannten und entzündeten sich.

Wenn kein Windhauch uns den Schweiß von der Stirn zog und keine Eispackung unser Blut auf Normaltemperatur zu kühlen vermochte, sangen wir in tiefer Verachtung für dieses Fahrtgebiet so manches Mal die zweite Strophe des HANSA-Liedes »An Persiens Küste«:

Fahr mich in die Heimat auf Reederei-Kosten.
Lass doch unseren Dampfer in Persien verrosten.
Wir wollen nach Hause,
In eine bessere Zeit.
Und die nach uns kommen,
tun uns heute schon leid.

Um den täglichen Flüssigkeitsverlust auszugleichen, tranken wir tagsüber literweise lauwarmen Kojampel, eine Plörre aus Süßwasser und ein paar Tropfen Kirschsirup. Und abends immer wieder Beck's-Bier, ohne Beck's drohte die kurze Zündschnur noch schneller abzubrennen. Diese Zündschnur führte direkt zu einer hochexplosiven Mischung aus Hitze, Alkohol, Langeweile und allzu großer menschlicher Nähe. Dass es bisher noch nicht zur Explosion gekommen war, lag vor allem an dem Biskaya-Erlebnis, das die Bordgemeinschaft immer noch beeinflusste: Hatten wir doch die härteste Prüfung, der eine Schiffsmannschaft überhaupt ausgesetzt werden kann – den drohenden Untergang ihres Frachters zu verhindern – gerade erst bestanden.

Nach zehn langen Wochen der erlösende Anruf: *»Attention Motorvessel* KYBFELS. *Attention Captain* KYBFELS. *Coming, please! Captain* KYBFELS. *Coming, please!«* Es war die Lotsenstation, die uns dann doch völlig überraschte. Denn inzwischen glaubten wir schon längst nicht mehr, überhaupt noch auf ihrer Liste zu stehen und für alle Ewigkeit hier schmoren zu müssen. Der wachhabende Zweite nahm den Anruf entgegen, informierte den Alten, dieser den Chief, der wiederum seine Leute aufforderte, die Maschine klarzumachen und auf Stand-by zu halten, denn in einer Stunde sei das Lotsenboot längsseits.

Via Deckslautsprecher erfuhren wir von dieser wunderbaren Wende, achtundfünfzig Tage Martyrium fielen von uns ab! Wir reagierten, als sei uns soeben die Aufnahme ins Paradies zugesichert worden. Dabei tauschten wir doch nur den Schatt al-Arab gegen Chorramshar ein, einem Hafen mit dem Charme einer vertrockneten Stachelpflanze, der keinem Seemann außerhalb dieses Fahrtgebietes jemals zu Ohren gekommen sein dürfte. Doch einige von uns hatten schon einmal das Vergnügen gehabt und wussten, was sie dort erwartete: Zwei nach westeuropäischem Standard geführte Hotels – wunderbarerweise klimatisiert und sogar mit eisgekühlten Getränken – standen zur Auswahl. Oh Freude! Und erst der internationale Seemannsclub mit alten deutschen Filmen! Ein Rausch an neuen Erlebnissen. Und nicht zuletzt: der Hafen-Puff. Alles Perspektiven, die dazu führten, dass wir Stunde um Stunde entspannten. Die Lämmer hätten genug gelitten, jetzt wollten sie beschenkt werden. Uns Sträflingen von der Gefängnisinsel KYBFELS stand die Entlassung unmittelbar bevor.

»Hiev Anker«, orderte der Alte, und wir dampften flussaufwärts Richtung Hafen, den Palmenstrand entlang und niemand rief jetzt noch nach Professor Bürger-Prinz. Wir spürten wieder Zukunft.

Am Liegeplatz vor uns lag ein norwegischer Frachter. Auf UKW-Radio hatten wir mitgehört, dass er ein paar Stunden vor uns an die Pier gerufen worden war. Wir beachteten ihn nicht weiter, er war uns egal, er ging uns nichts an. Das jedenfalls glaubten wir. Während der Kaffeepause um drei in der Mannschaftsmesse fragte Matrose Eddie den Bootsmann, der von allen nur Scheich genannt wurde: *»Chef, haste heut noch was vor?«*

»Ich geh nachher mit Storie und Timmi in 'n Puff. Wir brauchen das jetzt«, antwortete der vergnügt und schlürfte seinen heißen Zitronentee, den er auch in der Hitze täglich zu sich nahm. Er verabscheute Kojampel.

»Hab ich schon geahnt«, grinste Eddie schief und wünschte viel Vergnügen. Während der Ankerliegezeit hatten wir immer wieder darüber gesprochen, das unmittelbar im Hafenbereich liegende Bordell aufzusuchen, das einzig uns bekannte in dem Kaff. Da einer der drei dort anschaffenden Damen eine Brust amputiert worden war, wurde das Haus allgemein nur Fünf-Titten-Bar genannt. Viele der Seeleute kannten die dort arbeitenden Frauen beim Vornamen und wussten, was sie dort erwartete.

Nach dem Abendessen um sechs zogen Scheich, Storie und Timmi los, landfein renoviert mit frisch gebügeltem, kurzärmligem Oberhemd, ordentlicher Bundfaltenhose und weißen Socken in luftigen Sandalen. Ihr akkurater Auftritt war durchaus ungewöhnlich in dieser nicht gerade attraktiven Umgebung, aber er entsprach ihrem Selbstverständnis. Zuvor verlangten sie, dass niemand sonst von uns das Etablissement besuchen sollte, weil wir den Vorgesetzten den Vortritt zu lassen hatten. Für uns war es eine Sache der Ehre, sich daran zu halten.

Der Puff von Chorramshar lag hinter flachen Lagerschuppen, in denen die aus aller Welt angelandeten Waren gestapelt wurden, nur hundert Meter vom Schiff entfernt, fast in Sichtweite. Die meisten von uns kannten dieses Haus von innen und von außen. Gut vorbereitet und neugierig auf einen schönen Abend, lief das Trio durch grobkörnigen schmutzig-gelben Sand, überquerte eine stillgelegte, versandete Bahnschiene und erreichte in bester

Laune das in tristem Braun gestrichene Bordellgebäude. Es war aus dicken Holzbrettern gebaut, an der Vorderfront, rechts und links von der Eingangstür, befanden sich zwei mit bunten Gardinen verhängte Fenster, durch deren blindes Glas kein Blick ins Innere gelang. Der robust erscheinende Bau wirkte wie eine geräumige bayerische Almhütte mit den Abmessungen einer Dreizimmerwohnung. Er stand auf einem Zementsockel, der fest mit dem Gebäude verbunden war und einen halben Meter aus dem Erdboden ragte. Matrose Eddie war den Dreien derweil heimlich gefolgt, um ihre Avancen zu beobachten.

Die ehrenwerten Freier indes nahmen die drei freistehenden Stufen mit einem mächtigen Satz, traten erwartungsvoll in den dämmerigen Vorraum ein. Er war leer. In der vorderen Hälfte des Raums standen zwei wagenrädergroße runde Tische mit Ringen für die Fußablage, sie waren als Bar vorgesehen, ausgestattet mit je drei Hockern. Die Drei schoben sich auf die Plätze und sahen sich neugierig um. Das hintere Drittel des Gebäudes war durch eine beige, von der Decke bis zum Fußboden reichende Plastikwand vom Vorderteil abgetrennt, durch eine Tür erreichte man die drei Loverooms, in denen jeweils eine schirmlose rote Glühbirne an einem Kabel von der flachen Decke herabhing.

»Wo sind sie denn?«, fragte der Ungeduldigste, Timmi. Normalerweise warteten die drei Frauen hier auf ihre Kunden. *»Haben die etwa andere Freier?«*, fragte er misstrauisch. Das Getränkeangebot war dürftig, die Frauen selbst schenkten ausschließlich Ballantine‘s mit Cola aus. Timmi rief *»Hello!«* und der Scheich *»Customers«*, Kundschaft.

Nach ein paar Minuten zeigte sich endlich eine der Damen mit hochrotem Kopf und aufgelösten Haaren. Sie hielt ein Handtuch vor ihren sonst unbekleideten Körper und rief aufgeregt: *»No time, no time. Tomorrow, come tomorrow!«*

Scheich verstand nicht gleich, was »No time« bedeuten sollte, vor allem aber kam er wohl nicht mit der Vorstellung zurecht, welche Folgen »No time« für ihn haben könnte. *»What do you mean?«*, fragte er nach.

»Sailors from Norway. Come back tomorrow«, quälte sich die Lady gerade noch ab und zog sich – rückwärtsgehend – wieder in ihren Loveroom zurück.

Scheich, Storie und Timmi hatten plötzlich verstanden, was »No time« zu bedeuten hatte. Ihnen wurde augenblicklich klar, dass sie heute auf alle Liebesdienste verzichten sollten, weil norwegische Seeleute ihnen zuvorgekommen waren. Wochenlang hatten sie draußen auf dem Schatt al-Arab geschmort, sich genau auf diesen Augenblick gespitzt und jetzt machten ihnen diese Kerle aus Skandinavien einen Strich durch die Rechnung? Ihr Stolz und ihre Eitelkeit waren zutiefst gekränkt. Wutentbrannt stürmten sie ins Freie, nahmen mit einem Satz die Stufen, verfluchten den Puff von Chorramshar und die Norweger insbesondere. Ihnen wollten sie eine Lektion erteilen, zeigen, was es bedeutete, einem deutschen Bootsmann, einem deutschen Storekeeper und einem deutschen Zimmermann die Frauen vor der Nase wegzuschnappen. Sie schäumten!

In der Mannschaftsmesse trommelten sie ihre Männer zusammen und berichteten aufgebracht, was ihnen Unerhörtes widerfahren war. Allseits vollstes Verständnis. Die drei Chefs wollten Rache, und zwar sofort. Wieder stand die Crew wie ein Mann zusammen wie damals in der Biskaya.

»Was machen wir jetzt?«, Scheich stellte diese Frage und lieferte die passende Idee gleich mit: *»Wir reißen den ganzen Puff ab, dann haben die verdammten Norweger auch nichts mehr von diesen Weibern.«*

»Aber wie?«, hakte einer nach.

»Der Schwergutbaum ist seit Wochen aufgetakelt und einsatzbereit. Wir müssen nur noch die Stroppen um den Puff legen und ihn dann mit den Winden in Richtung Hafenbecken ziehen. Dann ist die Sache erledigt.«

Wir hatten begriffen. Eine der härtesten und kräftezehrendsten, freiwillig durchgeführten Schwerstarbeiten, die man sich vorstellen konnte, nahm damit ihren Anfang.

Die Hafenarbeiter schliefen längst zu Hause, es war dunkel, die Kaibeleuchtung dürftig. Nahezu lautlos holten wir schwere Blöcke, Taljen und Schäkel aus den Stores, zogen armdicke Trossen von den Schwergutwinden, schleppten sie an Land bis zum Puff und legten Blöcke und Taljen in Position. Zuletzt zogen wir die Drahtschlinge um das Bordell herum, verschraubten den letzten Schäkel, schweigend, der Schweiß floss in Bächen. Kurz nach zehn Uhr waren die Vorbereitungen abgeschlossen, Scheichs Idee aber erst zur Hälfte umgesetzt. Die norwegischen Frauenwegschnapper befanden sich noch immer in der bayerischen Blockhütte. Vier Matrosen bedienten die lenkradgroßen Handräder an den vier Schwergutwinden und warteten jetzt auf Scheichs Befehle. Die Power der auf hundertfünfundsechzig Tonnen ausgelegten Winden musste reichen, dem Puff den Garaus zu machen, sonst wären alle Anstrengungen vergeblich gewesen. Scheich gab das erste Kommando: *»Hiev langsam, hiev langsam.«* Während die Winden anliefen, streckte er seinen rechten Arm in die Luft, drehte das Handgelenk samt Taschenlampe ständig um die eigene Achse und erwartete, dass seine an Land stationierten Leute ihm ein Zeichen geben würden, sobald die schwere Stahltrosse irgendwo hakte. Die scheuerte über den unebenen Sandboden des Hafenterminals, ihre Buchten strafften sich nach und nach und wurden dabei von den elektrischen Winden Umdrehung für Umdrehung gleich wieder ordentlich aufgerollt, genau so, wie wir sie zuvor Hand über Hand abgewickelt hatten. Minuten später schmiegte sie sich so straff an den Erdboden an, dass ein Seiltänzer darauf eine Schlucht hätte überqueren können. *»Fest so«*, rief der Bootsmann, *»stopp hieven.«*

Die spannungsreichsten und unsichersten Sekunden standen unmittelbar bevor: Würde die Windenpower ausreichen, den Puff mitsamt dem Betonsockel aus seiner Verankerung zu zerren? Und es in Bewegung setzen? Tiefe Stille, denn die Stahltrosse blieb auf das Äußerste gespannt, ohne dass sich die Hütte auch nur um einen Zentimeter vom Fleck rührte. *»Hiev ganz langsam«*, sagte Scheich jetzt, äußerlich die Ruhe selbst. Die Männer an den Winden schalteten jetzt auf »Ganz langsam«, weil die Kraftübertragung im kleinsten Gang am größten war.

Dann ein gewaltiger Ruck! Endlich! Der Knall jagte schlafende Vögel aus den Bäumen. Splitterndes Holz, Schlurfgeräusche auf körnigem Sand. Er bewegte sich! Der Puff von Chorramshar rutschte seinem Schicksal entgegen, das sich hundert Meter weiter erfüllen sollte. Er zuckelte Richtung Hafenbecken, Zentimeter für Zentimeter, Meter für Meter, schneller werdend, weil Scheich die Winden auf »Full Speed« geordert hatte, die den größten Kraftaufwand gerade hinter sich hatten und jetzt auf Höchstgeschwindigkeit liefen. Unaufhaltsam und unheimlich wie eine gemächlich zu Tal gehende Lavamasse rumpelte das Bordell Richtung Hafenbecken. Niemand wäre jetzt noch mächtig genug gewesen, dieses geniale Unterfangen zu unterbrechen, geschweige denn zu verhindern. Wo es erforderlich war, legten Matrosen und Maschinisten, Schmierer und Stewards, Kochsmaaten und Öler Bretter vor auftretende Hindernisse, über die das wandelnde Haus hinwegrumpelte. Sonst aber drückten sich die feixenden Männer an die Wand des Lagerschuppens, waren Akteure und Augenzeugen zugleich.

Mit einem Knall – Sekunden nach dem großen Ruck – flog die Tür des Etablissements auf und die drei norwegischen Seeleute stürzten alle gleichzeitig heraus. Während ihr Bordell schon Richtung Hafenbecken wackelte, sprangen sie mit einem einzigen Satz die drei Treppenstufen hinunter, bekleidet nur mit Unterhose. Shorts und T-Shirts trugen sie unterm Arm, gefolgt von drei schreienden Frauen mit aufgelösten Haaren, Handtücher bedeckten ihre Blößen. *»Earthquake«*, schrien sie immer aufs Neue, Erdbeben, und *»Help me, help me!«* Alle sechs suchten ihr Heil in der Flucht, die geschlagenen Norweger an Bord ihres Schiffes, die armen Frauen im Nirgendwo. Indes zogen die Schwergutwinden der KYBFELS ihr Opfer unerbittlich und im Eiltempo über Sand und Schotterstraße hinweg bis an die dicken Poller heran, über die sonst die Festmacherleinen der Schiffe gelegt wurden.

In einer schwülen persischen Neumondnacht, eine Stunde vor Mitternacht, gab es einen zweiten, diesmal schwächeren Ruck und das gerade noch straff gespannte Stahlseil erschlaffte und der Puff von Chorramshar kippte so aufrecht, wie er gerade noch dagestanden hatte, vornüber Richtung Wasserfläche. Er fiel mit Treppe, Eingangstür und blinden Fenstern über die Kaikante und versank in den trüben Fluten des Hafenbeckens. Große und kleine Blasen brodelten an die Wasseroberfläche, es staubte und blubberte, der schwere Betonsockel zog alles unter Wasser. Aus und vorbei. Stille in der persischen Hafenstadt. Wir kamen alle am Kai zusammen, knufften uns an Brust und Schulter, gratulierten einander, lobten Scheich, Timmi und Storie, stießen auf unsere Strapazen an und machten uns wieder an die Arbeit: Schwergutgeschirr, Schwergutbaum, Stahltrosse, Taljen, Blöcke, Schäkel – alles musste zurück an seinen Platz, alle Spuren sofort verwischt und alle Indizien vernichtet werden.

Als Polizei und Zoll am Tag danach in ihren schicken, weißen Galauniformen zu sechst die Gangway hochstolzierten, trafen sie auf einen völlig überraschten, verständnis- und geradezu ahnungslosen Kapitän. *»Was Sie mir hier berichten, meine Herren, muss eine Geschichte aus ›Tausend und einer Nacht‹ sein«*, ließ der alte Fuchs seine neugierigen Gäste wissen, nachdem er ihnen alles, was Kombüse und Keller hergaben, hatte auftischen lassen. *»Nichts, rein gar nichts davon kann ich Ihnen bestätigen.«*

»Sie wollen nichts von all dem bemerkt haben, Herr Kapitän? Unvorstellbar«, sagte der Ranghöchste, der seine weiße Uniformmütze auch im Kapitänssalon nicht abzusetzen beliebte. Ihm und seiner Behörde sei es sehr unangenehm, dass die ganze Stadt bereits über diese unglaubliche Geschichte tratsche und er und seine Leute diesen äußerst mysteriösen Fall nun aufzuklären hätten. Und was sollte er den Zeitungen sagen, die ihn mit Fragen bereits bombardierten? Der Mann mit der weißen Mütze war sehr böse.

Der Alte hielt dagegen. Auch er sei sehr verärgert, was Zoll und Polizei seinem Schiff und seinen Männern unterstellen würden. Gestern Abend sei er für drei Stunden Gast seines Schiffsagenten gewesen und danach an Bord zurückgekehrt, er habe nichts gesehen. Er verstehe aber sehr gut, dass die Obrigkeit ihre Pflicht erfülle, ein ordentliches Ergebnis vorlegen müsse und die Öffentlichkeit ein Recht auf Auskunft habe.

»Gehen Sie bitte an Deck und schauen Sie sich das angebliche Tatwerkzeug selbst an, ich begleite Sie.« Gemeinsam gingen sie an Deck. *»Das Schwergutgeschirr steht vorschriftsmäßig an seinem Platz, keine Trosse liegt an Deck, auch Blöcke und Taljen sind nirgendwo zu sehen, wie Sie sich selbst überzeugen können.«* Zurück im Salon fasste der Alte zusammen: *»Was Sie behaupten, meine Herren, kann unmöglich in einer einzigen Nacht passiert sein, geschweige denn in den drei Stunden meiner Abwesenheit.«* Und mit Nachdruck: *»Ich kann nicht erkennen, was auf meinem Schiff nicht in Ordnung sein sollte und bitte Sie, Ihre unhaltbaren und unbewiesenen Verdächtigungen nicht noch einmal zu wiederholen.«* Der Kapitän hatte den Bootsmann als Zeugen mit an den Tisch gebeten, der die Argumente seines Kapitäns mit ernster, wenn auch müder Miene bestätigte.

Keiner der sechs Beamten verließ den Salon ein zweites Mal, um sich den vermeintlichen Tatort noch gründlicher anzusehen. Erst am späten Nachmittag sahen wir die sechs Behördenvertreter auf unsicheren Beinen wieder von Bord ziehen. Der Kapitän hatte seinen Kajütsteward »etwas für den Heimweg« in weiße Papiertüten packen lassen, jedem seine eigene: drei Stangen Marlboro, zwei Flaschen Glenfiddich sowie für die Frauen und Kinder Schweizer Schokolade und reichlich Süßigkeiten. Der Ranghöchste mit der weißen Mütze erhielt die doppelte Ration. Sie zogen mit zufriedenen Gesichtern von Bord.

Wir aber waren Akteure und Augenzeugen zugleich, still jubelnde Beobachter eines Ereignisses, das uns noch bis zu unserer Ankunft im Heimathafen Bremen unerschöpflichen Gesprächsstoff bieten sollte. Doch nicht nur auf der KYBFELS sorgte der versenkte Puff von Chorramshar für Erheiterung. Wie ein Lauffeuer wehte die Geschichte über die Meere und sorgte dort noch viele Wochen und Monate für Unterhaltung.

Neidenfels

Der Nichtschwimmer

»Kannst du schwimmen?« Der Vorsitzende der Prüfungskommission stellte die Frage, die er stellen musste, wenn ein Leichtmatrose Matrose werden wollte. Wer nicht schwimmen konnte, durfte nicht zur See fahren, so waren die Gesetze. Ich wollte Matrose werden und konnte nicht schwimmen, hatte es nie gelernt. Früher im Schwimmbad hatte ich mich mit Hundepaddeln durchgeschlagen, mich mit den Zehenspitzen vom Beckenboden abgestoßen und war mutig durchs Wasser gehüpft. Dann aber hatte mich meine Cousine Heike einmal ins tiefe Schwimmerbecken unserer Lachendorfer Nachbargemeinde Hohne gestoßen, obwohl sie ganz genau wusste, dass ich immer noch Nichtschwimmer war. Zu Tode erschrocken glaubte ich, auf der Stelle ertrinken zu müssen. Mit diesem Schubs in das mir abgrundtief vorkommende Wasser löste sie in mir eine Urangst aus, der ich nichts mit dem Verstand zu Steuerndes entgegenzusetzen wusste. Kein Schwimmlehrer hatte es seitdem geschafft, dieser Angst näherzukommen, geschweige denn, sie wegzuzaubern.

Ich habe mich auf dem Wasser immer gut gefühlt, niemals aber im Wasser, nicht einmal in der traumhaft schönen Badebucht vor dem Hotel Mount Lavinia auf Ceylon. Dennoch bin ich dort einmal, als ich auf einer unserer Reisen mit Paul zusammen an den Strand gefahren war, allein ins Wasser gegangen, allerdings nicht ohne mich vorher zu vergewissern, dass er aus der Ferne ein Auge auf mich haben würde. Ich hüpfte also an der Abbruchkante zwischen flachem und tiefem Wasser auf Zehenspitzen herum, als mich plötzlich eine Unterwasserströmung erfasste und ins Meer hinauszog. Ich fühlte keinen Boden mehr unter den Füßen, bekam sofort Panik und fuchtelte Halt und Hilfe suchend mit einem Arm in der Luft herum, in der Hoffnung, dass Paul meine

Lage erkennen würde. Wie der mir später erzählte, reagierte er sofort, machte einen Rettungsschwimmer auf mich aufmerksam, der sich, durch ein Seil abgesichert, sogleich ins Wasser stürzte und mit kräftigen Zügen zu mir hinausschwamm. Als er bei mir angekommen war, war ich bereits bewusstlos. Auf sein Handzeichen hin zogen Paul und die anderen Männer uns gegen die starke Strömung zurück an den Strand. Ohne Seil hätte es auch mein Retter nicht geschafft. Sie legten mich auf den Bauch, hoben mich an den Hüften hoch und halfen mir dabei, das Seewasser aus den Lungen zu husten. Nur ganz knapp hatte ich überlebt.

Diese Bilder flogen durch meinen Kopf, als ich auf der Prüfungsbank in Bremen saß und die Frage des obersten Prüfers hörte. Ich musste wachsam sein und tat so, als hätte ich nicht richtig zugehört. Von meinen Lippen kam kein Ja und kein Nein, aber in meiner Verlegenheit ließ ich meinen Oberkörper offenbar leicht nach vorn kippen und wieder zurück, womit für den Prüfer wohl auch ein leichtes Kopfnicken angedeutet wurde, aus dem er meine Zustimmung ablas. Ich sagte nur: *»Sonst wäre ich nicht hier. Mein Schiff läuft morgen aus, ich bin schon gemustert worden.«*

»Als Leichtmatrose oder Matrose?«

»Als Matrose natürlich«, reagierte ich selbstbewusst.

»Wollen doch erst mal sehen, ob das mit dem Matrosen überhaupt klappt, du scheinst dir deiner Sache ja ziemlich sicher zu sein. Wie heißt dein Schiff?«

»NEIDENFELS. Heute Nacht laufen wir aus.«

Die Prüfer blätterten mein Berichtsheft durch, das ich drei Jahre auf See geführt hatte, befragten mich im Fach Schiffskunde, setzten mich mit dem Thema Wachdienst unter Druck und pressten Einzelheiten über Signal- und Ladungsdienste aus mir heraus. Nach einer guten Stunde verließ ich das Prüfungszimmer mit einer lausigen Durchschnittsnote. Mir aber war die Zensur egal, Hauptsache geschafft. Der Nichtschwimmer feixte sich eins.

Ohne es zu ahnen, hatte der Prüfer meinen wunden Punkt berührt. Alles wäre aus gewesen, Seefahrt ade! Auch damals schon, vor meiner ersten Reise, war ich routinemäßig nach meinen Schwimm-

— 27 —

Inhaber hat auf dem auf der Vorseite bezeichneten

Schiff: **M. S. Neidenfels**

Fahrtgebiet: Grosse Fahrt

in der Zeit vom 12. Okt. 1964

bis zum 14. Juli 1965

Dienstzeit: 9 Monate 2 Tage

als

Schiffsdienst geleistet.

Auf die Fahrtzeit sind .... Tage für Urlaub nach der Abmusterung anzurechnen.

Bremen, den 14. 07. 65

Unterschrift des Kapitäns oder eines bevollmächtigten Schiffsoffiziers

Die vorstehende Unterschrift wird beglaubigt ~~und die erfolgte Abmusterung hiermit vermerkt.~~

Bremen, den 14. Juli 1965

Das Seemannsamt

Freie Hansestadt Bremen · Seemannsamt · 1

Urlaub vom .... bis ....

Soziale Beiträge bis .... bezahlt. D. D. Ges. „Hansa“

freie Tage Abgeltung.

»*Schiff: M. S.* Neidenfels, *Fahrtgebiet: Grosse Fahrt*«. *Auszug aus dem Seefahrtbuch des Autors, 1965* fähigkeiten gefragt worden, auch damals hatte es keiner so genau wissen wollen. Reeder suchten in den 1960ern dringend nach neuen Seeleuten, weil der Export boomte. Wie sehr, wurde auch dadurch deutlich, dass junge Männer von der Bundeswehr befreit wurden, wenn sie sich für die Handelsmarine entschieden hatten. Hatte der Oberprüfer vielleicht nur deshalb nicht nach meinem Schwimmpass gefragt, weil mein Reeder mich unbedingt brauchte? Mit der Urkunde in der Hand lief ich zum Bremer Seemannsamt, das mir den Matrosenbrief ausstellte. Eine Stunde später packte ich auf der NEIDENFELS meinen Seesack aus. Zum ersten Mal hatte ich eine Kammer für mich allein.

László

Wir verließen den Bremer Europahafen bei Nacht, zogen in Lotsenbegleitung weserabwärts an Vegesack und Elsfleth vorbei, nahmen die weiße Blitzkennung des Leuchtturms Roter Sand in der Außenweser als letztes Adieu wahr und fuhren die Maas hoch bis in den Felshafen von Rotterdam. Holländische Schauerleute packten die NEIDENFELS im letzten europäischen Hafen mit Millionenwerten voll, und jeder Quadratzentimeter an Deck und in den Luken würde unserer Reederei irgendwann gute Einnahmen bescheren. Doch politische Unruhen auf Ceylon, die Häfen dort waren mit Schiffen verstopft, im Persischen Golf und Pakistan machten es ihr schwer, zuverlässig zu kalkulieren und verlässliche Liniendienste aufrecht zu erhalten. Oft lagen unsere Frachter monatelang in bestreikten Häfen und hofften dort auf bessere Tage, wodurch die HANSA viel Geld verlor, gelegentlich sogar die Souveränität über das ein oder andere Schiff. Wenig später, 1967, als nach dem Sechs-Tage-Krieg zwischen Israel und Ägypten der Suezkanal gesperrt war, wurde die von der Reederei gecharterte NORTHERN WIND nicht nur ein paar Monate, sondern sogar über viele Jahre im Großen Bittersee des Suezkanals festgehalten.

Im Rotterdamer Felshafen verabschiedeten wir uns von Europa, jeder auf seine Weise. Wenn ich mit Rheé zusammen war, hing das goldene R an meiner Brust, das sie mir vor meiner ersten großen Reise geschenkt und vom Bäcker von Laboe auf die GOLDENFELS hatte bringen lassen. Nun brachte sie mich an die NEIDENFELS und winkte mir zum Abschied zu, als wir die Leinen loswarfen und Fahrt aufnahmen.

Der holländische Hafenlotse geleitete unser Schiff die schleusenlose Maas hinab, vorbei am Hoek van Holland bis in die offene Nordsee. Im Westen erwartete uns der gürtelschmale, verkehrsreiche Ärmelkanal mit vielen Gegenkommern, einigen Mitläufern, fangaktiven Fischdampfern und querlaufenden Fähren, die England und den Kontinent miteinander verbanden. Die kabbelige Biskaya biss uns diesmal nicht in die Waden; wir glitten an der spanisch-portugiesischen Küste entlang und passierten schließlich das Mittelmeertor zwischen Europa und Afrika. Das ägyptische Alexandria war unser erstes Ziel, dort sollten wir einen Hafenschlepper für Singapur übernehmen. Für diesen Lift bereiteten wir das Schwergutgeschirr vor.

Einer der neu an Bord gekommenen Matrosen hieß László Lambos, ein Ungar. Wegen seines Nachnamens, der für uns wie Amboss klang und seines muskulösen Oberkörpers nannten wir ihn László, den Schmied. Tatsächlich hätte er ganz allein einen Amboss heben und wegtragen können. Er prahlte damit, Freddy Quinn ähnlich zu sehen. Andere dagegen meinten, mit seinen verkniffenen Lippen und seinen argwöhnischen Augen sehe er eher gemein aus. László war klein und kompakt wie ein Kunstturner und stark wie ein olympischer Gewichtheber. Seine Arme fielen nicht gerade am Oberkörper herab wie das bei normalkräftigen Männern der Fall war. Die ausladenden Brustmuskeln und die ausgeprägte Oberarmmuskulatur formten aus seinen Armen zwei Halbkreise, wobei die Ellenbogen am weitesten vom Körpermittelpunkt abstanden. Der Quadratschädel saß direkt auf seinen Schultern, der

Der Autor Hagen Deecke an Deck der NEIDENFELS, *1964*

Hals fehlte ganz. Auf Armen, Brust, und Beinen wuchs kein Härchen, seine gepflegte Haut glänzte glatt und braun; auf der Brust landete gerade ein Adler, den er sich in der Ältesten Tätowierstube Deutschlands am Hamburger Berg auf St. Pauli hatte stechen lassen. Er platzte fast vor Kraft, bei jeder Gelegenheit führte er sie uns vor. Während wir anderen zu zweit nur eine einzige Lukenpersennig auf einmal auf unseren Rücken tragen konnten, ließ er sich gleich zwei auf die Schultern packen, nichts war ihm schwer genug. Wer seine Kraft und Herrlichkeit einfach abtat, machte sich ihm verdächtig.

László Lambos wurde in Budapest geboren, war in die Armee eingezogen worden und hatte es dort angeblich bis zum Hauptgefreiten gebracht. Während des Ungarnaufstands war er vor einrückenden Sowjetpanzern bei Sopron über die Grenze nach Österreich geflohen. *»Ich habe mir den Weg in die Freiheit mit der Maschinenpistole freigeschossen«*, brüstete er sich, *»meine Gegner hat-*

ten keine Chance.« Immer, wenn er das Abenteuer seiner Flucht von anno 1956 zum Besten gab, sah er seinen Zuhörern direkt ins Gesicht und versuchte anhand ihres Mienenspiels abzulesen, ob sie eher Bewunderung oder Ablehnung für ihn empfanden, er registrierte das sehr genau. Jetzt wohnte er in Bremen. Hatte er dort Familie? Gab es Freunde? Eine Freundin? Er verlor kein Wort darüber. Post bekam er nie.

Wochen nachdem wir uns einigermaßen kennengelernt hatten, machte Bootsmann Herbert den Vorschlag, über die Wahl eines sogenannten Bestman nachzudenken. Dieser besondere Posten, den es auf vielen Schiffen in der Form gar nicht gab, war von Wach- und Brückendiensten befreit, stattdessen musste er typisch seemännisches Handwerk verrichten wie Segel nähen, Arbeiten mit Tauwerk und anderes mehr. Die Aufgaben des Bestman brachten soziale Anerkennung mit sich, er war so etwas wie der inoffizielle Sprecher der Decksbesatzung. *»Jeder«*, so erklärte der Bootsmann die Wahlmodalitäten, *»vom Schiffsjungen bis zum Matrosen, darf einen Mann seines Vertrauens wählen. Entscheidend dabei ist jedoch nicht, wer die meisten Stimmen bekommt, sondern wer die meisten Kilos auf sich vereinigt.«* Jeder Mann habe drei verschieden große Schäkel, die er auf drei verschiedene Männer verteilen müsse. Keiner dürfe sich selbst wählen. Wer am Ende die meisten Schäkelkilos auf sich vereine, sei zum Bestman gewählt.

Bootsmann Herbert fuhr seit sechsundzwanzig Jahren zu See und hatte diese Schäkel-Wahlmethode auf irgendeinem Dampfer kennengelernt. Mit Schäkeln kannten wir uns aus, mit ihnen verbanden wir täglich Blöcke und Beschläge, Kauschen und Drähte. Es sind u-förmige Stahlbügel mit verschraubbaren Bolzen, die es in allen Größen und Gewichten gab, von fünfzig Gramm leichten für das Anschlagen von Flaggleinen bis zu über dreißig Kilo schweren, um damit Schwergüter anzuheben. Vier der zwölf Matrosen wurden zum Bestman vorgeschlagen: Blümchen, Kalle, László und ich. László und ich gingen in die Stichwahl, bei der László zwanzig und ich dreiundzwanzig Kilo erhielt. Drohend kam er daraufhin auf mich zugestürmt und forderte ohne Umschweife: *»Du verzichtest!«*

Die N*EIDENFELS*

»*Warum?*«, entgegnete ich.

»*Weil ich Bestman werden will.*«

»*Die Jungs haben aber anders entschieden.*«

»*Glaub bloß nicht, dass ich mir das gefallen lasse*«, wütete er und dampfte davon.

Von diesem Augenblick an war ich Lászlós Erzfeind. Und was das bedeutete, erfuhr ich bereits wenige Tage später.

Als der jemenitische Bunkerhafen Aden an der südarabischen Küste hinter uns lag, feierten wir abends auf dem Achterdeck mal wieder ein Fest. Es war drückend heiß, der schwere, vollbeladene Dampfer lag so tief in der See, dass vom Hauptdeck bis zum Wasser nur wenige Meter blieben; bedächtig rollten wir von einer Seite auf die andere. Der Blitz, wie die Elektriker auf den Schiffen genannt wurden, hatte an Sonnensegelstangen eine bunte Lichterkette befestigt, die Kombüse spendierte Steaks, Bratwürste und Salate. Wir saßen an langen Tischen und Bänken, tranken und aßen, alles verlief nach bewährtem Muster. Wir zogen durch die Arabische See mit Singapur als Zielhafen, ein friedlicher Abend. Fast wie immer, aber eben nur fast. Bald schon war keiner mehr nüchtern. Eine Stunde vor Mitternacht leerte ich mein letztes Glas Cola-Rum, machte mich auf den Weg in die Koje, der Tag war lang.

»Du bleibst!«, befahl László, baute sich vor mir auf und zwang mich zurück auf meinen Platz. Es war aussichtslos für mich, gegen dieses Kraftpaket anzukommen. Niemand hatte die Attacke bemerkt, wir waren allein auf dem Achterdeck. László zog mich von der Bank hoch und drängte mich rückwärts bis ans hinterste Ende des Schiffes, dorthin, wo der kleine Flaggenmast stand. Sein Gesicht war wutverzerrt, er schien zu allem entschlossen. László presste mich gegen die Verschanzung, die Kante des Schandeckels drückte hart in meinen Rücken. Plötzlich blitzte in seiner Faust ein Marlspieker auf, ein rundes, unterarmlanges und stahlblankes Eisenteil mit scharfer Spitze, mit dem wir normalerweise Drähte spleißten. Ich wehrte mich mit aller Kraft, schlug um mich und schrie auf, wahnsinnig vor Angst. Er versuchte mir den schreienden Mund zu stopfen und drückte meinen Oberkörper über die Bordwand. Ich kämpfte um mein Leben. Die Marlspiekerspitze durchdrang mein T-Shirt, durchbohrte die Haut und László stach mit aller Kraft in meinen Rücken unter dem Schulterblatt. Er wollte mich erstechen und ins Meer werfen. Ich verlor den Halt und sah keine Chance, mit dem Leben davonzukommen. Unter mir raste der Schiffspropeller.

»Ihr Idioten! Hört auf! Seid ihr verrückt geworden?!« Der Wachgänger Blume, von uns nur Blümchen genannt, stürzte sich auf uns, riss den irre gewordenen Matrosen von mir, zog mich von der Bordwand weg und drängte sich zwischen uns.

»Du blutest ja wie Sau«, stieß Blümchen hervor und drückte einen Handballen auf meine Wunde. László bewegte sich nicht und stierte hinter uns her, als Blümchen mich auf die Brücke führte. Dort erzählte er dem Wachhabenden Dritten, was auf dem Achterschiff geschehen war. Der versorgte gleich meine Wunde; nun erfuhr ich auch, warum Blümchen überhaupt achtern aufgetaucht war: Der Deckslautsprecher, der die akustische Verbindung zwischen Brücke und Achterschiff herstellt, wurde, als wir Aden verlassen hatten, versehentlich nicht abgeschaltet, sodass der Wachhabende meine Schreie mithören musste. Wäre Blümchen nicht gekommen, ich hätte den Kampf verloren.

László Lambos wurde bis Singapur festgesetzt, wo er von Polizisten, die von zwei Diplomaten aus der Deutschen Botschaft begleitet wurden, in Gewahrsam genommen wurde. Der Alte protokollierte den Vorfall fürs Logbuch und schrieb einen Bericht für Behörden und Reederei, der von allen Beteiligten unterschrieben werden musste. Was mit László geschah? Ich weiß es nicht. Wir sind uns nie wieder begegnet.

FRAUENFELS

Offiziersanwärter

Ich kam physisch zwar nur sehr langsam wieder auf die Beine, doch meinen Job als Bestman nahm ich schon einige Tage nach dem Mordversuch wahr, arbeitete an Deck, nähte Lieks und Segel und erneuerte brüchiges Tauwerk. Die Alltagsnormalität half mir, mit der László-Geschichte fertig zu werden. Meine Einzelkammer diente mir als Rückzugsort, dort war ich allein und unbehelligt von Mitleid und guten Worten. Ich musste damit zurechtkommen, dass mich jemand so sehr hassen konnte, dass er mich umbringen wollte; ich betete mir ständig vor, dass so etwas nur jemand tun konnte, der krank war oder verrückt. Wochen mussten vergehen, bis ich mein Gleichgewicht wiederfand und den bösen Traum verdrängen konnte. Was mir erst viel später auffiel: Als László mich attackierte, standen wir genau in dem Seegebiet vor Mukalla, in dem damals auf der GOLDENFELS unser Hilfskochsmaat Manfred Neumann in den Tod gesprungen war.

Von László einmal abgesehen, gehörte das Jahr als Bestman auf der NEIDENFELS zu meiner schönsten Zeit an Deck. Ich verdankte sie vor allem drei Männern: dem Ersten Offizier Peter Ramm, dem Bootsmann Herbert Wasser und dem Kapitänssteward Hans-Jürgen Kohl. Peter Ramm war ein Draufgänger mit Humor, vielen Ideen und Fingerspitzengefühl für seine Männer. Ein feiner Kerl mit großer Überzeugungskraft. Wir arbeiteten gern mit diesem Motivator, der auch fast Unmögliches durchzog, wenn er es sich vorgenommen hatte. Wenn wir irgendwo auf Reede lagen und darauf warteten, in den Hafen einlaufen zu dürfen, machten wir das Motorboot klar und drangen mit Ramm an der Spitze meilenweit in unbekannte Flüsse vor. Keine noch so dicken, quer im Weg liegenden Bäume konnten uns aufhalten. Wir fingen Schlangen und Papageien, verteilten Zigaretten an Einheimische, manchmal auch leere Flaschen, Kon-

Die FRAUENFELS

servenbüchsen oder Eimer. Sein bester Mann war Herbert Wasser, ein abgeklärter Seemann mit jahrzehntelangen Erfahrungen, ein Mann mit großem Taktgefühl. Beide gaben ihre positiven Energien an uns weiter.

Unser Paradiesvogel aber war Hans-Jürgen Kohl aus Freiburg im Breisgau, der eigentlich sein Geld als selbstständiger Werbefilmer verdiente. HJK, wie wir ihn riefen, hatte sich als Kapitänssteward verdingt, wovon er im Grunde nicht das Geringste verstand. Bei den Verantwortlichen im Bremer Hauptkontor aber musste er sich sehr vorteilhaft als Alleskönner präsentiert haben. HJK gehörte die HJK-Filmgesellschaft, die Werbefilme für baden-württembergische Unternehmer drehte. Seine Geschäfte liefen zwar gut, wie er betonte, doch sie hätten seinen Nerven zu sehr zugesetzt. Während einer Auszeit bei uns wolle er sich vom Geschäftsleben erholen, zugleich was von der Welt sehen und für sein persönliches Freiheitsgefühl und aus Abenteuerlust mal ein bisschen über die Meere schippern. Er stand Kapitän Wiedau als Kammerdiener zur Verfügung, wie er das nannte. Von den anderen Aufgaben eines Kajütstewards, etwa den Bordkiosk mit seinen diversen alkoholischen Getränken zu führen, entband er sich selbst, indem er – gegen ein kleines Entgelt – einen Steward dafür einsetzte.

Mit seinem Chef ging er höflich und formvollendet um, begegnete ihm allerdings stets mit feiner Ironie. Der Alte konnte mit dem unterschwelligen Spott nichts anfangen und zappelte im Netz seines Stewards, wo immer der es auslegte. Er nahm zwar wahr, dass irgendetwas nicht stimmte, erkannte aber nicht, was es denn sei. Er spitzte den Mund dann zur faltigen Tüte und lief rot an. HJK unternahm trotz seiner feinsinnigen Wortspielereien alles, damit sich der Alte wohlfühlte. Er legte ihm die Speisen vor, wartete mit einem *»Bitte sehr!«* auf, wünschte *»Guten Appetit!«*, schenkte Bier nach und gab den Sommelier, wenn danach gefragt wurde. Empfing der Alte im Salon oder auf der Brücke wichtige Reedereikunden und Diplomaten, ließ er sein Schiff mit bunten Fahnen über die Toppen flaggen und Lichter aufstecken. Er zeigte sich stolz über den formvollendeten Mann an seiner Seite, der die Etikette beherrschte und der seine bedeutenden Gäste stets mit langer Kellnerschürze und perfekt sitzender Fliege aufs Zuvorkommendste bediente. HJK und der Alte bildeten ein groteskes Paar: der eine Mitte dreißig, groß, dunkel, schlank und gutaussehend, der andere knappe sechzig, dünn angesiedeltes Grauhaar, rundlich und verdrießlich.

Nach Feierabend saßen wir mit dem Mann vom Film auf dem Achterschiff unter offenem Himmel, tranken Bier, rauchten und erzählten uns Räuberpistolen, wir aus unserer Welt und HJK aus seiner. Wir glaubten ihm alles, sein Werbekosmos war uns so fern wie der fernste aller Planeten.

Mit weißer Bugwelle, dünnen weißen Schaumstreifen an beiden Schiffsseiten und weißer Hecksee rauschten wir durchs sonnenhelle Meer. Wenn die Kurse sich kreuzten, trafen wir auf die scheinbar ewig gutgelaunten Tümmler, die mit uns um die Wette schwammen. Vor unserer Bugwelle schnellten sie aus dem Wasser, nahmen Anlauf und katapultierten ihre schlanken Körper in die Höhe – zu zweit, zu dritt oder zu vielen. Sie blinzelten zu uns hoch, wirbelten um die eigene Achse, tauchten wieder in die Fluten ein, bis sie nach gelungener Aufführung Jagd auf Fliegende Fische machten. Wir lehnten an der Reling und warteten auf Jäger und Gejagte; Letztere segelten im langen Gleitflug neben uns her und tauchten wieder ab, als wären sie nicht in größter Not, sondern Zirkusakteure, und wir oben die zahlenden Gäste. Wir liebten unsere verspielten Außenbordskameraden, wie wir sie nannten. Gelegentlich lenkte uns ein Wal von der Arbeit ab und prustete uns zu, oder es reisten erschöpfte Seevögel mit und ruhten sich auf unseren Masten aus. Wir freuten uns über jede Ablenkung und genossen diese friedlichen Reisen auf der NEIDENFELS nach Burma, Singapur und Thailand. HJK beschrieb unseren Umgang miteinander einmal als »soziale Liebkosung«.

Dieses Jahr als Bestman auf der NEIDENFELS tat mir gut, es stärkte mich. Doch unversehens ging es zu Ende, ganz anders, als ich erwartet hatte. Wir befanden uns auf der Heimreise und passierten gerade die bretonische Küste, als mich Peter Ramm vor der französischen Atlantikinsel Quessant auf die Brücke rief und mir die ihm vom Funker überbrachte Reedereinachricht zeigte. *»Du sollst in Rotterdam auf die FRAUENFELS umsteigen und dort als Offiziers-Anwärter mustern. Hier, lies selbst!«* Er hielt mir das Papier hin und wartete.

»Interessiert?«

»Mir gefällt's hier gut, ich fühl mich wohl. Hab eigentlich keine Lust, wegzugehen.«

»Solltest du aber«, riet er mir, *»wenn du ablehnst, fragen die dich so schnell nicht wieder.«* Meine Entscheidung würde bedeutende Verbesserungen nach sich ziehen, riet er mir, es würde Schluss sein mit der unbarmherzigen Schufterei und schwieligen Dreckshänden. Ich käme raus aus Jeans und Arbeitsschuhen und rein ins weiße Hemd, raus aus der Matrosenkammer mit ihren Bullaugen und rein in eine Offizierskammer mit großen Fenstern! *»Deine Entscheidung für einen Wechsel wäre der erste Schritt in Richtung Steuermannspatent. Du hast einen Tag Bedenkzeit, spätestens in Rotterdam musst du dich entschieden haben.«*

Eine Stunde später, als der Leuchtturm von Quessant gerade außer Sicht kam, stimmte ich zu. Ich packte Koffer und Seesack, die überflüssig gewordene Arbeitskleidung stopfte ich durch meine

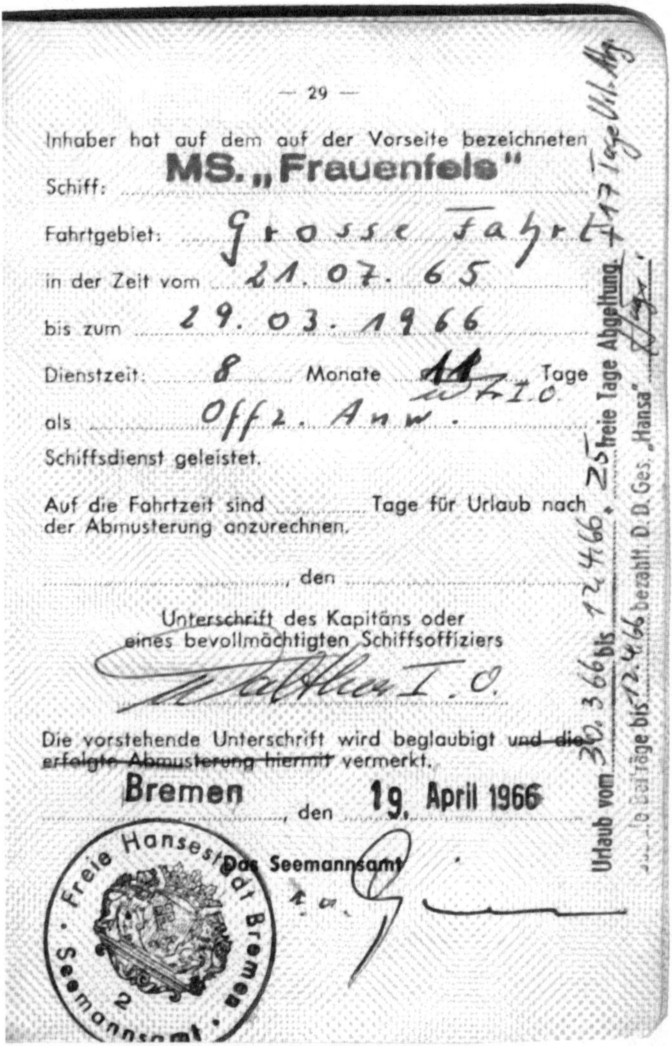
— 29 —

Inhaber hat auf dem auf der Vorseite bezeichneten

Schiff: MS. „Frauenfels"

Fahrtgebiet: Grosse Fahrt

in der Zeit vom 21.07.65

bis zum 29.03.1966

Dienstzeit: 8 Monate 11 Tage

als Offz. Anw.

Schiffsdienst geleistet.

Auf die Fahrtzeit sind .... Tage für Urlaub nach der Abmusterung anzurechnen.

.................................., den ....

Unterschrift des Kapitäns oder eines bevollmächtigten Schiffsoffiziers

I. O.

Die vorstehende Unterschrift wird beglaubigt ~~und die erfolgte Abmusterung hiermit~~ vermerkt.

Bremen, den 19. April 1966

Das Seemannsamt

Freie Hansestadt Bremen · Seemannsamt · 2

Urlaub vom 30.3.66 bis 12.4.66. 25 freie Tage Abgeltung + 17 Tage Url. Abg.

Die Beiträge bis 12.4.66 bezahlt D. D. Ges. „Hansa"

»Schiff: MS. „Frauenfels“, Fahrtgebiet: Große Fahrt«. Auszug aus dem Seefahrtbuch des Autors, 1966

beiden Bullaugen und übergab sie dem Meer. Ich konnte kaum glauben, dass ich diese Klamotten nicht mehr brauchen würde, denn bislang kannte ich nur das schwere Leben als einfacher Seemann auf einem Schwergutschiff. Insgeheim jedoch hatte ich irgendwie auf bessere Zeiten gehofft, soeben hatten mir die Reederei und Peter Ramm einen Weg gewiesen, der mir vorher nicht so recht in den Sinn gekommen war: die Kommandobrücke.

»Mach deine Sache gut oder gar nicht und pass auf dich auf«, sagte Peter Ramm beim letzten Händedruck. *»Wenn du wirklich nach oben willst, verhalte dich immer so, als wärst du bereits oben angekommen.«*

Den geplanten Urlaub musste ich streichen, schon in zwei Tagen sollte die FRAUENFELS mein neuer Wohnsitz werden. In Rotterdam bestellte ich beim Bäcker von Laboe drei helle, kurzärmelige Hemden, zwei helle Hosen mit kurzem Bein, Unterwäsche, Strümpfe und Sandalen, ließ mir Haare und Bart schneiden, mich massieren und abends traf ich Rheé, wie immer wenn ich nach Rotterdam kam. Sie nahm in meinen Gedanken viel mehr Platz ein, als ich mir das zugestehen wollte. Wir liebten uns und wussten doch nicht, wie wir miteinander leben könnten. Unsere jeweiligen Lebenswelten passten einfach nicht zusammen und wir fanden keinen Weg, das zu ändern.

Tags darauf meldete ich mich beim Kapitän der FRAUENFELS, Friedrich Soller, und händigte ihm mein Seefahrtbuch aus. Er teilte mich dem Ersten Offizier und damit dessen Morgenwache von vier bis acht zu. Von ihm sollte ich den Brückenalltag eines Nautikers kennenlernen, lernen, wie man Heuerabrechnungen erstellt, wie ein Schiff ein- und ausklariert wird und wie Mannschaftslisten geschrieben werden.

Mit Kapitän Soller und dem Zweiten Ingenieur spielten wir viele Abende im Salon Mau-Mau und Mühle, oft las ich auch die Bücher, die ich mir aus Deutschland in die Häfen schicken lies. Mein Status als Offiziers-Anwärter und die veränderten Umstände waren gewöhnungsbedürftig, doch die vergleichsweise komfortablen Wohnverhältnisse machten es mir leicht, mich schnell auf die

Der Autor an Bord der FRAUENFELS, *1965*

neuen Gegebenheiten einzustellen. Ich wohnte jetzt mittschiffs in einer vibrationsfreien Einzelkammer mit zwei großen Fenstern und unverstelltem Blick auf das Vorschiff und die See. Ich konnte jetzt auf einer hübsch gepolsterten Bank liegen und in einer breiten Koje schlafen, breiter als je zuvor. Auch die Offiziersmesse gefiel mir wegen ihrer gediegenen Holztäfelung weitaus besser als die doch eher schlichten Mannschaftsmessen.

Die Besatzung des hundertvierzig Meter langen und achtzehn Meter breiten Stückgutfrachters setzte sich aus acht Deutschen zusammen, neben dem Kapitän die Nautiker und Ingenieure, die anderen dreißig Seeleute für Deck, Maschine, Kombüse und Bedienung kamen aus Pakistan. Angeblich sollten die klimatischen Verhältnisse im schwül-heißen Indischen Ozean die Geschäftsführung veranlasst haben, die an das heiße Klima gewohnten Pakistaner und später auch Laskaren aus Indien anzuheuern. Ali Memon allerdings, der dem Betriebsrat der Reederei angehörte, vertrat eine kritischere Auffassung: *»Die gesamte ausländische Mannschaft kostet die Reederei genauso viel pro Monat wie ein einziger deutscher Kapitän.«* Vielfach zogen es erfahrene Kapitäne und Offiziere vor, mit indischen, pakistanischen und später auch chinesischen Männern zur See zu fahren, denn sie tranken wenig und waren zuverlässiger als die Deutschen. Auch mir kam es sehr gelegen, nicht ständig zum Trinken animiert zu werden.

Wenn der Erste und ich Wache hatten, beglückte uns unser Wachgänger Mahmut pünktlich um sechs auf der Brücke mit einer Spezialität aus der Kombüse: knusprig-braune, runde, in heißem Öl gebackene und noch Blasen werfende Indische Ciabattas, dazu Weintrauben und starker süßer Tee. Jeden Morgen aufs Neue. Langsam lernte ich die angenehme Seite der Seefahrt schätzen. Mit den Pakistanern verstanden wir uns gut, es war mehr als nur der konventionelle Respekt, den wir einander entgegenbrachten.

Serang Haroun, ein knorriger Bootsmann von altem Schrot und Seemannskorn, war einer ihrer Sympathieträger. Er führte seine Männer mal mit harter Hand – Bamboo nannte er das –, mal mit väterlicher Milde. Ich kann mich an keine Unregelmäßigkeit seiner Männer erinnern. Haroun hinkte ein wenig, wie es dazu gekommen war, wollte er nicht verraten. Seit seiner Jugendzeit bis Ende dreißig fuhr er auf arabischen Daus zur See. Er kannte die Gestirne besser als jeder andere an Bord. Obwohl er nie eine Seefahrtsschule besucht hatte, wusste er immer, wo im Indischen Ozean wir gerade standen. Als ich ihm einmal im Vorübergehen zurief, dass wir in fünf Tagen seinen pakistanischen Heimathafen Karatschi erreichen würden, korrigierte er mich strahlend: *»Only four days, Sahib, please check it again«* (Nur vier Tage, Sahib, bitte prüfen Sie es noch einmal.), und streckte seinen breiten Daumen in die Höhe. Mit Hilfe seines dicken Daumens und dem Stand von Sonne und Sternen konnte er unseren jeweiligen Standort bestimmen. Er hatte – fast – immer recht. Haroun war einer der stolzesten Männer, die ich während meiner Zeit auf See getroffen habe. Sein Heuervertrag lief über zwei Jahre, wie der aller anderen pakistanischen Seeleute auch. Als diese abgelaufen waren und er in Pakistans größtem Hafen von Bord ging, feierte ihn seine Großfamilie wie einen Fürsten. Er ließ seine Gaben, die er während seiner Reisen erhandelt hatte, durch eigens bestellte Träger vom Schiff bringen, darunter dreizehn Nähmaschinen, sechs Fahrräder, zehn Transistorradios und ein Motorrad. Für Harouns Großfamilie bedeuteten seine Geschenke Arbeit, Brot und Wohlstand. Ihn selbst trugen sie in einer Sänfte wie einen Maharadscha die Gangway hinunter, während Haroun strahlte und mit holder Hand von der Pier zu uns hochwinkte. Mir fiel der Abschied von ihm schwer.

Unser Agent brachte mir einen Brief vom Bundesverkehrsministerium an Bord, in dem mir bestätigt wurde, dass ich im März mit der Steuermannsschule, an der ich mich schriftlich beworben hatte, beginnen könne. Im nächsten europäischen Hafen, das war Genua, würde ich abmustern und nach Elsfleth in die Wesermarsch fahren, wo ich vor vier Jahren die Schiffsjungenschule besucht hatte.

Vom Mythos der HANSA

Wir Seeleute waren stolz darauf, für die Bremer HANSA zu fahren. Die Schwergutfrachter der Reederei konnten mehr leisten als alle anderen Schiffe weltweit. Mit dem bordeigenen Ladegeschirr, wie wir die Schwergutbäume samt Zubehör nannten, lifteten wir hundert Tonnen schwere Lokomotiven an Bord und wieder zurück an Land, das Doppelte wogen Industriebehälter, die wir nach Saudi-Arabien und nach Indien brachten. Unser Champion TRIFELS konnte sogar sechshundertvierzig Tonnen auf einen Streich in die Höhe wuchten, so viel wog ein kompletter Hochseeschlepper. Wo andere Kompanien den Kopf schütteln mussten, sagte die HANSA immer nur: Ja, wird erledigt. Weltumspannende Konzerne wie Siemens, General Electric und Babcock verließen sich auf uns.

Einer der drei bemerkenswertesten Aufträge jener Tage war der nach Baroda ins westliche Indien, bei dem ein fünfhundertdreißig Tonnen schwerer und dreiunddreißig Meter langer Koloss in einem einzigen Stück verschifft werden musste. Die UHENFELS brachte ihn 1973 vom französischen Biskayahafen St. Nazaire nach Indien, wo das Land bereits auf den Druckwasserbehälter für sein erstes Kraftwerk für Atomforschung wartete; allein die Vorbereitungen für diesen Transport hatten drei Jahre in Anspruch genommen. Ein weiterer Auftrag war der für den Bau des Jizan-Staudamms, für den im Jahr 1967 Schwermaschinen nach Saudi-Arabien durch ein nur schlecht vermessenes Seegebiet im Roten Meer verschifft werden mussten. Ein sechshundertfünfzig Tonnen schweres Kranschiff nach Libyen zu transportieren, war der größte Transport jener Jahre. Solche Arbeiten erledigt zu haben, sorgte unter den Schwergut-Seeleuten für ausgeprägtes Selbstbewusstsein. Nicht nur diese Herkulesaufgaben begründeten den Mythos der HANSA-Linie, der schließlich zur Legende wurde.

Unser Markenzeichen, das schwarze HANSA-Kreuz im rot-weiß-roten Schornstein, sichtete man auf dem Amazonas ebenso wie in der Arktis und vor Madagaskar. Zu Ruhmeszeiten der HANSA während der Sechziger und Siebziger belegte sie mit den gut fünfzig von ihr gemanagten Schiffen den ersten Platz unter den weltgrößten Reedereien. Die Schiffe mit dem HANSA-Schornstein prägten uns – und wir prägten sie – wir hielten uns für die Besten und Stärksten.

Wenn wir uns mit unseren Erfolgen auch noch so gut und selbstbewusst fühlten, so spürten wir in den Häfen doch die Herablassung unserer Rivalen vom Norddeutschen Lloyd, der Hapag und Hamburg Süd. Doch warum? Durch Seeleute, die von unserer Reederei zu einer der anderen gewechselt und wieder zurückgekehrt waren, erfuhren wir die Gründe: Wir würden im Gegensatz zu denen nicht »steil« fahren, womit sie ihre streng hierarchische Führung und quasi-militärische Ordnung meinten. Sicherlich hatten sie recht. Unser Arbeitsalltag verlief zwar durchaus geordnet und diszipliniert, allerdings relativ frei von Hierarchien und getragen von einem demokratischen Grundverständnis. Und auch darauf waren wir stolz.

1980 erlosch der Stern der HANSA-Reederei, neunundneunzig Jahre nach ihrer Gründung. Es hieß, sie habe die Zeichen der Zeit nicht erkannt und auf Markt- und Währungsschwankungen nicht angemessen reagiert.

Tränen.

Elsfleth

Die leicht spröde Hafenstadt an Hunte und Weser bot sich nicht unbedingt als Sehnsuchtsort an, diese einstige Reeder- und Kapitänshochburg erwies sich dennoch als gute Wahl. Seit mehr als hundert Jahren tolerierten ihre bürgerlich-ehrbaren Bewohner mit Humor und gutem Willen den andauernden Andrang junger Seeleute aus aller Welt, die hier einfielen, um an der Seefahrtsschule Elsfleth ihre großen nautischen Patente zu erwerben. Seit 1832.

Ich fand mich hier schnell wieder zurecht. Die Elsflether, die ihre Stadt auch gern als Ort an der Schranke bezeichnen, weil einige der wichtigsten Straßen von einer vielbefahrenen Bahnstrecke gekreuzt und immerzu von niedergehenden Schranken gesperrt werden, stellten den Studierenden seit jeher bezahlbare Studentenzimmer zur Verfügung und machen sich damit bei den Seeleuten bis heute beliebt.

Zu den berühmtesten Quartiersgebern der Stadt gehörten Grete und Gerd Eylers aus dem zwei Kilometer nahen Dorf Oberhammelwarden. Das Ehepaar stellte sein wuchtiges Bauernhaus samt großem Garten den Unterkunft suchenden Seemännern zu günstigen Bedingungen zur Verfügung, Vollpension inklusive. Grete Eylers bereitete das Frühstück, kochte für ihre zehn oder zwölf Jungs zu Mittag und tischte im weitläufigen Flur auch abends noch für sie auf. Wer mochte, wurde von der beherzten Dame anschließend zum gemeinsamen Fernsehabend geladen, immer gut bewacht von Boxerhündin Cindy. Eine Hilfe hielt unsere Zimmer in Ordnung, wir mussten uns um nichts anderes kümmern als um unsere nautischen, seerechtlichen und wetterkundlichen Fachbücher. Wenn wir abends gut angezogen das Gehöft verließen, um auf einem der stets anstehenden Treffen oder Partys zu glänzen, saß Altbauer Eylers unten vor der Hoftür auf seiner Bank und verabschiedete uns mit dem entlarvenden Satz: »*Na Jungs, wieder als*

Herren verkleidet?« Der alte Eylers kannte uns besser als jeder andere. Oft genug hat er trotz Rheuma und schmerzender Hüfte seinen Trecker angeworfen oder sein starkes Pferd Liese angespannt, um eines unserer gestrandeten Autos aus den Tiefen der Wesermarschgräben zu ziehen.

Die alte Seefahrtsschule bildete den Mittelpunkt unseres zweijährigen Aufenthalts. Ehemalige Kapitäne unterrichteten uns in dreizehn theoretischen Fächern, wie in der Schule paukten wir brav an Tischen und auf Stühlen. Sportlichen Ausgleich suchten wir beim Fechten, Fußball und Handball, einige spielten auch Tennis; wir gingen Sportarten nach, die wir an Bord nicht ausüben konnten. Viele schlossen sich einer Nautischen Kameradschaft an wie der Visurgis – Weser – oder der »intellektuelleren« Konkurrenz, der Nautischen Verbindung Roter Sand. Auf den kleinen und großen Festen und Zusammenkünften im Restaurant Zur Kogge und im Festsaal der Vegesacker Strandlust trafen sich die Visurgen, genossen die Gesellschaft und fühlten sich wohl. Eine magische Anziehungskraft übte das unscheinbare Schwarze Ross in der Stadtmitte auf viele aus, ein schummeriges Tanzlokal, in dem so manche Liebesbeziehung ihren Anfang nahm – die Elsflether Mädchen waren uns zugetan und wir ihnen.

Mitstudent Jan Thaysens Opel Kapitän brachte uns regelmäßig nach Oldenburg ins Schlosstheater, wo wir uns Theaterstücke oder Opern ansahen; mit Peter Kossaks brandneuem Fiat Sportcoupé steuerten wir Ziele im Marschenland an und freuten uns der mobilen Freiheit. Einmal besuchte mich meine Schwester Ulrike, die sich in Mainz zur Kranken- und Heilgymnastin ausbilden ließ, wir hatten uns ein paar Jahre nicht gesehen; mit meinem Käfer bin ich sogar einmal nach Hannover gefahren, nur um sie während eines zwanzigminütigen Zugaufenthaltes auf dem Bahnsteig zu treffen.

Als im zweiten Studienjahr das Geld knapp wurde, ging ich während der Semesterferien für sechs Wochen als Offiziers-Anwärter an Bord des Hamburger Frachters TRANSPACIFIC. Auf dieser Reise lernte ich die Großen Seen Kanadas und Amerikas kennen, sah mir Chicago, Milwaukee und die Niagarafälle an, reiste zur Weltausstellung in Toronto und traf mich dort mit Gisela Altmüller, die von Lachendorf nach Kanada ausgewandert war. Mein alter Käfer wartete währenddessen im Hafen von Rotterdam auf mich und enttäuschte mich nicht: Nach dem Ausflug sprang er auf Anhieb wieder an und brachte mich zurück an die Bücher.

Als es später wieder einmal finanziell eng wurde, halfen mein Freund Jan Thaysen, mit dem ich das Zimmer auf Eylers Ranch teilte, und ich uns gegenseitig aus, indem einer für den anderen bürgte. Die erste Rate würde bereits einen Monat nach der Zeugnisübergabe fällig werden, so war es vereinbart. So konnten wir unser Großes Steuermannspatent A5 durchziehen und es uns an Land gutgehen lassen.

Respektvoll begegneten wir Steuermann-Aspiranten jenen Männern, die diesen Status bereits innehatten und sich jetzt am Großen Kapitänspatent A6 abarbeiteten, unter ihnen die erfahrenen Seefahrer Bondy und Puschen. Diese beiden kannten das aktive Schifffahrtsgeschäft wie niemand sonst, auch solche international agierenden Reedereien, die ihre Schiffe mit Deutschen besetzten und sie unter Billigflaggen wie der von Panama, den Bermudas oder Liberia fahren ließen.

»Damit tragt ihr aber auch das Risiko, auf einen unseriösen Reeder zu treffen«, warnten sie uns. Aber so schlimm würde es schon nicht kommen, dachte ich mir. Ich wollte den Studienkredit über fünftausend Mark bei der Oldenburgischen Landesbank in Elsfleth möglichst schnell wieder loswerden, schon deshalb liebäugelte ich mit der fremden Flagge. Wenn ich mich für mehr als ein halbes Jahr von meinem deutschen Wohnsitz abmelden würde, hatte Bondy gesagt, würde meine Steuerpflicht in Deutschland erlöschen, ich wäre von allen Abgaben befreit und aus brutto würde netto werden.

Leider gehörten nicht alle Seefahrtsschüler nach den vier Studiensemestern zu denen, die ihre Ziellinie auch erreichten, einige mussten noch ein halbes Jahr anhängen. Die anderen suchten sich wieder ein neues Schiff und tauchten damit in eine noch unbekannte Welt: in die des Steuermanns auf Großer Fahrt, der auf der Kommandobrücke steht und eine Seewache verantwortet. Ich hatte es geschafft.

Einige hatten die Zeit an Land ganz besonders schön erlebt und sich in ein Mädchen verliebt. Als sie wieder hinausfuhren auf See, waren nicht wenige von ihnen verlobt. Der Legende nach heißt es, dass die Elsflether Mädchen in drei großen Schritten die Liebe und das Leben kennenlernten: Die Jungs der Schiffsjungenschule küssten sie zum ersten Mal, die Steuermannsschüler verlobten sich mit ihnen und die Kapitänsschüler heirateten sie. Ich fühlte mich noch zu jung für eine feste Bindung. Mir sollten immer noch die roten Schuhe erscheinen, die ich damals in meinem Dorf am Auto mit Hamburger Kennzeichen vor dem Tannenkrug von Onkel Willi Trumann gesehen hatte. Ich suchte noch die Frau, die zu ihnen passte. Jetzt ging es für mich erst einmal wieder auf ein Schiff, weg von der HANSA, hin zur liberianischen Billigflagge, ich wollte schnell meine Schulden loswerden.

Warrah River

Der Seelenverkäufer

Wusste Albert Wilhelm Kalkbrenner vom erbärmlichen Zustand seines Tankers? Und was wusste er über den Kapitän und seine Matrosen? Eigentlich hätte er von den Verhältnissen an Bord der Warrah River wissen müssen, zumindest landeten die Berichte auch auf seinem Schreibtisch, wie ich bald erfuhr. Doch kein Wort davon, als ich in seinem Büro einen Heuervertrag für ein ganzes Jahr unterschrieb.

Kalkbrenners Schreibtisch stand in der Straße Mattentwiete in Hamburgs Altstadt. Der Geschäftsführer des Schiffsmaklers Chemie Seeverkehr & Tanker entsprach in seinem Auftreten im dunkelblauen Blazer mit Goldknöpfen und Einstecktuch und seinen kurzen, grauen Haaren, ganz dem Klischee eines hanseatischen Kaufmannes. Albert Wilhelm Kalkbrenner vertrat die Interessen seines amerikanischen Auftraggebers, des Reeders A. L. Burbank in New York. Ich verließ mich auf diesen Mann, der mit geradem Rücken hinter seinem alten Mahagonieschreibtisch saß. *»Ein ganz normaler Tanker, der in der Trampschifffahrt beschäftigt ist«*, sagte er, die gesamte Besatzung bestehe aus deutschen Seeleuten, am Heck des Tankers, der gerade in Colombo in der Werft läge, wehe die westafrikanische Billigflagge von Liberia. Ansonsten keine Besonderheiten. Ich glaubte seinen Worten und setzte meine Unterschrift unter einen Jahresvertrag als Dritter Offizier. Tage später wusste ich, dass er mich gründlich belogen hatte.

Mein Flug führte mich über London, Kuwait und Bombay in Ceylons Hauptstadt. Auf dem Flugterminal hielt ein Agenturangestellter ein Schild mit meinem Namen in die Höhe. Nach einstündiger Rumpelfahrt stand ich auf der Brücke der Warrah River und traf Kapitän Ronald Blau, der seine Muskeln gerade mit Expanderübungen stärkte.

»Sie sind mir erst für nächste Woche angekündigt worden, ich habe Sie noch nicht erwartet«, empfing er mich, streckte mir zögernd und beinahe entschuldigend die Hand entgegen und grummelte noch etwas über die schlechte Kommunikation zwischen ihm und seinem Schiffsagenten. Ein abgespanntes Gesicht mit faltigem Mund und flinken Augen, es wirkte misstrauisch und wach zugleich. Sein Bart wuchs vielleicht seit einer Woche, die wenigen zerzausten Haare auf der Halbglatze hatten seit Monaten keinen professionellen Haarschneider gesehen, sie berührten seine gebräunten Schultern. Unter einem fleckigen T-Shirt mit offener Knopfleiste, aus der graues Brusthaar kräuselte, drängte ein praller Bauch hervor; unten herum schlotterten Bermudashorts, die Füße waren nackt. Zu meinem abgerissenen Tankerkapitän wollte so gar nicht die goldene Rolex passen, die am rechten Handgelenk leuchtete. Später zeigte er mir einmal stolz diese Submariner, von der er behauptete, dass sie genauer ging als das offizielle Schiffschronometer. Der gemeinsame Auftritt dieses schmuddeligen Mannes und seiner goldenen Uhr wirkte anstößig. Ich schätzte ihn auf Mitte fünfzig.

Bevor ich Seesack und Koffer ausgepackt hatte, bat er mich in seine heiße Kajüte zum Whisky auf Eis; ich mochte nicht gleich nein sagen und trank ein Glas und ein zweites. An der holzgetäfelten Decke drehte ein gitterloser Ventilator seine Kreise und verwirbelte die drückende Kabinenluft. Der Unterkiefer des Kapitäns zermalmte fortdauernd Sonnenblumenkerne, die er mit kleinen Whiskyschlucken hinunterspülte. Ich händigte ihm das für die Schiffskasse bestimmte braune Päckchen mit den zwanzigtausend Dollar aus, das ich im Reedereiauftrag mit Hilfe einer Fünfzig-Dollar-Note und einer netten Zollbeamtin diskret ins Land getragen hatte, dazu einen Umschlag mit Briefen für die Besatzung und ein gelbes Päckchen mit Schiffspapieren, das er aber nicht anrührte. Er interessierte sich viel mehr für den aktuellen SPIEGEL mit der Titelzeile ›Studenten auf den Barrikaden‹ und die Bild-Zeitung, die ich ihm hingelegt hatte. Erst jetzt fiel mein Blick auf einen flachen Korb unter einem Fenster, in dem dreißig oder mehr Wollknäuel in verschiedenen Farben leuchteten; daneben stand eine flache Leiste auf vier Beinen, von der ein halbfertiger, buntgemusterter Teppich herunterhing. In seiner Freizeit knüpfte Tankerkapitän Blau Teppiche.

Während der Alte von seinen Monaten an Bord erzählte, fiel mir Kalkbrenner vom Schiffsmakler Chemie Seeverkehr & Tanker in Hamburg ein, der von einem *»ganz normalen, zwölf Jahre alten Tanker in der Trampschifffahrt«* gesprochen hatte. Kapitän Blaus Worte dagegen hörten sich völlig anders an: *»Die Maschinenanlage ist Schrott, Chief May und die Reederei wollen es nur nicht wahrhaben.«* Seit Wochen schon gaste der verrostete Tanker im einsetzenden Sommermonsun still vor sich hin, keine Hand schien um Besserung bemüht. Die in den Ladetanks verbliebenen Ölreste waren nicht entfernt worden, aus den Rückständen entwickelte sich ein hochexplosives Sauerstoff-Gas-Gemisch, das eigentlich über Ventile an die Umwelt abgegeben werden sollte, sobald der Druck in den Tanks zu hoch wurde. Doch die Ventile waren verrottet, öffneten sich nicht mehr. Die Explosionsgefahr nahm täglich zu, ein einziger Funke würde genügen, den Tanker in die Luft zu jagen. Als ich ein Deck tiefer in meine Kammer einzog, fragte ich mich, ob das mit der Billigflagge und der schnellen Kreditrückzahlung wirklich eine gute Idee gewesen war. Doch für einen Rückzug war es jetzt zu spät und den vorgefundenen Verhältnissen entgegenzutreten, dafür fehlte mir der Mut.

Das Deck der WARRAH RIVER war flach wie das Watt. Nur in der Decksmitte verliefen mehrere ofenrohrdicke Leitungen von achtern nach vorn mit Abzweigungen in alle Tanks. Wenn das Schiff beladen wurde, pumpte die Landstation das Öl über den schiffseigenen Schlauchanschluss, den Manifold, an Bord und wurde von dort über einzelne Leitungen in die Tanks verteilt. Am Boden der einzelnen, in backbord und steuerbord aufgeteilten Tanks verliefen in ganzer Schiffsbreite Heizschlangen, die das Schweröl während der Seereisen auf einer vorgeschriebenen Temperatur hielten. War der Löschhafen erreicht, presste eine bordeigene Pumpstation das Öl wiederum an Land, wo es in Großbehältern zwischengelagert wurde. Mit ihrer Tankkapazität von 55 000 Ton-

»W.R. Fünf Minuten vor einem der zahllosen Maschinenschäden«. Notiz auf dem Foto des Autors

nen Rohöl hätte die Warrah River eine Kleinstadt einen Wintermonat lang mit Energie versorgen können.

Der Rohöltanker entsprach international üblichem Standard: zweihundert Meter lang und vierzig breit, die elftausend PS starke Turbinenanlage brachte das Schiff auf eine Geschwindigkeit von vierzehn Knoten, fünfundzwanzig Kilometer in der Stunde, so schnell wie ein geübter Hobbyradler. Voll beladen lag der Tanker zwölf Meter im Wasser, vier Stockwerke tief. Die Kammern von Kapitän und den drei Nautischen Offizieren waren in den Mittschiffsaufbauten untergebracht, alle anderen Männer – Schiffsingenieure, Heizer, Matrosen, Chefkoch, Kochsmaaten und Stewards –

lebten achtern in etwas flacheren Aufbauten; alle achtunddreißig Mann waren in komfortablen Einzelkammern untergebracht. Die alte Seefahrernation Norwegen, die das Schiff vor zwölf Jahren gebaut hatte, wusste, wie man gern zur See fuhr. Benannt war die WARRAH RIVER nach einem Fluss auf den West-Falklands. Nach sechs Wochen Werftaufenthalt verließen wir endlich Colombo. Die Tanks sollten jetzt gasfrei und die Maschinenanlage seetüchtig sein. Muscheln, Algen und anderer Bewuchs hatten sich während des ausgedehnten Aufenthalts in tropischen Gewässern am Unterwasserschiff festgesetzt, an einigen Stellen bis zu dreißig Zentimeter stark, dadurch wäre die Fahrt gebremst worden. Jedoch hatten die Taucher in all den Wochen kaum mehr als den Außenhautbewuchs am Vorschiff entfernen können.

Als wir losfuhren, war die Mannschaft stark reduziert, es fehlten acht Mann. Drei Seeleute waren gesackt worden, fristlos entlassen, weil sie versucht hatten, die Kammertür des Alten mit schweren, ölverschmierten Schraubenschlüsseln aus der Maschinenwerkstatt einzuschlagen, als dieser sich geweigert hatte, ihnen weitere Vorschüsse auszuzahlen. Sein Notruf bei der Deutschen Botschaft löste einen Polizeieinsatz aus, die Randalierer wurden in Handschellen von Bord geführt. Fünf weitere Männer waren im Rotlichtviertel Colombos verlorengegangen.

Nach zwei Tagen auf See fiel die Hauptmaschine aus – nach sechs Wochen Werftzeit totaler Blackout! Kein Licht, kein Wasser, kein Kreiselkompass, keine Positionslichter, keine heiße Herdplatte. Bis die Ingenieure den Schaden behoben haben würden, trieben wir manövrierunfähig im Südwest-Monsun, zwei schwarze Signalbälle im Peildeckmast machten andere Schiffe auf unsere Lage aufmerksam. Eine defekte Speisewasserpumpe, die Wasser in den Turbinenkreislauf zurückpumpte, sollte die Ursache für den Ausfall gewesen sein. Mit einer Woche Verspätung erreichten wir den Ladehafen Mina al Ahmadi im Persischen Golf, wo wir 30 000 Tonnen Rohöl luden. Noch während des Ladungsvorganges schrie der verantwortliche Offizier Sven Arnsen plötzlich den Loadingmaster per Funk an, den Vorgang sofort zu stoppen, er fuchtelte wild mit den Armen und schrie immer lauter. Zu spät! Offensichtlich hatte er nicht aufgepasst und den richtigen Zeitpunkt verpasst, den Ölfluss zu stoppen. Einige Tanks liefen über, das unter Hochdruck in die Behälter gepresste warme Öl sprudelte in den heißen Himmel, meterhohe schwarze Ölfontänen schossen aus den Tanköffnungen in die Luft und besudelten das Hauptdeck. Endlich ließ der Druck nach, doch das Desaster nahm seinen Lauf. Der sich wie heiße Lava ausbreitende Ölbrei lief über Deck und Bordwände hinab, erstarrte schließlich und blieb dort haften wie Teer auf Beton. Erst Wochen später beseitigte eine europäische Werft die Schweinerei. Bis dahin fuhr die Warrah River übers Meer wie ein dreckiges Tier, das sich im Schlamm gesuhlt hatte.

Wir verließen den Golf, setzten unsere Kurse allerdings nicht nach Westen ab, um wie sonst üblich durchs Rote und Mittelmeer nach Europa zu gelangen, sondern nach Süden, denn wegen des Sechstagekriegs zwischen Ägypten und Israel war der Suezkanal blockiert, elendig lang war nun der Weg ums Kap der Guten Hoffnung.

Als wir uns der Straße von Mosambik näherten, fing unser Funkoffizier ein ungewöhnlich deutliches SOS-Signal auf: In dem Seegebiet, in dem wir uns gerade aufhielten, musste ein Schiff ganz in der Nähe in Seenot geraten sein, so laut war das Notsignal zu hören. Zu meiner großen Verwunderung aber fuhr die Warrah River weiter und tat so, als hätte sie nichts mitbekommen. Ich war entsetzt. Klammheimlich, als ginge uns das alles nichts an, passierten wir den Unglücksort, ohne unseren Kurs auch nur um einen einzigen Grad zu ändern. Die Begründung war erbärmlich: Die weiterhin anfällige Hauptmaschine – davon hatte Chief Manfred May seinen Kapitän überzeugen können – würde die für eine Rettungsaktion notwendig werdenden Maschinenmanöver nicht unbeschadet überstehen. Ich protestierte heftig, warf dem Alten seemännisches Totalversagen vor. Der aber wand sich wie ein in einem Loch feststeckender Wurm und ging auf die Bedenken seines Chiefs ein. Er argumentierte, dass ganz gewiss genug andere Frachter in der Nähe seien und dem Havaristen helfen würden.

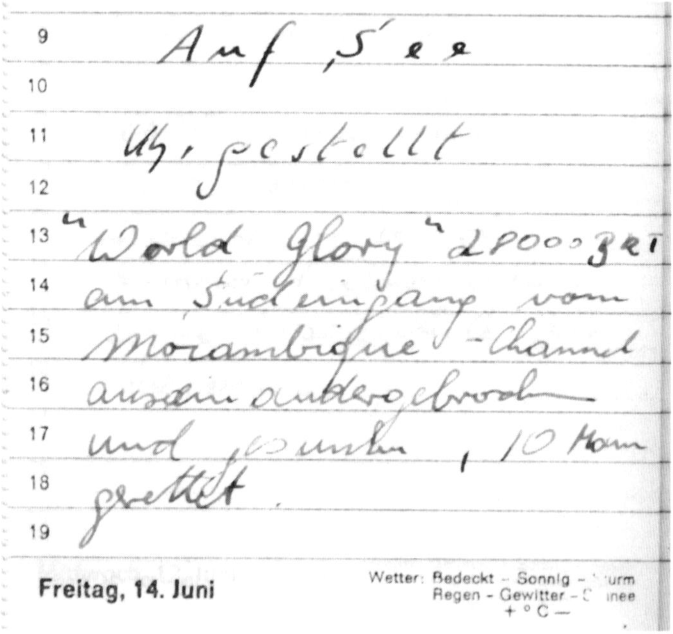
Auf See

Umgestellt

„World Glory“ 28000 BRT am Südeingang vom Mozambique-Channel auseinandergebrochen und gesunken, 10 Mann gerettet.

Freitag, 14. Juni

Wetter: Bedeckt - Sonnig - Sturm
Regen - Gewitter - Schnee
+ °C –

World Glory sinkt. Tagebucheintrag vom 14. Juni 1968

Tatsächlich kämpften nur fünfzehn Seemeilen weiter südlich und damit nur eine gute Fahrstunde von uns entfernt Menschen um ihr Leben. Am Südeingang der Straße von Mosambik, zwischen Madagaskar und dem afrikanischen Festland, war der mit 60 000 Tonnen Öl beladene Tanker World Glory des griechischen Reeders Niarchos auf dem Weg nach Spanien im Sturm zerbrochen und binnen zwei Stunden gesunken. Nur zehn von vierunddreißig Männern konnten gerettet werden. Bei hellem Tageslicht und praktisch sehenden Auges ließen wir die Leute der World Glory ertrinken. Das Seewasser am Unglücksort war dreitausend Meter tief. Ich stellte mir vor, dass mein Schiff in höchster Seenot wäre und andere Schiffe führen an uns vorbei wie wir an den Männern der World Glory. Dass wir den Schiffbrüchigen damals nicht beigestanden haben, empfinde ich bis heute als meine tiefste moralische Niederlage.

Der Leuchtturm von Kap Agulhas, der südlichste Punkt Afrikas

Mit gebotener Vorsicht näherten wir uns Südafrikas Ostküste. Vor in Seekarten nicht vermerkten Untiefen mussten wir uns in Acht nehmen; erfahrene Kapitäne warnten in Seehandbüchern vor zahlreichen Wracks und Korallenriffen, starker Oberflächenströmung und einer gewaltigen Dünung. Geschulte Augen konnten manche Gefahrenstellen durch lange Kelpreihen erkennen, einem großblättrigen Seetang, der sich an besonders flachen Stellen festsetzte und so den Seefahrern Gefahren aufzeigte. Zur ständigen Kontrolle unseres Standortes lief pausenlos ein Radargerät. Der stets heftig fließende Agulhasstrom nahm uns während seiner Reise nach Südwesten ein Stück auf seinem Rücken mit, so schafften wir statt magerer zehn jetzt gut dreizehn Knoten über Grund. Für sichere Standorte peilten wir den südlichsten Festlandspunkt Südafrikas an, das Leuchtfeuer von Kap Agulhas, wo die vergleichsweise warmen Fluten des Indischen Ozeans und die kühleren des Atlantischen ineinanderflossen.

Taucher reinigen den Schiffsrumpf der WARRAH RIVER, Durban, November 1968

Ein Zwischenstopp in Kapstadt dauerte vier Tage. Zunächst wollte uns die Hafenbehörde keinen Liegeplatz einräumen, was wir allerdings nachvollziehen konnten, denn das ölverdreckte Schiff sah wirklich abstoßend und wenig vertrauenserweckend aus. Doch der Alte gab nicht so schnell auf, sondern sprach über einen UKW-Sprechfunkkanal von *»außergewöhnlichen Umständen«* und einer *»Ausnahmesituation«* und konnte schließlich die Bedenken von Hafenkapitän und Lotsen zerstreuen. Wir übernahmen die Post, Frischwasser und Verpflegung, wieder einmal zweihundert Kisten Bier und mehrere Kartons Whisky sowie Zeitschriften und – natürlich – Sonnenblumenkerne für Kapitän Blau. Außerdem warteten wir auf angekündigte Ersatzteile für die Hauptmaschine, die mit dem Flugzeug herangeschafft werden sollten.

Ich nutzte die Wartezeit seit dem Werftaufenthalt in Colombo, um erstmals wieder festen Boden unter den Füßen zu spüren und atmete den lang entbehrten Duft von Erde, Blumen und Bäumen – der ständig auf uns liegende Tankstellengeruch des ölbesudelten Schiffes war auf die Dauer kaum zu ertragen. Eine Seilbahn zog mich auf den Tafelberg, auf dem Rabenvögel ihr Unwesen trieben wie Tauben auf dem Markusplatz. Die sich weit streckende Table Bay zwischen dem Kap der Guten Hoffnung im Westen und dem Kogelberg im Osten wirkte von hier oben friedlich und still. Zwischen ihren Flanken ruhte ein Inselchen, ankerten kleinere Schiffe, alles unwirklich und entrückt, weit weg die Sorgen der Warrah River mit ihren fehlenden Ersatzteilen und der ewig trunkenen Besatzung. Im Schutz der Tafelbucht hatten Matrosen früher ihre Schiffe kalfatert, Segel geflickt, sich vor der Weiterreise nach Schanghai und Sydney ausgeruht und neue Kräfte gesammelt, nicht viel anders als wir das heute auf dem Weg nach Nordeuropa auch taten. Der Atlantik gab sich milde, aber ich traute ihm nicht die Spur, ich kannte ihn inzwischen.

Zurück an Bord hörte ich, dass wir vergeblich auf die Ersatzteile warten würden. Die Reederei Burbank hatte beim Chief nachfragen lassen, ob er es auch ohne das wichtigste Ersatzteil, einen Drehzahlregler, bis Rotterdam schaffen würde. Manfred May, der seine Fähigkeiten als Ingenieur ständig überschätzte, sagte zu – und schon waren wir wieder auf See.

Wenn es dem Alten auch noch so schwerfiel, er musste sich in technischen Belangen auf seinen Leitenden Ingenieur verlassen. Aber nach den vielen, bisher erlebten Maschinenausfällen sackte sein Glaube in dessen Fähigkeiten weit unter den Gefrierpunkt. Doch an der entwürdigenden Lage seines Schiffes und seiner Besatzung konnte er nichts ändern. Kapitän Blau war ein stets zweifelnder Schiffsführer, der sich durchschlängelte, wo es ging. Befehle oder Anweisungen waren ihm zuwider, lieber machte er alles selbst. Auch Außenstehenden traute er nicht. Das ging sogar soweit, dass er während eines späteren Werftaufenthalts in Durban sich selbst in den Taucheranzug zwängte und mitsamt goldener

Haiangeln vor der afrikanischen Atlantikküste, 1968

Rolex ins Hafenbecken sprang und unter das tiefliegende Schiff tauchte, um sich selbst vom Fortgang der Arbeiten der Taucher überzeugen wollte. Die sollten nun auch noch den hinteren Teil des Schiffsrumpfes vom Bewuchs befreien. Unterwegs zog sich Blau häufig in seine Kajüte zurück und knüpfte an seinem Teppich aus bunter Schurwolle, Knoten für Knoten, Reihe für Reihe, Stunde für Stunde. Mit dem Teppich wolle er seine Frau im westfälischen Münster überraschen, erzählte er während einem dieser seltenen Augenblicke, in denen er in der Nock auftauchte; bis zum Ende seines Heuervertrages solle das Kunstwerk fertig geknüpft sein.

Nach zwei Seetagen waren wir gut von der Küste freigekommen. Der Nordnordwestkurs zeigte direkt auf die Kapverdischen Inseln westlich von Senegal, als wir erneut zwei schwarze Bälle in den Mast ziehen mussten. Der Chief selbst, ein schmächtiger C6-Mann und damit mit dem größten deutschen Schiffsingenieurspatent ausgestattet, kam stets mit eingezogenem Kopf in unsere Gespräche, als wolle er sich vor unangenehmen Fragen schützen. Den erneuten Maschinenausfall könne er sich nicht erklären. Er schämte sich keineswegs für das, was er uns allen mit seinem Unvermögen immer wieder antat. Im Gegenteil, mit hoher Stimme redete er sich raus und gab seinem alten, fast sechzigjährigen Zweiten Ingenieur Albert Kohlmüller die Schuld, der seine Anweisungen angeblich nicht befolgt hätte. Die ausgelaugten Männer im heißen Maschinenkeller arbeiteten im Schweiße ihres Angesichts, kamen bald um vor Strapazen, Arbeit und Enttäuschung und fluchten über den erbärmlichen Zustand der Maschinenanlage – während der Chief ihnen im weißen Overall Anweisungen gab.

Während die Ingenieure nach der Ursache des erneuten Maschinenausfalls fahndeten, angelten die Matrosen und zogen schon bald einen Hai mit weißem Bauch und dunklem Rücken über die Reling. Chefkoch Lutz Ostermann trennte den Kopf ab, bedachte unsere getigerte Bordkatze Maus mit einem kleinen Brocken, auch Bordhund Noli, bekam seinen Teil ab, zu Abend gab es frische Haisteaks für alle.

Nach einer notdürftigen Reparatur nahmen wir endlich wieder verhalten Fahrt auf und humpelten eine Woche später mit acht Knoten an Liberias Hauptstadt vorbei, unserem »Heimathafen« Monrovia.

Der US-amerikanische Präsident James Monroe hatte das westafrikanische Land mit der nach ihm benannten Hauptstadt einst als Zufluchtsort für befreite Sklaven gegründet, inzwischen profilierte sich Liberia als Zufluchtsort für Steuervermeider, zu denen auch ich jetzt gehörte. Die Konzernzentrale des liberianischen Schiffsregisters befand sich allerdings nicht auf liberianischem Hoheitsgebiet, sondern in der Stadt Vienna im US-amerikanischen Bundesstaat Virginia. Als ich mich auf dieses Geschäft einließ, hatte mir das Büro für Maritime Angelegenheiten des Finanzministeriums der Republik Liberia gegen Vorlage meines deutschen Steuermannspatents das Zertifikat ›Nummer 1.087.501‹ ausgestellt, damit war ich einer unter mehr als einer Million mit einer derartigen Lizenz.

Jetzt zogen wir an Monrovia vorbei, in seinem Heimathafen, den dieses Schiff nie gesehen hatte, wartete niemand auf uns. Monrovias Leumund war angeschlagen, wer hier als Reeder seine kaufmännische Heimat gefunden hatte, galt in Sicherheitsfragen als suspekt, weil die Standards der Schiffe unter denen der offiziellen International Maritime Organization lagen. Wer sich auf Liberia einließ, wusste um die möglichen Folgen. Unter den weltweiten Billigflaggen nahm das Land nach Panama Platz zwei in der Rangliste ein.

Nach zweiundvierzig Tagen und elftausendzweihundert Meilen machten wir an der Löschpier im norddeutschen Wilhelmshaven fest. Für eine normal verlaufene Reise wären dreiunddreißig Tage angemessen gewesen, wir waren noch langsamer als langsame Windjammer vor hundert Jahren. Unser ursprüngliches Ziel war Rotterdam, doch das Öl an Bord war unterwegs gehandelt worden und der neue Eigentümer hatte Wilhelmshaven als Löschhafen bestimmt. Schiffseigner Burbank aus New York hatte die WARRAH RIVER inzwischen an die Zeus Oil Company mit Sitz in Gibraltar verchartert. Wir fragten uns, ob Zeus Oil überhaupt wusste, welche technische Katastrophe von einem Tanker sie da gerade gemietet hatte. Wir erwarteten jetzt von ihr, dass sie uns nach einer so fatal verlaufenen Reise mit so vielen technischen Defekten sofort in die nächstgelegene Werft schicken würde, um dort mindestens vier Wochen lang überholt zu werden. Doch die Manager von Zeus Oil sahen das völlig anders. Sie schickten uns auf direktem Weg von Wilhelmshaven nach Kuwait zurück in den Persergolf. Unverzüglich. Bevor wir wieder in See stachen, besuchten mich meine Mutter und mein Bruder Jörn an Bord des seeuntüchtigen Schiffs. Ihren wie abwesend wirkenden Sohn und Bruder erkannten die beiden kaum wieder, wie sie mir später einmal erzählten. Für mich dagegen kamen sie aus einer Welt, mit der ich wiederum nichts mehr gemein hatte. Nachdem wir unsere Ölladung in Wilhelmshaven an Land gepumpt hatten, bereiteten wir uns also mehr schlecht als recht auf die nächste Reise in den Persergolf vor. In welcher Notlage wir uns tatsächlich befanden und welche menschlichen Abgründe sich dabei auftaten, belegen die nachstehenden Notizen aus dem Jahr 1969 aus meinem privaten Logbuch:

6. Jan.
Wilhelmshaven. Zur Inspektion gerufene Werft-Ingenieure malen ein Bild des Schreckens über den Zustand der Maschinenanlage. Sie empfehlen dringend einen Werftaufenthalt. Wir bunkern 500 Tonnen Frischwasser und laufen aus Richtung Englischer Kanal for order. Chief May bricht am Manöverstand ohnmächtig zusammen.
18. Jan.
Lissabon querab. Kesselschaden. Wasservorrat geht zur Neige. Wir schließen Feuerlöschschläuche an Regenabflüsse an, um Wasser für beide Kessel aufzufangen. Pro Tag verbrauchen die Ingenieure 1 Sack Sägemehl, um damit die Kondensatordichtungen zu stopfen. Der 2. Ing. soll Kessel und Verdampfer nicht professionell gewartet haben. Kesselrohre lecken stark, es verdampft enorm viel Frischwasser.
21. Jan.
Laufen Lissabon als Nothafen an. Turbogenerator verschmort. Seewasser-Kühlsystem ausgeglüht. Liegen in Lissabon auf dem Tejo vor der Punta de Salazar vor Anker. Der 3. Ing. wird fristlos entlassen. Meinen Hinweis gegenüber dem Chief, dass die Warrah nicht seetüchtig sei, pariert er: »Nicht, wenn ich an Bord bin.« Funker und Elektriker verschwinden an Land. Wir wollen auslaufen, müssen aber noch 6 Stunden auf sie warten.
23. Jan.
Auf See. Während eines Gesprächs nach dem Abendessen vertraut der Chief mir an, dass er Epileptiker sei. Während der 13 Tage von Wilhelmshaven nach Lissabon haben wir 800 Tonnen Frischwasser für beide Kessel der Turbinenanlage verbraucht.
1. Febr.
Orkanartiger Sturm und äußerst schwere See. Ein Kessel fällt aus. Schwere Brecher übers ganze Schiff. Blackout. Treiben im Sturm. Kreiselkompass fällt aus, wir fahren weiter nach Magnetkompass.
2. Febr.
Schlechtwetter hält an. Umrunden das Kap der Guten Hoffnung. Generatorschaden. Treiben 2 Stunden. Achterliche See. Kreiselkompass und Radaranlage fallen aus. Beim Umpumpen von Frischwasser wird es mit Salzwasser verunreinigt. Ungenießbar. Klimaanlage kaputt.

5. Febr.
Phantastische Abendbeobachtung: mit sieben Sternen plus Mond und Venus. Zeichnerisch ausgewertet. Punktgenaue Schiffsposition gelungen!
6. Febr.
Treiben in den regenhaltigen Mallungen. Überprüfe Feuerlöschausrüstung und das Leinenschießgerät für eventuellen Seenotfall.
7. Febr.
Werde gegen 4 Uhr durch heftiges Krachen und Schnaufen geweckt. Der 1. Offz. Sven Arnsen versucht, die Kabinentür des 2. Offz. Heinrich Meier einzurennen und aufzubrechen. Er ist volltrunken. In ohnmächtiger Wut brabbelt er immer wieder: »Das Schwein Heinrich bring ich um.« Der 2. Offz. war inzwischen aus dem Kabinenfenster auf die Brücke geflüchtet. Es gelingt, den 1. Offz. in die Kammer des Oberstewards zu bugsieren. Dann torkelt er auf die Brücke, um Wache zu gehen. Auch der Alte erscheint dort, ebenfalls volltrunken; er hatte sich vorher auf seinen Schreibtisch übergeben. Als ich gegen 5 Uhr die Brücke kontrolliere, stolpere ich über einen längs im Ruderhaus liegenden Körper: Es ist der 1. Offz. Krankheitshalber will sich 2. Offz. Heinrich Meier im Golf ablösen lassen: Er zeigt mir seine entzündeten und aufgesprungenen Hände, bedeckt mit roten Bläschen und Pusteln.
12. Febr.
Die vordere Feuerlöschanlage wird zwecks eines Feuerlöschmanövers klargemacht. Bei der Probe kommt statt des erwarteten Seewassers ein voller Ölstrahl aus der Schlauchöffnung, die in die Luft gerichtet war. Das Öl weht gegen die weißen Aufbauten und fließt über Deck.
16. Febr.
Riesenärger mit Kapitän Blau wegen doppelter Tagebuchführung. Wir führen ein offizielles Original-Logbuch und eine Logbuch-Kopie: Im Original stehen die Tatsachen, wie sie wirklich sind. Und in der Kopie die »Fakten« für die Versicherungen. Ich weigere mich, weiter so zu verfahren.
22. Febr.
Einlaufen Durban an Südafrikas Ostküste. In der Werft müssen

alle 3.600 Rohre aus dem Steuerbordkessel ausgewechselt werden.
27. Febr.
Der 2. Ingenieur Albert Kohlmüller stirbt an Bord. Aus Angst vor dem Verlust seines Arbeitsplatzes hatte sich der 57-Jährige nicht gegen seinen ihn bedrängenden Chefingenieur Manfred May zur Wehr setzen können, als der ihn in einen noch heißen Kessel schickt. Kohlmüller bezahlt das mit seinem Leben, er stirbt nach einem Blutsturz.
28. März
Kapitänssteward Franz Ahlers heiratet die südafrikanische Prostituierte Kimberley. Große Party.

Seemannshochzeit

Seit vier Wochen lagen wir inzwischen an der Invalidenpier in der Durban-Werft, als Franz Ahlers mich unerwartet sprechen wollte. »*Was Privates*«, sagte er. Eigentlich ein ganz passabler Bursche, dieser junge Mann, der als Kapitänssteward gemustert war, aber immer irgendwie nicht so richtig bei der Sache zu sein schien, wenn ich ihm an Bord begegnete. Wenn sich während eines Gesprächs unsere Augen kurz trafen, waren seine ganz schnell wieder weg und huschten selten scheu zurück. Er sah einen nicht gern an, hielt einem Blick nicht stand. Eigentlich hatte ich nichts mit ihm zu tun, er war allein für Kapitän Blau zuständig: baute täglich dessen Koje, hielt die Kabine sauber, bürstete die Kleidung, wusch die Wäsche, putzte Fenster, räumte auf und servierte Getränke, wenn Besuch da war, Mädchen für alles eben. Er putzte auch das Messing im Salon, wischte die Gänge auf dem Kapitänsdeck, während des Essens servierte er dem Führungstrio, das aus Kapitän, Erstem Offizier und Leitendem Ingenieur bestand, Speisen und Getränke. Chief May hatte sich mal beim Alten beschwert, weil er die ordinäre Attitüde eines Reeperbahn-Kellners, wie er Franz einmal beschimpfte, nicht mochte. Die Art und Weise, wie er die Speisen serviere, das Verächtliche in seinem Habitus, immer aus dem Handgelenk heraus, habe etwas *»Wurstiges und Beleidigendes«*, das ihn, den Chief, sehr störe. Der Alte hielt dagegen: *»Ich kann das nicht ändern, weil ich nicht selbst die Leute an Bord schicke, sondern nehmen muss, was kommt.«* Der Chief hatte mit seiner Einschätzung nicht so unrecht. Franz wurde an der Hein-Hoyer-Straße in Hamburg auf St.-Pauli geboren, war dort aufgewachsen und zur Schule gegangen. Er war mittelgroß und dünn, sein Gesicht schmal und hager, die krausen braunen Haare fielen breit über den Kragen; vorn hatte er sie mit Pomade zu einer Elvis-Tolle gedreht, die langen und schmalen Koteletten reichten weit über die Ohrläppchen hinaus. Eine steile Falte an seiner stattlichen Hakennase erweckte immer den Eindruck, als rümpfte er diese, um anzudeuten, dass er sich eigentlich zu fein sei für einen Job, den er seiner Meinung nach auf einem Musikdampfer ausüben sollte und nicht auf einem verrosteten Tanker.

Franz kam sofort begeistert zur Sache: *»Ich will 'ne Südafrikanerin heiraten, 'ne Weiße, so schnell wie möglich. Alles ist arrangiert und vorbereitet, mit standesamtlicher Trauung und einer richtigen Hochzeitsfeier mit allem Drum und Dran.«*

Ich staunte, hielt seinen Entschluss für völlig verrückt, sagte aber nichts, weil meine Meinung nicht gefragt war. Ich wartete noch, damit er mir den eigentlichen Grund seines Besuchs nannte.

»Kimberley geht auf 'n Strich, hat zwei Kinder«, ging er schnell auf Einzelheiten und ihre Familienverhältnisse ein, sie sei ein herzensguter Mensch, er kenne sie jetzt seit drei Wochen und von Beginn an sei es seine und auch ihre Liebe auf den ersten Blick gewesen. Franz war bereits Vater eines dreijährigen Sohns, der von Franz' Mutter in Hamburg aufgezogen wurde. *»Unser Plan sieht so aus: Mutter passt auf die drei Gören auf, wenn ich auf See bin und das Geld nach Hause schicke, und Kimberley kann dann ihren Job machen.«* Sie hätten fest verabredet, dass sie mit ihren beiden Kindern nach Hamburg ziehen würde, sobald der ganze Behördenkram hier in Durban geregelt sei, dann kämen alle gut zurecht.

Mit seiner Visite bei mir verfolgte Franz allerdings noch ein anderes Ziel. *»Ich will Se zu meiner Hochzeit im Cosmos Club einladen* *und will, dass Se mein Trauzeuge wer'n. Se sind genau der Richtige, weil ich viel von Ihnen halte. Ham Se Bock?«*

Ich hatte keinen großen Bock, weil ich den Lebensplan, den Franz mir soeben vorgestellt hat, nicht ganz so überzeugend fand wie er selbst. Ich dankte ihm für das ehrenvolle Angebot, aber als Trauzeuge wollte ich lieber nicht auftreten und lehnte ab.

»Schade«, reagierte er sehr schnell, ein bisschen zu schnell, wie ich fand. *»Aber zur Feier komm' Se doch, oder?«*

Ich sagte zu. Franz verstand mich, war mir nicht böse und zog sogleich weiter zu meinem Kollegen Sven Arnsen in der Kabine nebenan. Der wollte diese Aufgabe gern übernehmen, hörte ich später. Arnsen war immerhin Erster Offizier und ich nur Zweiter, insofern hatte Franz, wenn es ihm allein um die Hierarchie gegangen wäre, mit dem Ersten als Trauzeugen ein noch besseres Ergebnis erzielt, als ursprünglich erwartet. Eine Freundin der Braut sollte zweite Trauzeugin werden.

Die Vorbereitungen liefen bereits auf Hochtouren. Bei den Kosten für seine Feier im Club ließ Franz Ahlers sich nicht lumpen. Zweitausend Rand habe er einkalkuliert, wie er sagte, eine wirklich beeindruckend hohe Summe für einen Schiffssteward, der gerade mal fünfhundert Rand im Monat verdiente. Seiner Braut spendierte Franz ein zartes Häubchen aus Brokat, von dem ein weißer Schleier über das Gesicht fiel, dazu ein cremefarbenes Minikleid mit roter Rose im Dekolleté und rote Pumps. *»Kimberley will, dass alle ihre schönen Beine bewundern.«* Sich selbst gönnte der Bräutigam einen dunkelblauen Zweireiher mit Goldknöpfen, wie ihn Hamburger Reeder gern tragen, doch seiner war ihm ein bisschen zu groß geraten und schlackerte um die mageren Schultern. Neue schwarze Schuhe hatte er auch besorgt. Eine neue Hose und ein neues Hemd brauche er nicht, die alten Sachen seien noch okay. Für die zwanzigminütige Fahrt vom Schiff zur standesamtlichen Trauung und von dort in den Cosmos Club hatte er einen weißen, mit roten Proteas geschmückten Cadillac gemietet, wohl eine der edelsten Karossen der Stadt. Diesen besonderen Tag sollten er und sein Mädchen niemals vergessen.

Nach dem Standesamt ließ sich das junge Paar von einem weißen Fahrer in den Cosmos Club chauffieren, mitten im Rotlichtviertel Durbans. Die beiden Hochzeiter thronten Händchen haltend im Fond der überdimensionalen US-Limousine, sie wirkten dort verloren und alleingelassen. Sven Arnsen und die zweite Trauzeugin schmiegten sich derweil vorn auf dem Beifahrersitz so eng und heftig aneinander, dass man hätte glauben können, sie seien das neue Paar und nicht die beiden hinter ihnen. Für Kimberley und Franz – beide 23 – nahm dieser späte Donnerstagnachmittag im jungen südafrikanischen Frühling einen unerwarteten Verlauf, auch ihren fünfundzwanzig Gästen, darunter zehn Männer von der Warrah River, dürfte dieser Tag noch lange in Erinnerung bleiben. Franz betrachtete die Männer vom Schiff als seine guten Freunde, fast wie Familienangehörige, die er an diesem bedeutenden Tag natürlich um sich haben wollte. Die anderen fünfzehn Gäste waren Bekannte seiner Frau, die jetzt Kimberley Ahlers hieß, sowie ihre beiden Kinder, der Junge fünf und das Mädchen sechs Jahre alt. Außerdem gehörte ihr Zuhälter zur Gesellschaft, das gehöre sich schließlich so, meinte Franz. Der Standesbeamte war auch hinzugebeten worden, hatte aber freundlich abgelehnt.

Als die weiße Hochzeitslimousine vor dem Club ausrollte und zum Stehen kam, öffnete der Fahrer – elegant in cremefarbenem, kragenlosen Hemd und roter Weste – dem jungen Paar freundlich die Türen, zunächst der Gattin, dann dem Gatten, ganz wie es sich gehörte. Gerührt entstieg das Paar dem Straßenkreuzer und begrüßte seine bereits wartenden Gäste, die sie mit Reis und Proteablättern bewarfen und hochleben ließen. Nur der Chauffeur jubelte nicht so richtig mit, denn er wollte endlich den mit dem Bräutigam abgesprochenen Lohn für seine geleisteten Dienste einstreichen. Doch der clevere Seemann Franz Ahlers von St. Pauli sah das ganz anders und machte keine Anstalten, ihn auszuzahlen. Er hielt ihn stattdessen hin und schlug vor, er solle doch erst einmal mit ihnen kommen, um zu feiern, unten im Club wolle er ihn dann auszahlen. Der Chauffeur stimmte zu.

Der Cosmos Club lag tief unter der Erde. Eine steile Treppe mit vielleicht fünfzig teppichbelegten Stufen führte ohne jedes Zwischenpodest geradewegs hinunter. Die blumengeschmückten Räumlichkeiten waren flach wie in einem Bunker, gedämpftes Lampenlicht fiel auf vier runde Tische, auf denen rote Decken lagen; leicht bekleidete, schwarze Damen reichten Sekt und Häppchen. Franz' Gäste waren durstig, tranken viel und schnell, sie wollten etwas vom Abend haben. Flaschen mit Hochprozentigem, direkt vom Tanker importiert, kreisten unter den Tischen, der Clubbesitzer bekam davon nichts mit; aus der Musikbox kam schwüle Musik, Männer und Frauen tanzten eng, sie drückten sich fest aneinander. Nur einer spielte nicht mit: Der Chauffeur des weißen Cadillacs wollte endlich seinen Lohn einziehen. Er blieb Franz immer dicht auf den Fersen, ließ nicht locker, drängte zunehmend. Als unser Kapitänssteward ihn erneut zu vertrösten suchte und seinen Satz mit dem Wörtchen »nachher« begann, landete eine trockene Gerade auf seinem linken Auge. Franz schrie kurz auf, hielt sich die verletzte Stelle, die bald in vielen Farben leuchten sollte. Er wollte zurückschlagen, doch der trainierte Chauffeur teilte blitzschnell noch einmal aus und traf sein Opfer ein zweites Mal hart. Franz' linker Schneidezahn brach ab, Blut tropfte auf sein dunkelblaues Jackett. Frauen schrien hysterisch auf, Matrosen verprügelten jetzt den Chauffeur, dem aber aus einem anderen Clubraum wiederum fremde Zuhälter zur Hilfe geeilt waren.

Die durch viel Hochprozentiges schon hübsch in Fahrt gekommene Hochzeitsgesellschaft segelte nun in stürmischer See: Kimberleys Kuppler sah seine Mädchen von fremden, nicht zur Party gehörenden Club-Gästen bedrängt. Die Kiezkonkurrenz wollte offenbar die günstige Gelegenheit nutzen, um seine Frauen abzuwerben, auch Kimberley versuchten sie auf ihre Seite zu ziehen, die aber weigerte sich und wollte bei ihrem bisherigen Luden bleiben. Jeder schlug jetzt auf jeden ein, bis schließlich niemand mehr so genau wusste, wer eigentlich für welche Partei und für welche Idee stand und warum sich hier überhaupt geprügelt wurde. Aus der Seemannshochzeit im Cosmos Club war eine Kiez-Schlägerei unter konkurrierenden Kupplern geworden. Wir Männer von der Warrah River kämpften bei gefühlten zehn Windstärken für unseren Gastgeber Franz und seine Frau um Ehre und Sieg. Ihre Hochzeit, die mit Stretch-Limousine im Hollywood-Stil begonnen hatte, war zu einer turbulenten Schlägerei mutiert.

Als nach vierzig Minuten die vom Clubchef gerufene Polizei eintraf und den Streit beendete, löste sich die Party abrupt auf. Neun Leute wurden mit aufs Revier genommen: die beiden Hauptpersonen, vier Kolleginnen Kimberleys, zwei Matrosen und ich. Wir hinterließen einen verwüsteten Club mit zerrissenen und beschmutzten Kleidungsstücken, zerbrochenen Flaschen und Gläsern, umgestürzten Tischen und Stühlen und Erbrochenem. Morgens gegen zwei entließen uns die südafrikanischen Polizisten mit der freundlichen Bemerkung, dass wohl jeder gern einmal an so einer zünftigen Seemannshochzeit teilnehmen würde. Kimberley weinte vor Glück, dass sie nicht ins Gefängnis musste, Ehemann Franz kühlte das geschwollene Auge mit seinem goldenen Ehering, befühlte mit der Zunge den lädierten Schneidezahn und beschimpfte den Chauffeur, der an allem schuld gewesen sei. Er verfluchte seinen missglückten Hochzeitstag und betrauerte das viele schöne Geld, das er per Vorkasse hatte zahlen müssen. Ohne Vorkasse keine Party. Der Chauffeur hätte klug daran getan, sich an dem Clubbesitzer ein Beispiel zu nehmen.

An Bord des Tankers ging es weiter hoch her, bis in den hellen Tag hinein. Kiste um Kiste Bier wurde noch geleert, dazu Whisky und Gin Tonic. Wir durften mit den Mädchen ins Bett gehen, wie es uns Spaß machte, ganz ohne Bezahlung, darauf hatten sich Kimberley und ihre Mädchen verständigt. Als der Koch um sechs seinen Dienst antrat, schmierte er den Feiernden belegte Brote.

Wochen später – die Warrah River war längst wieder mit hinkender Maschine auf See – wollte ich von Franz wissen, ob der Chauffeur sein Geld für die Fahrt im weißen Cadillac doch noch eingetrieben hätte. Er verriet mir zunächst nur so viel: Alles zusammen genommen, habe er nur knapp tausend Rand für seine

Vermählung bezahlt, einschließlich der neuen Kleider. Dann aber hielt er es doch nicht länger aus, denn die Freude, mitteilen zu können, dass er, der plietsche Junge von St. Pauli mit der tollen Elvis-Tolle, als Sieger aus der Konfrontation hervorgegangen war, war wohl doch zu groß: *»Der Chauffeur hat vor der Hochzeit zweimal meine Kimberley gevögelt und nicht bezahlt. Jetzt sind wir quitt.«*

Kapitän Blau

Die überraschende Nachricht über die Ankunft des amerikanischen Reedereichefs in Durban verunsicherte die Schiffsführung weit mehr als eine bedrohliche Sturmfahrt. Warum flog er extra von New York nach Durban? Was gab es schon mit Kapitän Blau zu besprechen, was nicht auch per Telefon oder Telegramm hätte erledigt werden können? Drei Tage wollte er bleiben. Er übernachtete nicht in unserer recht komfortablen Eignerkabine, die wir vorsichtshalber für ihn hergerichtet hatten, er residierte im ersten Haus am Platze, im The Edward.

Der amerikanische Besucher machte auf uns einen gelassenen Eindruck, er schien keine schlechten Neuigkeiten verbreiten zu wollen. Nach den ersten beiden Tagen jedenfalls wirkte der Alte locker und auch ein wenig erleichtert. Am dritten Tag seines Aufenthalts hingegen veränderte sich für mich der entstandene Eindruck nachdrücklich und ich verstand plötzlich, warum der Gast die lange Reise angetreten hatte. Als ich an der leicht geöffneten Kapitänskajüte vorbeikam, hörte ich einen Gesprächsfetzen mit, den ich nie mehr vergessen sollte. *»Es soll Ihr Schaden nicht sein, Kapitän, aber es muss auf dieser Reise passieren.«* Ich ging weiter, weil ich nicht als Lauscher an der Tür ertappt werden wollte. Aber was um Gottes Willen sollte dieser Satz bedeuten? Und was hatte es mit den beiden »es« darin auf sich? Irgendwann begriff ich: Blau sollte den angeschlagenen und kostenintensiven Tanker im Auftrag seines Reeders versenken! Die WARRAH RIVER versenken – was für ein teuflischer Plan! Was meinte er mit *»Es soll Ihr Schaden nicht sein«*. Schweigegeld? Der Reeder und sein Kapitän – hatten die beiden gerade über einen kapitalen Versicherungsbetrug gesprochen? Und über den gleich mit in Kauf genommenen Tod von fünfunddreißig Seeleuten? Wann sollte »es« passieren? Und wo? Mein Herzschlag schien für ein paar Takte auszusetzen.

Nach drei Tagen flog unser Reedereichef zurück nach Amerika, wir beendeten den sechswöchigen Werftaufenthalt. Es folgen Logbuchnotizen aus dem Jahr 1969:

8. April
Verlassen Durban mit nur einem intakten Kessel in Richtung Persischer Golf. Kreiselkompass fällt aus. Bin zutiefst deprimiert.
10. April
Monatliche Heuerabrechnung März = 2 720 Mark netto. Wir schlafen bei 36 Grad an Deck. Das Trinkwasser ist versalzen. Die Proianträume sind viel zu warm, sie halten laut Chef-Steward nicht mehr die erforderliche Temperatur. Er schickt dem Charterer Zeus Oil ein Telegramm, in dem von 20 Prozent Proviantverlust die Rede ist.
13. April
Madagaskar querab an Steuerbord: Kapitän Blau ordnet zwei Bootsmanöver an, ein Seenotmanöver und eine Feuerschutzübung. Habe ich den abgelauschten Satz richtig interpretiert? Und wann würde der Alte den geeigneten Zeitpunkt für gekommen halten, sein eigenes Schiff zu versenken? Ich kontrolliere jede Schiffsposition peinlich genau.
16. April
Heizer Hüber hat den Elektriker Kundel in den Schwitzkasten genommen, weil der Blitz ihn gefragt hatte: »Hast du den Brenner drin?« Kundel befreit sich, bekommt mehrere Schläge ins Gesicht. Der Blitz läuft aus der Maschine, trifft auf den Chief und schreit heraus, was passiert ist. Der Chief saust in die Maschine und stellt Heizer Hüber zur Rede. Hüber schlägt dem Chief ohne ein Wort ins

Gesicht, haut ihm die Schneidezähne raus und bricht ihm die Nase. Der Chief ruft mich auf der Brücke an, ich kann ihn aber nicht verstehen. Storekeeper versucht den Heizer zu beruhigen und wird am Kopf getroffen. Der Chief rast zum Alten und schreit: »Handschellen! In Eisen legen. Sofort!« Kapitän Blau hetzt mit vier Matrosen in den Maschinenraum und lässt den Heizer, der als besonnen und umsichtig galt, an Deck bringen. Ihm wird fristlos gekündigt, erhält Kammerarrest. Bleibt bis Kuwait eingeschlossen und wird dort auf eigene Kosten nach Hause geflogen.

21. April

Der Chief klagt mir sein Leid: keine soziale Anerkennung. Er sei immer unter Höchstbelastung, habe schwere Verantwortung für alle und Angst vor Epilepsie-Anfällen. Kennt er den teuflischen Plan?

25. April

Trinkwasser wird auf einen Eimer pro Mann und Tag reduziert. Überprüfe die Seekarten der verschiedenen Seegebiete, die wir nach und nach durchlaufen, auf Untiefen. Bin auf der peniblen Jagd nach Möglichkeiten, wo der Plan umgesetzt werden könnte. Dem Alten ist nichts anzumerken. Ich fürchte weitere Blackouts und andere Bösartigkeiten.

27. April

Matrosen und Heizer kriegen Roten Hund, weil sie sich nicht ordentlich waschen können. Das Bier ist alle! Einige haben gewaltig gebunkert, die Doofen stehen jetzt trocken. Blackout. Treiben. Der Chief schafft es, den Hilfsdiesel Babettchen wieder hinzukriegen. Ich habe die Nerven verloren und schlage einem Leichtmatrosen mit der Rückhand ins Gesicht. Er lügt ständig wie gedruckt. Sanitäranlagen funktionieren nicht mehr, es stinkt erbärmlich.

28. April

Einlaufen Kuwait nach 4 740 Meilen und 20 Tagen auf See. Ich fühle mich ausgelaugt und mutlos. Den Ersten Offizier Arnsen habe ich eingeweiht, der aber machte nur eine wegwerfende Handbewegung, verzog sein vom Alkohol zerstörtes Gesicht und sagte nur: »Das traut sich der Alte nie!« Einen dritten Nautiker konnte ich nicht zu Rate ziehen, weil ich inzwischen selbst Zweiter Offizier ge-

worden bin und Heinrich Meiers Position eingenommen habe; der war ohne Ersatzmann abgelöst worden.
Ohne technische Probleme und Verzögerungen übernahmen wir Ende April in Kuwait 50 000 Tonnen Schweröl, dazu Trinkwasser, Bier und Proviant. Wo wir das Öl anlanden sollen, stand noch nicht fest, vorerst war Europa im Gespräch. Als wir den Persischen Golf vollbeladen verließen und einen Tag lang nach Südwesten dampften mit Kurs auf das südafrikanische Kap der Guten Hoffnung – der Suezkanal ist immer noch nicht frei – funkte uns Bern Radio den Befehl zu, das Öl nicht nach Europa, sondern in den Westpazifik zu bringen – nach Keelung im Norden Taiwans. Wir änderten unseren Kurs nach Südosten Richtung Südindien. Immerhin: Auf dem Indischen Ozean bedrohen uns keine Felsen, auf denen wir zerschellen können. Erst wieder vor den Küsten Ceylons und Malaysias muss ich weiter hellwach sein, in der Straße von Malakka mit ihren Untiefen ohnehin. Doch auf Dauer fühle ich mich überfordert und zweifele an meiner Interpretation des berüchtigten Satzes. Ich bin physisch und vor allem auch psychisch angeschlagen und warte dringend auf Ablösung – mein Jahresvertrag ist bereits im April erfüllt.
7. Mai
Der Alte und der 1. Offz. trinken seit Tagen miteinander. Als der Erste in der Kabine des Alten volltrunken auf allen Vieren auf dem Boden rumkrabbelt und dort mit Bordhund Noli spielen will, beißt der ihn in die Nase. Ich versorge seine Wunde. Klimaanlage fällt aus, weil auch der letzte Elektromotor durchgebrannt ist.
10. Mai
Treiben seit 24 Stunden südl. von Ceylon. Alles dunkel an Bord. Koch Lutz Ostermann behält bewundernswert die Nerven. Tee oder Kaffee gibt es nicht mehr, stattdessen Apfelsaft und Tomatensaft. Die Turbine verbraucht extrem viel Frischwasser.
16. Mai
1. Offz., der Funkoffz. und ich trinken zunächst eine Flasche Bacardi zusammen aus, danach Rotwein und Bier. Völlig unvermittelt schlägt der Funker dem Ersten die Faust ins Gesicht. Der Erste haut sofort zurück. Danach herrscht Ruhe. Gegen 2 Uhr

wanke ich in die Koje. Werde gegen 5 Uhr durch heftiges Schlagen und Rumpeln geweckt – meine Kammer liegt direkt neben der des 1. Offz. Ich stürze in seine Kammer, wo gerade ein wilder Kampf stattfindet: Der Funker hat dem Ersten eine volle Bierflasche über den Kopf gezogen, die dabei zerbrochen ist. Mit dem Hals der zersplitterten Bierflasche werkelt der Erste an der Kehle des Funkers herum. Ich befreie den blutüberströmten Mann, ziehe ihn auf den Gang, wo der Erste erneut über seinen Gegner herfällt und die Schlägerei weitergeht. Ich wecke den Alten. Wir bringen die beiden auseinander. Der Erste verkriecht sich nach achtern und säuft dort mit den Matrosen und den beiden Pumpleuten weiter. Einer findet sich immer.

22. Mai

Passieren Diamond Point auf Sumatra am nördlichen Eingang zur Malakka-Straße. Treiben zwischen den Sandbänken; Blackout bei Port Dickson kurz vor Malaysias Hauptstadt Kuala Lumpur. Wir fangen Regenwasser auf, der Koch macht daraus Pfefferminztee.

24. Mai

Der Alte entscheidet, Singapur als Nothafen anzulaufen. Wir haben kein Frischwasser mehr und auch der Proviant geht zur Neige – kein Fleisch, Obst, Zucker und Tee. Ich muss völlig daneben liegen.

26. Mai

Der Chief dreht völlig durch. Als ich nach dem Mittagessen bei ihm anklopfe und frage, wie es ihm geht, antwortet er, es sei alles okay. Ich glaube ihm das nicht, bleibe in seiner Kammertür stehen und warte ab. Höre ein leises Kratzen an seiner Kleiderschranktür. Öffne sie und heraus taumelt unsere Katze Maus, die wir lange gesucht hatten. Sie war vom Chief eingesperrt und vergessen worden. Maus wäre fast verhungert. Der Chief zittert am ganzen Leib, als hätte er Schüttelfrost. Sein ganzer Körper tut ihm weh. Verabreiche ihm die letzte Morphiumspritze. Proviant geht zu Ende.

28. Mai

Laufen Singapur als Nothafen an. Bleiben 14 Stunden. Chief May wird wegen Erschöpfung und geistiger Verwirrung abgelöst. Neuer Chief Kickelbaum.

Wir waren wieder auf See, dampften von Singapur gen Norden. Mit einem schlauen Lächeln erzählte mir der Alte, dass er die Lotsenrechnung nicht unterschrieben habe, die für den Proviant auch nicht. Deshalb also hatten wir Singapur überhastet am späten Abend verlassen. Ich wunderte mich inzwischen über gar nichts mehr. Fly-by-Night-Schiffe nannten wir Dampfer, die sich im Dunkel der Nacht aus dem Hafen stehlen und unbezahlte Rechnungen zurücklassen. Das Ziel hieß jetzt Taiwan – und noch immer fand ich den schlüssigen Beweis für kriminelle Methoden nicht, die einen Versicherungsbetrug beweisen könnten. Wir hatten 50 000 Tonnen Schweröl im Bauch, die eine gigantische Ölpest verursachen würden. Waren das die Skrupel, die den Alten zurückhielten? Oder die zu erwartenden Toten?

Als wir Keelung endlich erreichten, glaubte ich fest daran, dass mich meine ruinierten Nerven genarrt haben mussten. Unten an der Pier stand tatsächlich meine Ablösung, Geschäftsführer Albert Wilhelm Kalkbrenner von der Hamburger Agentur hatte tatsächlich wieder einen Nautiker für die WARRAH gefunden. Er log also weiter und schämte sich nicht. Ein Katastrophenjahr lag hinter mir, es hatte mich an meine Grenzen geführt. Zehn Tage blieb ich noch auf Taiwan, um mich wiederzubeleben.

Sechs Wochen später las ich in Deutschland in einer Schifffahrtszeitung, dass die WARRAH RIVER auf einer Ballastreise von Taiwan ins Südchinesische Meer auf einen Felsen der Paracel-Inseln gelaufen und gesunken sei. Vierundzwanzig Männer seien ertrunken, nur zehn gerettet worden. Wie damals bei der WORLD GLORY vor Madagaskar, als wir ihren Untergang ignoriert und vorbeigefahren waren. Wer überlebte hatte und wer sterben musste, habe ich nie erfahren.

Alkman

Innere Kündigung

Der Warrah River war es nicht gelungen, mich zu brechen. Bevor sie mich töten konnte, entkam ich ihr. Im letzten Moment. Ich hätte keine Minute überlebt, ich wäre das fünfundzwanzigste Todesopfer geworden; ganz ohne Gegenwehr hätte die Warrah mich als Nichtschwimmer mit sich in die Tiefe gezogen. Einzelheiten und Umstände des Unglücks, ob technische oder nautische Fehler ursächlich waren, habe ich nie erfahren. Und was hatte Kapitän Blau tatsächlich damit zu tun? Hatte ich ihm unrecht getan und alles war ganz anders? Ich hoffte es sehr! Laut Statistik gingen jede Woche zwei Schiffe auf den Weltmeeren unter, die Warrah River gehörte jetzt auch zu den Opfern. Wir hatten ein dunkles Jahr miteinander verbracht. Es war das Jahr, in dem ich das Meer als meinen Feind begriff.

Während des Urlaubs konnte ich mich besinnen und befragen, ob ich weiter zur See fahren wollte. Nach sieben Jahren dachte ich daran aufzuhören; ich hielt mich für diese Art von Seefahrt, wie ich ihr gerade erst entkommen war, nicht wirklich geeignet. Mir war klargeworden, wenn ich noch einmal ein Jahr unter ähnlichen Bedingungen auf einem Schrottschiff wie der Warrah durchstehen müsste, würde ich mich davon nicht mehr erholen können.

Doch ich erinnerte mich immer wieder an dieses Glücksgefühl, das mich als Junge auf dem Kartoffelacker überkommen hatte, wenn ich nach harter Arbeit das Ende einer endlos langen Reihe erreicht hatte und alle Kartoffeln ausgebuddelt im Gitterkorb lagen. An meine Hochstimmung, nur weil ich durchgehalten hatte. Oft war ich an meiner physischen Belastbarkeit angekommen, doch wenn es geschafft war, hatte mich meine Leistung gestärkt.

So wie damals beim Kartoffelroden atmete ich auch jetzt tief durch – und beschloss, mich zusammenzureißen und weiterzuma-

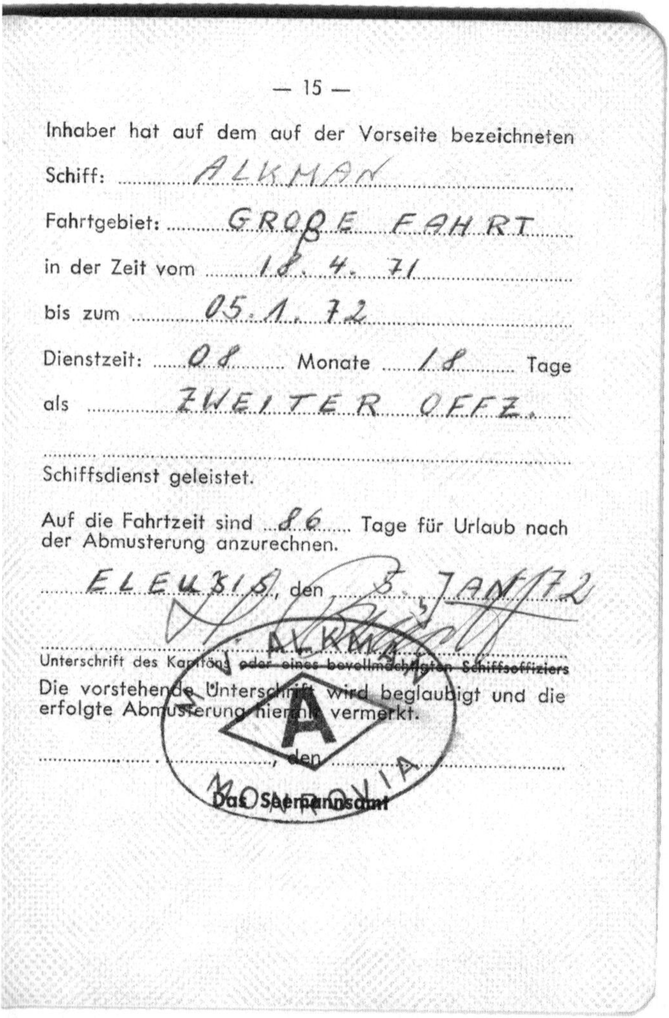

— 15 —

Inhaber hat auf dem auf der Vorseite bezeichneten

Schiff: ALKMAN

Fahrtgebiet: GROßE FAHRT

in der Zeit vom 18. 4. 71

bis zum 05. 1. 72

Dienstzeit: 08 Monate 18 Tage

als ZWEITER OFFZ.

Schiffsdienst geleistet.

Auf die Fahrtzeit sind 86 Tage für Urlaub nach der Abmusterung anzurechnen.

ELEUSIS, den 5. JAN 72

Unterschrift des Kapitäns ~~oder eines bevollmächtigten Schiffsoffiziers~~

Die vorstehende Unterschrift wird beglaubigt und die erfolgte Abmusterung hiermit vermerkt.

................, den ....

Das Seemannsamt

M/V ALKMAN A MONROVIA

»*Schiff: Alkman, Fahrtgebiet: Große Fahrt*«. *Auszug aus dem 2. Seefahrtbuch des Autors, 1972*

chen, um mein Ziel, das Große Kapitänspatent, zu erreichen. Um die Seefahrtsschule aber besuchen zu dürfen, mussten mindestens zweihundert nautische Beobachtungen und Standortbestimmungen mit dem Sextanten und zwei Jahre Fahrzeit als Steuermann nachgewiesen werden. Außerdem Berechnungen zur Hyperbelnavigation, zu Chronometerlängen, astronomischen Standlinien, Nordsternbreiten, astronomischen Kompasskontrollen und vieles mehr. Vorher würde die Hochschule den Weg nicht freigeben. Ich machte mich also auf die Suche nach einem neuen Dampfer.

Den Ruf griechischer Reeder in der internationalen Schifffahrtssociety prägten drei Männer, die zu den Nabobs ihrer Zeit gehörten: Aristoteles Onassis, Stavros Niarchos und George Livanos – schwerreiche Männer mit großem Einfluss. Ihre gesellschaftliche Machtstellung gründeten die miteinander konkurrierenden Unternehmer auf der Hegemonie ihrer großen Tankerflotten. An Deck eines Tankers allerdings wollte ich nicht noch einmal einen Fuß setzen. Aber zum glanzvollen Zirkel griechischer Schiffseigner gehörte auch die Reederdynastie Angelopoulos aus Athen, die einen zwar mächtigen, aber doch eher unbekannten Konzern regierte, der auf den Transport von Massengütern wie Erz und Kohle spezialisiert war. Unter Angelopoulos‘ blauem Schiffsschornstein fuhren nicht viel weniger als vierzig Massengutfrachter, auch Bulkcarrier, kurz Bulker genannt. Sie holten Erz und Kohle aus den Minen Australiens, Brasiliens und Japans und brachten sie unter anderem in die konzerneigenen Stahlwerke nach Eleusis bei Athen. Um die Bemannung der Flotte kümmerte sich die Züricher Firma Metrofin, die im Ruf stand, bei der Auswahl ihrer Seeleute eine gewisse Auslese zu treffen. Wenn ich auch die einzelnen Kriterien nicht kannte, so gefiel mir doch das Prinzip, denn ich wollte nicht noch einmal auf einem Fly-by-Night-Dampfer anheuern, bei Nacht und Nebel aus einem Hafen schleichen und doppelte Logbücher führen müssen. Metrofin unterhielt gute Kontakte nach Hamburg zu Theodor & F. Eimbcke, einer Hamburger Makler- und Kaufmannsfamilie mit bestem Ruf. Mit der Entscheidung, mich auf Metrofin und Eimbcke einzulassen, konnte ich also nicht so furchtbar falsch liegen und unterschrieb einen neuen Jahresvertrag als Zweiter Steuermann für den Massengutfrachter ALKMAN. Ein gutes Omen sah ich darin, dass der Erzfrachter gerade vom norwegischen Reeder Berge Bergesen gechartert worden war – unter Seeleuten gehörten norwegische Reedereien zu den angesehensten weltweit.

Bevor ich Seesack und Koffer wieder stopfte, wandte ich mich noch an den Zimmerermeister Hermann Martens, ein knorriger Mitsechziger mit Walrossbart und Hasenscharte aus meinem Dorf; ihm gehörte das örtliche Sägewerk. Ich bat ihn, mir eine solide Holzkiste zu zimmern. Ich wollte darin fünfzig Bücher auf die ALKMAN schicken, die ich während meiner früheren Seereisen nicht hatte lesen können, weil mir Zeit und Ruhe gefehlt hatten; nun hoffte ich, sie endlich zu finden. Da ich über London und Anchorage nach Tokio und von dort nach Osaka weiterfliegen sollte und mir die Bücher als Luftfracht zu teuer waren, mussten sie eben mit dem Schiff hinterherreisen. Irgendwann und irgendwo würde ich sie schon in Empfang nehmen können. Ein paar davon hatte ich allerdings vorsichtshalber in meinem Seesack verstaut. An Bord der ALKMAN war Kapitän Peter Brüdt, mit seinen vierunddreißig Jahren fast der Älteste, nur ein chinesischer Matrose war »noch älter«. Ein Schiff mit jüngerer Besatzung hatte ich nie gefahren. Wir waren neununddreißig Männer, neun deutsche Patentinhaber für Brücke und Maschine und dreißig Hongkong-Chinesen – unser Altersschnitt lag bei neunundzwanzig Jahren. Gleich beim ersten Treffen im Rauchsalon fühlte ich mich willkommen geheißen. Der Alte, ein großer dünner Mann mit langen Beinen und langen Armen und vollen dunklen Locken, redete sehr gern, wie ich bald feststellte. Sein Kopf war schmal, die Nase spitz, in die glatt rasierten Wangen setzten sich zwei Falten fest. Ich mochte den Mann aus dem ostfriesischen Aurich gut leiden, sah ihn nur in weißem Hemd und blauer Bundfaltenhose herumlaufen; niemand an Bord trug eine Uniform. Brüdt prägte unser respektvolles Miteinander auf dem grauen Durchschnittsbulker, den er in Schuss hielt, als gehörte er ihm ganz allein.

Der Bulker *ALKMAN*, *1971*

Die ALKMAN zog sich hin wie ein überlanger Schuhkarton, den die Schiffbauer vorn angespitzt und achtern leicht abgeflacht hatten. Eine japanische Werft hatte sie solide zusammengeschweißt, sie war ein robustes und sicheres Massengutschiff. Die vertrauenswürdig dicken Schiffbauplatten mit den vielen Verstrebungen und Verstärkungen konnten von Materialermüdungen noch nicht geschwächt sein, dafür war das Schiff mit seinen drei Jahren zu jung. Denn gerade die mit Erz beladenen Schiffskörper arbeiteten bei hohem Wellengang schwer, bogen, drehten und krümmten sich so heftig, dass nach hunderttausenden von Berg- und Talfahrten durch hohe Wellen das Material und die Schiffsverbände langsam ermüdeten und »weich« wurden. Doch das würde hier noch einige Zeit dauern. Mit ihren zweihundertzwanzig Metern Länge und schlanken dreißig Metern Breite passte sie gerade noch durch den Panamakanal. Die hohen weißen Aufbauten lagen achtern, voll beladen mit sechzigtausend Tonnen tauchte sie maximal zwölf Meter tief ins Wasser; ihre Reisegeschwindigkeit lag bei selbstbewussten siebenundzwanzig Kilometern in der Stunde, gut fünfzehn Knoten.

Meine zehn Monate auf der Alkman waren frei von Exzessen. Chinesen und Deutsche achteten und respektierten einander. Die hohen christlichen und chinesischen Feste feierten wir zwar zusammen, privat aber verharrten wir in unseren angestammten Milieus. Die in dunkelblaues Einerlei gekleideten Chinesen erwiesen sich als erfahrene Seeleute und zuvorkommende Gastgeber und freuten sich diebisch, wenn wir auf ihren Partys zu viel tranken, dann lachten sie viel über uns. Wir kamen gut miteinander aus. Die Männer aus der damaligen britischen Kronkolonie Hongkong waren selbstbewusste Charaktere, denen das westliche Wertesystem längst vertraut war, auch im Kapitalismus kannten sie sich gut aus. Amerika verehrten sie als ihr Märchenland, das zu erreichen so etwas wie ihr Lebensziel darstellte. Aus ihrer Heimat Hongkong kannten sie die freie Presse, ein eigenes Rechtssystem und eine eigene Währung. Alle zusammen führten wir ein recht bequemes Leben. Ein chinesischer Koch bereitete für uns deutsche Küche zu, nur Schwarzbrot fehlte. Ein Steward trug uns die Mahlzeiten auf, ein anderer kümmerte sich um die Kammern mit eigenem Bad und abgetrennter Toilette; Max, der Wäscher, hielt unsere Kleidung in Ordnung. Alle chinesischen Wäscher nannten sich Max. Alkoholausfälle gab es nicht ein einziges Mal.

Der Dritte Offizier, Adam Senn, stammte aus Kempten im Allgäu, die Alkman war sein erstes Schiff als Steuermann. Sein Gesicht schien immer in Andeutungen zu lächeln, Adam erzählte gern selbsterfundene Witze, in seiner freien Zeit schnitzte er Krippenfiguren und malte ihnen bunte Kleider auf den harten Leib; das Holz dafür fand er in jedem Hafen. Er wollte so lange zur See fahren und schnitzen, bis er Krippenfiguren aus allen Kontinenten zusammengetragen hätte; wie ironisch er das meinte, vermochte ich nicht zu erkennen.

Der Erste Offizier, Klaus Kamenski, wohnte mit Frau und Tochter in Bochum. Seine allzeit feuchten Handflächen rieb er sich an den kurzen Hosen trocken. Sie schwitzten fast immer, auch wenn es kalt war. Er wirkte überfordert, war es allerdings nie, wenn es darauf ankam; wo seine Nervosität herkam, konnte ich mir nicht erklären. Klaus zeigte mir, wie die Stabilität eines Erzfrachters bei verschiedenen Beladungszuständen und in Ballast exakt berechnet wurde; ich kannte das nur theoretisch, die Praxis fehlte mir noch. Wenn Klaus mich zu spät von der Wache ablöste, entschuldigte er sich: *»Ich bin immer müde«*, und ließ sich in den gepolsterten Wachstuhl fallen. Wir verstanden uns gut. Den ihm unterstellten chinesischen Matrosen gegenüber verhielt er sich allerdings eher ungeschickt, wenn er sie beim Kontrollieren der Decksarbeiten in Anwesenheit Dritter korrigierte. Jedermann wusste, dass Chinesen vor allem ihr Gesicht zu wahren hatten, weil es ihr Ansehen in der Gesellschaft entscheidend mitbestimmte. Nur Klaus anscheinend nicht. Die Chinesen missbilligten sein Verhalten, zeigten es ihm aber nur indirekt und stillschweigend, indem sie ihm, wenn wir bei ihnen in der Mannschaftsmesse zu Gast waren, nur ein einziges Glas Whisky einschenkten und keinen Tropfen mehr. Stattdessen versorgten wir ihn dann.

Drei Wochen brauchten wir von Japan nach Laurenco Marques, einer großen, im ostafrikanischen Mosambik dampfende Hafenstadt, aus der wir Kohle für Yokohamas Hochöfen holen sollten. Vier private Briefe trafen hier für mich ein, der wichtigste kam von Amelie, einer Freundin. ›Entscheide dich!‹, war wohl der Kernsatz ihres Briefs. Ich war überrascht.

Auf der Rückreise lagen wir so schwer im Wasser des Indischen Ozeans, dass das ebene Deck der ALKMAN nur noch wenig aus der See herausragte – flach wie der Muskelbauch eines Schwimmathleten und überspült schon von der schwächsten See.

Zurück in Osaka, hörte ich unmittelbar vor dem Auslaufen von unserem Agenten, dass beim Zoll eine Holzkiste für mich eingetroffen sei. Ich lief zum Zolldepot, sah beglückt meine Bücherkiste hinter einer Glasscheibe stehen und wollte sie sofort mitnehmen. Hartnäckiges Kopfschütteln, verkniffene Münder. Mein Argument, vielleicht nie mehr nach Japan zurückzukommen, überzeugte die japanischen Zöllner und ihren Vorgesetzten nicht. Ich erklärte ihnen, von den Büchern so abhängig zu sein wie von Wasser und Brot, bettelte und beschwor sie, appellierte an ihre Güte. Doch die Herzen blieben hart. Es handele sich bei der Kiste um Goods in Bond, Ware unter Zollverschluss, Ausnahmen seien nicht zugelassen. *»Wir dürfen die Ware aus zollrechtlichen Gründen erst in zwei Tagen freigeben«*, hieß es.

»Aber wir verlassen doch heute noch Ihr Land Richtung Australien. Sind wieder unterwegs, auf See.«

Der Zöllnerboss versuchte gar nicht erst eine Lösung zu finden. Tief enttäuscht veranlasste ich noch, die Kiste mit einem Küstenfrachter tausend Kilometer weiter auf die Reise nach Wladiwostok zu schicken, wo sie dann in die Transsibirische Eisenbahn umgeladen würde, um von dort neuntausend Kilometer gen Westen nach Hamburg zu rumpeln. Einen Seehafenspediteur wies ich telegrafisch an, sie dort auf ein Schiff der Deutschen Afrika-Linien nach Kapstadt zu verladen. Japanische Häfen als unsere nächsten Ziele waren einfach zu unwahrscheinlich geworden und dass wir Kapstadt anlaufen würden, das hielt auch Kapitän Brüdt für sehr viel denkbarer, zumal der Suezkanal immer noch gesperrt war. Doch auch dieser Aufwand war am Ende vergeblich, weil wir nicht nach Südafrika, sondern an die Ostküste Amerikas beordert wurden. Die Bücherkiste hat mich nie erreicht. Fünfzig ungelesene Autoren mussten auch diesmal wieder die Heimreise zurück nach Hamburg antreten, mit der ALEMANNIA, einem deutschen Frachter der Hapag. Nach sieben Monaten landete die Kiste wieder zu Hause in meinem Dorf, an allen Seiten mit Zetteln zugeklebt, mit allerlei fremden Schriftzeichen versehen und mit roten und blauen Kreidekreuzchen bemalt. Als ich später Zimmerermeister Hermann Martens auf der Ackerstraße traf und ihm die Geschichte erzählte, freute er sich: *»Ich hab schon davon gehört, dass meine Kiste alle Strapazen gut überstanden hat«*, und fuhr dann überraschend fort, *»aber was wolltest du denn überhaupt mit so vielen Büchern? Die Bibel reicht doch!«* Im Tannenkrug von Willi Trumann haben wir die Geschichte von der verunglückten Weltreise der Bücher bei Korn und Bier noch öfter durchgesprochen, sie verband uns ein Leben lang.

Von Osaka aus versegelten wir nach Australien, nach Port Dampier im Nordwesten des staubigsten aller Kontinente. Elf Tage und

Nächte wummerten die Schiffsmaschinen in monotonem Bass, zu laut, um überhört zu werden. Seit ich mit Ewald Gamper unterwegs war, dem Chefingenieur der ALKMAN, verdarb nicht ein einziger Maschinenstopper seine exzellente Leistungsbilanz und die seiner Männer. Während der Überfahrt gestalteten wir Luke vier zu einem bordeigenen Swimmingpool um, kleideten sie mit Plastikfolien aus und pumpten sie mit Seewasser voll, der perfekte Badespaß für alle. Mutig kletterte auch ich hinein, drei Stufen an der Lukenleiter hinab, stieß mich mit den Beinen so stark vom Rand ab, dass ich mit wenigen Paddelschlägen die andere Seite erreichte. Keinem fiel auf, dass ich nicht schwimmen konnte. Mich mit den Zehenspitzen vom Grund abzustoßen, wie ich das in Schwimmbädern an Land erfolgreich praktiziert hatte, dafür war das Wasser im Pool zu tief. Unter dem Schiffsboden dagegen, das wurde mir auch jetzt wieder bewusst, stand eine gewaltige Wassersäule von tausend Metern und mehr. Mich schauderte. Nach nur wenigen Erfrischungsminuten kletterte ich die Leiter schnell wieder hoch.

Wem die Zeit sonst zu lang wurde, konnte sich von einem der sechs Videofilme unterhalten lassen, die in Japan frisch an Bord gekommen waren – jeder sah jeden Film mindestens drei Mal. Ansonsten spielten wir Darts und Skat, der Alte am liebsten Mau-Mau, alle Kapitäne spielten am liebsten Mau-Mau. Noch immer beschäftigte ich mich mit den vier Briefen, die mich in Laurenco Marques erreicht hatten. Meine langjährige Freundin Sue hatte einen Bernhard geheiratet, einen Englischlehrer, davon wusste ich bisher nichts; das Finanzamt Nordenham suchte mein Auto, weil es einen Kuckuck auf den Käfer kleben wollte, ich hatte die Steuern nicht bezahlt; mein jüngerer Bruder Carsten schrieb mir, dass er mit seinem VW-Bulli eine Reise nach Indien plante und in dem vierten Brief wollte Amelie aus Oldenburg Klarheit darüber haben, wie sie mit mir dran sei. Daher die Aufforderung: ›Entscheide dich!‹

Während meiner Zeit in Elsfleth hatten wir uns näher kennengelernt und nun sollte ich mich bereits festlegen. Das ging mir alles viel zu schnell, damit kamen meine Gefühle nicht zurecht, ich fühlte mich wehrlos und schwach. Von allem, was dort oben im hohen Norden am anderen Ende der Welt an privaten und persönlichen Dingen passierte, fühlte ich mich abgehängt, alleingelassen und herausgefordert, ohne dass ich auf irgendetwas auch nur ein kleines bisschen hätte Einfluss nehmen können. Heimweh war mir bisher völlig fremd gewesen, jetzt schmerzte es unerwartet heftig. Machten Heimweh und Einsamkeit krank?

Träge wie schlafende Flusspferde warteten wir auf der Reede von Port Dampier im Nordwesten Australiens mit ein paar anderen Bulkern darauf, an die von Erzstaub überzogene Pier vorgelassen zu werden. Um sich die mörderische Langeweile aus den Gemütern pusten zu lassen, tuckerten unsere chinesischen Matrosen in Begleitung des Ersten Offiziers mit dem Motorrettungsboot an der unwirtlichen Küste auf und ab, vielleicht um einen neuen Geruch einzufangen, lebendige Natur zu spüren oder sonst eine Ablenkung zu erfahren. Währenddessen torkelten meine Gefühle um Amelie herum. Doch jetzt endlich hatte ich meine Empfindungen einigermaßen zu Ende gefühlt und geordnet – ich schrieb ihr ein Lebewohl:

Liebe Amelie,
Deinen Brief beantworte ich hier unten am Ende der Welt, in Dampier an der Nordwestecke Australiens, ein Flecken rostbrauner Erde, den der Teufel nach einem Whiskyrausch geschaffen haben muss: knorriges hartes Land, eine wie wild hingewürfelte Inselkette aus hartem Streuselkuchen und mit Erzstaub bestreut, ein Land, über dem sommers ein Glast von Hitze flimmert, dem zu entfliehen nur Auswanderern oder Seeleuten vergönnt ist. – Und dann kommt das Lotsenboot vorbei, um den Schiffsbesatzungen die Post an Bord zu bringen, Briefe, die von den Männern erwartet werden wie der Zuckerbäcker vom Kind. Männer meinen Anspruch darauf zu haben, dass andere an sie denken, nur weil sie verheiratet sind – darum geht es. Ich aber will nicht, dass man an mich denken muss, bitte auch Du nicht. Ich bin noch nicht so weit! Du siehst also, dein Laurenco Marques-Brief hat mich erreicht. Ja, ich habe ihn mehrmals gelesen. Beim Lesen meines Briefes sinkst Du wohl tiefer in Deinen Sessel,

beugst Dich über diese Zeilen und fragst Dich: Was soll das alles, was wollen sie mir sagen? Immer, wenn ich auf lange Reisen ging, wie jetzt wieder auf diese, zog ich einen Strich unter das Gewesene und ließ nur Weniges über mich durchsickern. So ist es auch jetzt wieder. Weil ich mich nicht verzehren will nach geliebten Menschen, weil ich nicht eifersüchtig werden und mich darin verlieren will. Eifersucht und Abwesenheit vergiften jede Liebe. – Ich schweige jetzt, lese das Gestammel noch einmal, stecke mir eine Zigarette an. Denke an Dich, an Dein Krankenbett, Deine Wohnung, an unsere Zeit in Elsfleth und Oldenburg. Spüre Deinen Regenkuss. Australische Winterkühle kommt auf, ich lasse die Nacht ins Fenster. Und nun weiß ich, dass ich mich in Dir nicht finden kann. – Die Zigarette ist verqualmt. Eine lange Reise liegt vor mir, liebe Amelie, zwölftausend Meilen in dreiunddreißig Tagen. Ich werde nicht versuchen, Dich zu erreichen. Es war schön mit Dir.
Danke. Und adieu. Hagen.

Port Dampier stellte sich uns als ein unter Erzstaub begrabenes Nest vor, beherrscht von riesigen gelben Maschinen auf Stockwerke hohen Gummirädern. Männer in rot leuchtenden Overalls steuerten die wie ferngelenkt wirkenden Ungetüme. Ihre Gesichter versteckten sie hinter grauen Tüchern, schützten sich mit Helmen und riesigen Brillen vor Erz und Staub und damit zugleich vor dem, was ihnen Arbeit und Brot brachte. Mit ihren Mondfahrzeugen schaufelten sie rostbraunes Gestein in flache Trichter, unter denen schnell laufende Förderbänder vorbeiratterten, um das tonnenschwere Erz mit sich zu nehmen. Wie an der Schnur gezogen, führten die Bänder meilenweit geradeaus bis hin zu den Kais, wo sie ihre Bürde endlich in die Bäuche der Schiffe kippen durften. Kein Baum in Dampiers Erzlunge hat je tief durchatmen dürfen; als die Bäume noch klein und wehrlos waren, hatten sie ihren Kampf bereits aufgegeben, ihre verdorrten Ästchen reckten sie jetzt stumm in den heißen australischen Himmel. Kein Tier kann es je gewagt haben, an diesem traurigen Ort eine Höhle oder ein Nest für seine Jungen gebaut zu haben; an diesem Flecken Erde, wo Menschen der Natur ihre Schätze raubten, störte alles Lebendige nur. Vier Tage und vier Nächte warfen die Förderbänder ihre Massen in unseren Schiffsbauch hinein, bis er mit sechzigtausend Tonnen gefüllt war und wir die australische Kümmernis endlich hinter uns lassen durften.

Mit Seewasser aus Hochdruckschläuchen spülten unsere fleißigen Hongkong-Matrosen das Schiff von Staub und Erzschotter frei, bis Deck und Aufbauten wieder glänzten. Jetzt lag Kapstadt auf unserem Kurs, West zu Süd, wir fraßen tausende von Meilen, immer nur geradeaus, ein Tag verlief wie der andere, eine Nacht wie die zuvor. Erst am Kap der Guten Hoffnung unterbrach ein Sechs-Stunden-Stopp die ewige Routine: Die Agentur Freight Services aus dem Pearl Assurance House ließ vitaminreichen Frischproviant anliefern und gab die Reedereipost beim Alten ab. Dann hieß es für uns gleich wieder »Leinen los«.

Abermals lagen Wochen auf See vor uns, wieder Kurs immer recht voraus. Wir dampften von Horizont zu Horizont, Tag für Tag und Nacht für Nacht. Ich mochte dieses Meer und seine willkürlichen Verwandlungen von gut zu böse nicht mehr. Ich mochte die Kämpfe mit der See und auch ihre Liebkosungen nicht länger hinnehmen – ich kündigte ihm die Freundschaft. Wieder kam mir in den Sinn, meine Ziele aufzugeben. Ich mochte die Seefahrt nicht mehr, jetzt, als es mir endlich gut ging an Bord.

Verhext.

Ich war nicht auf der WARRAH RIVER, ich war auf der ALKMAN mit ihrer intakten Mannschaft, hier war doch alles in bester Ordnung. Aber ich war hier die Fehlbesetzung, ich war der Mann am falschen Ort. Hatten sich denn alle von der bedingungslosen Weite des Meeres und seinem ewigen Einerlei betäuben lassen und nur ich allein erkannte, dass es eine schönere Welt geben musste als die Seefahrt, wie ich sie erfahren hatte?

Pazifik

Seit nunmehr sieben Jahren lebte ich inmitten mal krimineller und komplett verrückter Typen, mal mit ausgeglichenen und schlichten Männern zusammen. Während früherer Reisen hatte ich mich immer mal mit schrägen Vögeln herumgeschlagen, wie mit László, dem Ungarn, der mir sogar ans Leben wollte, oder dem brutalen Bootsmann Schmal, der sich hinter einem Besenstil verstecken konnte und den Jimi, Paul und ich tagelang in einen Tank gesperrt und mit dem Leben bedroht hatten. Eher selten war ich mit feinen Kerlen zur See gefahren, wie mit Kapitän Otto Mendel vor allem und dem Bootsmann Jan Przybylak. Auch Altmatrose Walter Meyer, Schiffszimmermann Onno Diederichs und nicht zuletzt Mehlzack, der ewige Leichtmatrose, gehörten dazu. Keinen dieser Männer habe ich auf See noch einmal wiedergetroffen. Freundschaftliche Verbindungen gingen nur selten über ein Schiff hinaus, vertraute Gesichter verloren wir aus den Augen, sobald wir neu musterten. Ich wollte dieses fremdgetaktete Leben in seelischer Einsamkeit, in Isolation und Sprachlosigkeit nicht länger ertragen. Zumal in meinen frühen, von maritimer Literatur erschaffenen Fantasien meine Vorstellung von der Seefahrt ganz anders ausgesehen hatte, Joseph Conrad und Horatio Hornblower waren meine Zeugen. Doch was ich bisher erfahren hatte, konnte ich mit meinen Jugendwünschen und Hoffnungen nicht in Deckung bringen. Ich hatte mir einen heileren, einen hoffnungsfroheren Lebensraum auf dem Meer vorgestellt. Ich fühlte mich vom Meer betrogen. Wie aber nun sollte meine ganz persönliche Kursänderung aussehen und wohin sollte sie mich tragen? Ich vermochte das immer noch nicht zu entscheiden.

Ich wollte alles aufschreiben, um es frisch zu erinnern, das Gute wie das Böse. Ich wollte meine Gedanken und Gefühle festhalten und sie nicht in ständig dunkler werdenden Zeitschichten versickern lassen. Zunächst aber trainierte ich, der Rechtshänder, seit Wochen mit der ungelenken Linken und schrieb seitenweise ganze Partien aus Büchern ab, zwei Stunden täglich. Zuerst krakelte die Schrift mühsam übers Papier, das Schriftbild sah aus, als wären in Tinte getauchte Hühnerfüße über die Seiten gelaufen; doch nach und nach wurde die Handschrift leserlich, wenn auch immer noch ungelenk. Um mein Gedächtnis in Schwung zu bringen, lernte ich Gedichte auswendig, von Joachim Ringelnatz »Die wüste Riesendame der Oktoberwiese« und »Kopf hoch, mein Freund«. Ich vermisste Diskussionen, intellektuelle Anregungen und Streitgespräche, mir fehlten spannende Dialoge und Antworten auf meine Neugier, die ich hier nicht zu stillen vermochte. Erst sehr spät wurde mir klar, dass ich zu viel erwartet hatte. Im Steuermannsalltag redeten wir nur über zu erwartendes Wetter und Wetterkarten, über die Verlässlichkeit von Standlinien und die Genauigkeit unseres aktuellen Standortes, über Kompasskurse, Abdrift, Gegenkommer und Mitläufer. Selten oder gar nicht über das, was uns bewegte und Dinge, die unser Denken und Leben spannend machten. Wir machten uns über Mau-Mau-Ergebnisse her und redeten über Dartpfeile, Trefferquoten und Videofilme. Ich wollte mich damit nicht mehr begnügen.

In Rotterdam löschten wir unser australisches Erz. Wie immer ging ich zu Rheé. Wir waren älter geworden, sie achtundzwanzig, ich fünfundzwanzig, seit acht Jahren trafen wir uns und kannten nicht einmal unsere Nachnamen! Aus Yokohama hatte ich ihr eine Goldkette mit einem H für Hannes mitgebracht und legte sie ihr um. Wir mochten uns immer noch sehr, suchten und brauchten einander wie nie zuvor. Doch ich traute mich nicht, sie in aller Konsequenz zu lieben, eine unsichtbare Schranke verbot es mir. Dabei war sie der einzige Mensch, dem ich ganz nahegekommen war. Beide durchlebten wir eine Krise – Rheé versuchte ihrem Rotlichtmilieu zu entfliehen, ich meiner Schifffahrtsszene. In einer Rotterdamer Hotelbar erzählten wir einander, was uns quälte, hörten uns zu, offenbarten uns. Wir redeten die ganze Nacht, bis in den Morgen. Es war unsere letzte gemeinsame, eine rein platonische Nacht. Ich habe Rheé nie wiedergesehen. Ihr Zuhälter war ihr Bruder Joos, der jede ihrer kleinsten Schwächen kannte und sie zynisch ausnutzte. Er war vier Jahre älter als sie, sie hatte ihn einmal geliebt, wie ein kleines Mädchen ihren großen Bruder lieben kann. Er aber sah ihn ihr nur eine Geldmaschine. Wenn sie aufbegehrte, schlug er sie; sie wehrte sich verzweifelt, wenn sie Drogen nehmen musste, doch irgendwann kam sie nicht mehr davon los. Als ich später noch einmal in Rotterdam festmachte, erreichte ich sie nicht mehr unter ihrer privaten Telefonnummer. *»Rheé ist nicht mehr bei uns«*, sagte eine tonlose Männerstimme, *»sie ist tot.«* Und legte auf.

Nach weiteren, ereignisarmen Wochen in amerikanischen Häfen und der Karibik war ich jetzt soweit und hatte mich entschieden: Das Große Patent wollte ich unbedingt noch machen. Für mich bot sich auf dieser Fahrt nach Yokohama über den Pazifik die Gelegenheit, die noch fehlenden astronomischen Berechnungen zur Standortbestimmung für die Seefahrtsschule fertigzustellen. Jeden Tag ermittelten wir möglichst zwei Standorte, jeweils morgens und abends einen; wenn die Wolken Sterne und Kimm nicht freigeben wollten, gissten wir unsere Position, wir schätzten sie also mit Hilfe einer Koppelkarte.

Auf halbem Weg zwischen Amerika und Asien wartete an Backbord inmitten des Pazifiks ein Naturphänomen auf uns. Ein gewaltiger Gebirgszug, einem Himalaja unter Wasser gleich, reckte sein Haupt empor, nur seine Spitzen durchstießen die Wasseroberfläche und bildeten die mehr als hundert Hawaii-Inseln. Wir zogen an diesem Paradies vorbei und hätten dort doch so gern Station gemacht.

Die Ferngläser lagen bereit, doch kein einziges Schiff, kein Leidensgenosse zeigte sich auf dem weiten Meer. Am Ruder stand gelegentlich der 25-jährige chinesische Matrose Gao Dong, der unbedingt lernen wollte, ein Schiff zu steuern; wer steuern konnte, hieß es, verdiene mehr. Jetzt bot sich die Gelegenheit. Weil Gao extrem klein und sehr breit war, hatte ihm der Zimmermann einen Tritt gebaut, damit er den Kurs ablesen konnte. Er hatte einen Kopf mit ausgeprägtem Kinn und buschigen Augenbrauen, schwere Lider verdeckten stets halb seine Augen; seine Schneidezähne standen weit vor und schienen immer nur »Oh, wie schade«

sagen zu wollen, sein Mund mit den vorstehenden Lippen musste ihm so manche Hänselei eingetragen haben. Wenn er nicht steuern wollte, schalteten wir oft den Eisernen Gustav an, den automatischen Rudergänger, der eisern Kurs hielt. Gao stand dann in der Nock und suchte den Horizont nach fremden Schiffen ab. Und die Maschinen summten in ewigem Gleichmaß, als stünden sie im Wettbewerb mit tausend Bienenschwärmen.

Als wir in Fukuyama festmachten, freuten wir uns, wieder unter Menschen zu kommen. Unten an der Pier winkte eine Frau ganz ausgelassen zu uns hoch, die weiße japanische Flagge mit der roten Sonnenscheibe in der Mitte wiegte über ihrem Kopf hin und her. Kapitän Peter Brüdt klärte uns auf: *»Chief Ewald wird von seiner Freundin erwartet, die er mit nach Hause nehmen will.«* Die Japanerin Kazuko Murasaki musterte als Stewardess bei uns an, bis Piräus sollte sie mitfahren, unseren nächsten Hafen in Europa. Dort wollte unser Chief mit ihr aussteigen, um sie in einer Kirche im Allgäu zu heiraten. Wer sie war und woher sie kam, behielt Ewald für sich. Die Chinesen nahmen ihre Anwesenheit mit gemischten Gefühlen auf, Japaner und Chinesen, sie galten nicht gerade als beste Freunde. Mich erreichte in Fukuyama ein Brief des Bundesverkehrsministeriums, in dem mir bestätigt wurde, im April den einjährigen Kapitänslehrgang antreten zu können.

Die amerikanische Kohle, die wir in Hampton Roads übernommen hatten, löschten wir innerhalb von vier Tagen. Neue Ladung gab es hier nicht, stattdessen wurden einige Tanks mit Seewasser gefüllt, das dem Schiff für die Weiterreise nach Australien Tiefgang und damit Stabilität verleihen sollte, Sicherheit also. Vorbei an Papua-Neuguinea und dem unvergleichlichen Naturereignis, dem Great Barrier Reef, sollte es dann wieder in einen dieser öden Kohlehäfen gehen, diesmal nach Port Mackay an der Nordostküste Australiens. In einem Brief an meine Familie heißt es:

Wir sind gut und sicher durch die vielen Riffe und Klippen in Port Mackay an der Ostküste Australiens gekommen und warten darauf, dass wir morgen früh an die Pier gehen und Kohle für Grie-

chenland laden können. Hier ist es feucht und warm, riesige Motten und Ungeziefer schwirren durch die Luft, aus dem Radio plärrt alte Schlagermusik. Ein wildes Seegebiet ist das hier, unvermessene Gegenden sind keine Seltenheit und unerforschte Strömungen lassen die Navigation zur hohen Kunst werden. Kurz bevor wir in die Korallensee einliefen, machten wir Schiffbrüchige aus, die morgens in aufgehender Goldsonne Rauchsignale sandten und auf Hilfe warteten. Helfen konnten wir selbst nicht, weil wir zu viel Tiefgang hatten, schickten aber nach Port Moresby auf Neuguinea Telegramme, wo uns zugesagt wurde, dass Hilfe geschickt wird. Wie der Seenotfall ausgegangen ist, erfuhren wir auch nicht von dem Lotsen, den wir nach unserer Passage durch die nordaustralische Torres-Straße an Bord genommen haben. Im Allgemeinen wissen die Lotsen über solche Vorfälle gut Bescheid.

Auch später sollten wir nicht herausfinden, wie der Schiffbruch ausgegangen war, aber wir hatten jedenfalls alles veranlasst, damit die Verunglückten gerettet werden konnten, so wie es das ungeschriebene Seemannsgesetz vorsah, Gott sei Dank. Diesmal hatte ich ein gutes Gefühl.

Auch Port Mackay war kein richtiger Hafen, er war eine Zumutung. Kurz bevor wir ihn verließen, bestellte der Alte meinen Ablöser. Nach zweiundzwanzig Seetagen erreichten wir vollbeladen mit Erz das Kap der Guten Hoffnung, schlechtes Wetter verspätete uns um einen Tag. Am 7. April 1970 begann mein Kapitänslehrgang.

Hamburg, Isestraße

Die klaren Strukturen an der Elsflether Seefahrtsschule mit dem festgelegten täglichen Unterricht von sechs Stunden erleichterte es uns im Alltag an Land wieder Fuß zu fassen. Teilweise kannten wir uns noch vom Steuermannslehrgang, den wir hier vor zwei Jahren abgeschlossen hatten. Wir gewöhnten uns, wenn auch langsam, wieder an soziale Umgangsformen und übten uns in Geselligkeit; ich wohnte jetzt wieder auf der Eylers-Ranch, auf dem Studenten-Bauernhof in Oberhammelwarden, und fühlte mich dort schnell heimisch. Auch der vollbärtige Briefträger mit dem kahlen Schädel erinnerte sich an mich und freute sich, dass er mir nun wieder die Post für alle Bewohner gleichzeitig anvertrauen konnte, ersparte er sich doch so den zweihundert Meter langen Feldweg und gewann ein wenig Freizeit hinzu. Für mich hatte er einen größeren Umschlag dabei, die kleine und exakte Handschrift erkannte ich sofort. Mein Onkel aus Hamburg lud mich zur Aalsuppe ein. Ich wollte dieses Angebot zum Anlass nehmen, mich während eines langen Maiwochenendes in der Hansestadt umzusehen.

Hamburg, Isestraße 139, Parterre links. Hier lebten mein Onkel und meine Tante, gegenüber die befreundete Familie Humbert, die das Aalsuppenessen, zu dem jeder geladene Gast noch jemanden mitbringen durfte, ausrichtete. Von den gesellschaftlichen Umwälzungen durch die Achtundsechziger hatte ich zwar gehört und gelesen, aber nicht wirklich etwas mitbekommen. Partys waren mir ohnehin nicht vertraut: Ich wusste nicht, wie man auf die Leute zugeht, wie man sich dort gibt und worüber man spricht. Kurz: Ich war ziemlich verunsichert. Die Gäste in der großen Altbauwohnung mit den hohen Decken wirkten sehr selbstsicher, zogen mit einem Glas in der einen Hand und einer Zigarette in der anderen von einem Raum in den anderen, man kannte sich, redete gescheit, die Zusammenhänge konnte ich nicht durchschauen.

Bis ich eine junge Frau auf dem Fußboden sitzen sah, mit dem Rücken an die Wand gelehnt, die Partybesucher musternd, die an ihr vorbeizogen. Sie schien sich zu amüsieren; sie grüßte den ein oder anderen, reckte zum »Hallo« die Hand nach oben, rauchte, nahm einen Schluck Wein, saß sehr selbstbewusst dort vor mir auf dem Boden. Mir kam ihr Gesicht bekannt vor, ich suchte in meinen Kopf nach Bildern und Namen, aber eigentlich konnte das nicht sein. Dann erst fielen mir ihre roten Schuhe auf. Rote Schuhe! Als sie vom Fußboden aufgestanden war, stellte mir Gastgeberin Margarete Humbert ihre Enkelin Katrin vor. Ich sah sie irritiert an, denn sie erinnerte mich an die Frau, die damals in meinem Dorf vor Trumanns Tannenkrug mit ihren roten Schuhen aus dem Auto mit dem doppelten H im Kennzeichen gestiegen war – knapp zehn Jahre waren inzwischen vergangen. Haare, Gesicht, die ganze Erscheinung – sie sah der jungen Frau von damals verblüffend ähnlich, wie ein Déjà-vu kam es mir vor.

Ich suchte jetzt dringend ein Gesprächsthema, mit dem ich sie festhalten könnte, und fing dann tatsächlich an, über die Zutaten der Hamburger Aalsuppe zu sinnieren. Warum denn alles in der Suppe zu finden sei, über Backobst und Mehlklößchen bis hin zu sämtlichen Gemüsesorten, nur kein Aal. Sie klärte mich auf, dass der Aal für diese Suppe nur seinen guten Namen hergeben musste; es ginge um eine Suppe, in die nach Hamburger Art »allens rinkümmt«, was Gemüsegarten und Gewürzschrank hergäben. Es sei also nichts anderes als eine Art von Eintopf.

Als nächstes Gesprächsthema bot sich die langjährige Nachbarschaft unserer Familien an, Parterre rechts und Parterre links. Nur keine längeren Gesprächspausen, sie bargen die Gefahr in sich, dass mein Gegenüber die Chance zur Flucht ergreifen würde. *»Und was machst du beruflich?«*, duzte ich sie gleich sehr selbstbewusst und eröffnete damit den Weg auf die persönliche Schiene. Doch bevor sie antworten konnte, glaubte ich bereits zu wissen, was kommen würde.

»Ich tanze. Ich führe mit meiner Mutter eine Ballettschule.«

Rote Schuhe. Tanz. Ballett. Mein Déjà-vu vervollständigte sich zu einem Ganzen.

»Und du?«, entgegnete sie.

»Naja, ich habe gerade mit einem zweisemestrigen Kapitänslehrgang begonnen.«

»Du fährst zur See?«

»Jetzt gerade nicht«, sagte ich oberschlau, *»erst später wieder.«*

»Oh, das muss sehr interessant sein.«

Ich spürte sofort, dass sie Steuerbord und Backbord nicht voneinander unterscheiden konnte. *»Ein bisschen interessant schon, aber nicht wirklich«*, schränkte ich ein und dachte an meine Zeit auf der WARRAH RIVER. Das Gespräch zog sich noch eine Zeitlang zäh dahin, mit Seefahrt konnte Katrin offenbar wenig anfangen, ihre Stellungnahme jedenfalls empfand ich als nichtssagend, sie schien gleichgültig und gelangweilt; auch ich wusste wenig über ihren Tanz zu erfragen und so suchten wir schon bald neue Gesprächspartner. Dennoch war ich sicher, auf die Frau meines Lebens getroffen zu sein. Was mich allerdings sehr beunruhigte: Die Begeisterung schien wohl eher einseitig gewesen zu sein.

Falderntor, Josephturm und Schepelsturm

Nordsee, Mittelmeer, Namibia

Auf dem Schwarz-Weiß-Foto sind acht junge Männer zu erkennen, Bier- und Schnapsgläser in den Händen balancierend; ein Schild an der Wand lässt darauf schließen, dass sie sich gerade in einer Filiale der Oldenburgischen Landesbank aufhalten. Sie tragen Jeans und Lederjacke oder Dufflecoat, gegen die Märzkälte haben zwei von ihnen Schirmmützen auf, ein Dritter eine dunkle Pudelmütze. Die Gesichter heiter und vom Feiern übernächtigt, denn der fröhliche Achter hatte gerade sein Großes Kapitänspatent AG bestanden. Mit ihrem Besuch in der Bank bedankten sich die frischen Kapitäne bei den dortigen Angestellten für die gewährten Kredite, denn zu Beginn des Lehrgangs hatten nicht wenige füreinander gebürgt; die Bank hatte offenbar mit den Vorgängergenerationen bei den Rückzahlungen stets gute Erfahrungen gemacht, sodass sie diese jetzt auf die nächste übertragen hatte.

Das Kapitänspatent hatte das Format eines Reisepasses, auf der Vorderseite prangte der Bundesadler, innen stand neben Namen und Unterschrift sinngemäß, dass der Patentinhaber Schiffe jeder Größe und jeden Typs auf allen sieben Meeren als Kapitän oder als Erster Offizier führen darf. Neun lange Jahre lagen hinter uns, zwanzig von uns hatten bestanden und ihr Ziel erreicht! Doch für mich hatte dieses Ziel seine Attraktivität verloren, es war mir nicht mehr wichtig, ich war fast gleichgültig, ohne jede Euphorie.

Die meisten von uns gingen zurück in die Große Fahrt, ein paar entschieden sich für Mittlere Fahrtgebiete, die auch das Mittelmeer einschließen und nur drei oder vier mit dem Großen Patent legten sich auf die Kleine Fahrt mit Reisen in die Nord- und Ostsee sowie in die Spanische See.

BUNDESREPUBLIK
DEUTSCHLAND

Kapitän auf Großer Fahrt

AG

Eigenhändige Unterschrift des Inhabers

(Vor- und Zuname)

Kapitänspatent des Autors, ausgestellt am 6. März 1971

Erhard Eckardt lenkte mein Interesse auf die gerade dynamisch wachsende Versorgerschifffahrt, in der zwar kleine, aber sehr starke Schiffe die großen, im Meer stehenden Bohrinselplattformen versorgten, sogenannte Rigs. *»Die Einsätze dauern nur zwei Monate oder drei, danach schließen sich sechs oder acht Wochen bezahlter Urlaub an, viele der Versorger fahren unter billiger Liberia-Flagge.«* Damit kannte ich mich aus, denn ich hatte in Bremen gerade erst eine vertrauensärztliche Untersuchung für mein Liberia-Patent hinter mich gebracht. Von den PS-starken Versorgern allerdings verstand ich nichts, aber das ließe sich lernen. Nach meinen jahrelangen Erfahrungen in der Großen Fahrt zog mich nichts mehr dahin zurück, nichts zu den Schwergutschiffen der HANSA, nichts zu den großen amerikanischen Tankern und auch nichts zu griechischen Bulkern unter Billigflaggen. Sie hatten jahrelang mein Leben bestimmt, jetzt wollte ich mein soziales Umfeld zurückerobern. Ich wollte nicht länger allein sein, sondern mich zugehörig fühlen, wollte wieder gleichwertiges Mitglied der Gemeinschaft werden. Ich entschied mich deshalb für die Versorgungsschifffahrt, die mir durch ihren ganz speziellen Rhythmus diese Möglichkeit bot, jedenfalls bis zu einem gewissen Grad.

Kapitän Heinfried Renner von der FALDERNTOR holte mich von dem unfreundlichen schottischen Flughafen Aberdeen ab, ohne dass es verabredet gewesen wäre. Wir kannten uns nicht, aber er kam gleich auf mich zu und sprach mich an, denn er nahm den aus meiner Tasche ragenden SPIEGEL als Indiz dafür, dass er seinen neuen Ersten Offizier vor sich haben könnte. Renner war ein kleiner, ruhiger Mann, um die fünfzig. Er stammte aus dem schwäbischen Memmingen, war aber zu seiner schottischen Frau Alice, die er hier oben kennengelernt hatte, nach Aberdeen gezogen. Er wollte ihr und seinem Arbeitsplatz, der Nordsee, nahe sein, die umständliche Anreise aus dem Schwäbischen entfiel damit.

Wie keine andere englische Stadt profitierte der alte Universitäts- und Bischofssitz von der Blitzkarriere des Nordseeöls. Vor ihren Ufern standen die Bohrinseln dicht an dicht wie Bäume im Wald. Aberdeen soll während dieser anhaltenden Hochkonjunktur zur zweitteuersten Stadt des Vereinigten Königreichs aufgestiegen sein, nach London. Die Dockarbeiter streikten nicht nur gegen lange Arbeitszeiten und zu geringe Bezahlung, sie streikten vor allem deshalb, weil sie ihre Familien in dieser überteuerten Ölstadt einfach nicht mehr durchbringen konnten. Wenn die Hafenarbeiter monatelang fast ununterbrochen in den Ausstand traten, um ihren Arbeitgeber, den Staat, in die Knie zu zwingen, reagierten die HEATHER-Manager rigide: Sie nahmen eben den nächsten streikfreien Hafenplatz und bestellten ihre Schiff nach Peterhead, nur zwei Fahrstunden weiter nördlich, wo die Kaibetriebe in privater Hand lagen. Die Kaiarbeiter in Peterhead zeigten keine Geste der Solidarität oder Empathie mit ihren Kollegen in Aberdeen: *»Hier spuckt uns kein organisiertes Gewerkschaftsmitglied in die Suppe. Wir profitieren sehr davon, wenn die Jungs in Aberdeen nichts Besseres zu tun haben, als zu streiken«*, meinte ein Vorarbeiter.

Kapitän Renner brachte mir bei, wie ein siebzig Meter langer Bohrinselversorger mit zwei Verstellpropellern an einem Rig zu manövrieren ist und zeigte mir, wie das Bugstrahlruder vorn und das Querstrahlruder am Heck effektiv einzusetzen sind. *»Der Rest verlangt Fingerspitzengefühl und seemännisches Handwerkszeug. Entweder du kannst das oder du kannst das nicht«*, und überlies mir die beiden Sechs-Zylinder-Dieselmotoren von je dreitausend Pferdestärken. Ich hatte völlig freie Hand, auch vor Ort, wenn wir an den Bohrinseln arbeiteten. Ich kam schneller damit klar, als ich gedacht hatte, letzten Endes war es nicht viel schwieriger, als einen Lastwagen samt Anhänger rückwärts in eine Garage zu bugsieren.

Gleich auf meiner ersten Ausreise gen Norden hämmerten die Brecher gegen die Bordwand. Die Nordsee, die sich hier oben ungeschützt den wütenden Nordatlantikwellen öffnete, quälte uns vom ersten Tag an, aber damit musste man in diesem Fahrtgebiet immer rechnen. Mit unserer FALDERNTOR bedienten wir die Bohrinsel HEATHER ALPHA, die nordnordöstlich von Aberdeen bei den Shetland-Inseln stand und tief unter dem Meeresboden nach Öl suchte. Zehn strahlenförmig verteilte Anker, die sich an langen Ketten und Trossen tief im Boden festkrallten, hielten die Heather auf Position. Sobald sie fündig geworden war, wurde die Quelle abgedichtet und gekennzeichnet. Wir schleppten sie dann zur nächsten, vom Ölkonzern vorgegebenen Location, wo sie erneut verankert werden musste, mal nur eine Meile vom alten Bohrloch entfernt, mal hundert oder mehr. Die Matrosen leisteten dabei Schwerstarbeit, oft gab es Verletzungen.

Wir versorgten die Heather mit Hubschrauberbenzin, Bohrgestängen und Zement, mit Frisch- und Bohrwasser, Gasöl und Ersatzteilen und mit Baryt, einem Kühlmittel für das Gestänge; wir waren von Union Oil und Texaco für jede Art von Dienstleistung gechartert worden.

Die Aufbauten mit Brücke lagen bei der Falderntor ganz vorn, das tiefliegende Heck war lang und flach. Um unsere Waren abzuliefern, fuhren wir rückwärts an die Bohrinsel heran, wo wir sie an einen Kran übergaben, der alles nach oben auf die Plattform zog. Wenn ein Versorger direkt an der Bohrinsel manövrierte, war die Arbeit auf ihm am gefährlichsten; unsere Seeleute schufteten oft unter Lebensgefahr, immer hellwach, weil die See sie erfassen, gegen die Verschanzung schleudern und verletzen konnte. Der Kapitän und ich wechselten uns auf der Brücke im Sechs-Stunden-Takt ab, das Manövrieren erforderte allerhöchste Aufmerksamkeit. Wenn wir uns längsseits aufhielten, durften wir die stählernen Beine der Heather unter keinen Umständen mit unserem Heck berühren oder uns gar von der harten Strömung gegen eines treiben lassen. Das hätte im schlimmsten Fall einknicken und ihren Untergang einleiten können.

Die Männer, die hier draußen auf der Nordsee im Ölgeschäft schufteten, verdienten gutes Geld, für ihre harte Arbeit wurde ihnen Respekt gezollt. Der Alte und ich nahmen unser Schiff hart ran, manövrierten die Falderntor bis an den Rand ihrer technischen Belastbarkeit, doch auch wenn wir sie stark forderten, zeigten sich die beiden Klöckner-Humboldt-Deutz-Maschinen von ihrer zuverlässigsten Seite. Bis zu Windstärke zehn konnten wir uns in unmittelbarer Nähe der Heather Alpha aufhalten. Erst wenn es weiter aufbrieste und uns einer der zahlreichen Orkane heimsuchte, fanden wir in der Hufeisenbucht der kleinen Shetland-Insel Fetlar Schutz unter Land. Hier konnten wir erledigt einen Anker werfen und den Göttern für himmlische Ruhe danken.

Die harten Wochen, die wir abwechselnd auf See und im Hafen verbrachten, setzten uns zu. Wir waren überarbeitet und demoralisiert. Der Kapitänswechsel lag jetzt gerade mal drei Tage zurück, Kapitän Heinfried Renner war zu seiner Frau Alice in den achtwöchigen Urlaub gefahren, um wieder zu Kräften zu kommen. Okko Mähkorn, der neue, ein gesetzter, runder Mann mittleren Alters, kam frisch erholt an Bord. Sein Minipli fiel mir zuerst auf – die kleinen, vom Friseur in Falten gelegten Locken im braunen Kurzhaar. Er hätte seinen vierzigsten Geburtstag zwar gern noch mit seiner Familie im ostfriesischen Ostrhauderfehn gefeiert, aber das Personalmanagement der Reederei hatte leider anders entschieden. Er erzählte uns von seiner attraktiven Frau Ulla und auch von den beiden vierzehnjährigen Zwillingstöchtern, die sich gerade mitten in der Pubertät befänden; über ihre sich gerade entwickelnden Brüste berichtete er mit einem schmuddeligen Grinsen. Ich mochte diesen lüstern daherredenden Mann vom ersten Augenblick an nicht und zog mich zurück, soweit es eben möglich war.

Zu seiner Einstands- und Geburtstagsnachfeier lud Mähkorn die beiden Kapitäne der neben uns liegenden Schiffe ein – und kaufte sich als Geburtstagsgeschenk vier Frauen aus der Hafenmeile Aberdeens. Ich lehnte die Einladung dankend ab, ich wusste, wie solche Partys endeten. Mit zwei weiteren Versorgerschiffen lagen wir zu dritt nebeneinander an der Pier, im Päckchen nannten wir das: Eines der Schiffe war an der Pier fest vertäut, die anderen machten jeweils längsseits daran fest. Unsichere Stege ganz ohne Geländer sorgten für Übergänge von Schiff zu Schiff, wir Seeleute wussten mit dieser wackeligen Angelegenheit umzugehen, aber auch die Gäste? Die Falderntor lag ganz außen. Als die Frauen an Bord staksten, gelang ihnen der Gang über die Stege wie selbstverständlich, sie kannten sich damit offenbar aus. Mit ihren Gastgebern tranken sie schottischen Whisky und Bier, wie später offiziell festgestellt wurde, zwischendurch erledigten sie ihren Auftrag. Gegen einundzwanzig Uhr brachen sie auf, weil sie noch andere Termine im Hafenmilieu Aberdeens hatten. Sie kletterten über die wackeligen Bretter von unserem Schiff auf das in der Mitte liegende, dabei ging trotz ihres bezechten Zustands noch alles gut, doch beim Versuch, vom mittleren auf das direkt an der Pier vertäute Schiff zu kommen, fiel eine der Frauen zwischen die Bordwände ins kalte Hafenwasser. Die drei anderen Frauen, die die rettende Pier bereits erreicht hatten, riefen entsetzlich um Hilfe für ihre Kollegin. Ihre Schreie gellten über die Schiffe und trieben alle Männer sofort an Deck. Auch Kapitän Mähkorn und seine beiden Kapitänsgäste kamen halbbekleidet und schwer betrunken herbeigestolpert. Unser Chefingenieur Körner sprang kopfüber ins Hafenbecken, tauchte unter, suchte minutenlang, fand die Ertrinkende endlich und schleppte sie an unser Schiff. Mit einem Bootshaken zogen wir die schwere Frau an Deck, fünfzehn Minuten waren etwa nach ihrem Sturz vergangen. Meinen Ekel überwindend, versuchte ich noch sie mit Mund-zu-Mund-Beatmung wiederzubeleben, doch vergeblich. Eine offene Wunde an der Schläfe zeigte uns, dass sie mit dem Kopf auf eine Stahlstrebe aufgeschlagen und dann ins Wasser gestürzt war; sie musste sofort bewusstlos gewesen sein. Unseren Chefingenieur konnten wir gerade noch rechtzeitig aus dem Eiswasser ziehen, ein Sanitätswagen brachte den völlig unterkühlten Mann ins Krankenhaus. Da nur wenige vernehmungsfähig waren, kam die Polizei am Tag darauf noch einmal zurück, um uns zu verhören. Die Tragödie wurde aufgenommen, Zeugen und Beteiligte unterschrieben das Protokoll. Ich hatte gewusst, wie exzessiv solche Partys an Bord enden konnten, doch diese übertraf all meine Erfahrungen.

Die Falderntor dampfte wieder hinaus zur Heather Alpha, die nördliche Nordsee presste uns alles ab, körperlich und psychisch. Schwerer Sturm und die mit ihm einhergehende grobe See hoben das relativ kleine Schiff auf Wellenberge hinauf und stießen es zurück in tiefe Schluchten, ständig klammerten wir uns an Haltegriffen oder an eingebauten Gegenständen fest; bei jedem Schritt taumelten wir, fielen hin, rafften uns auf, stießen gegen Holz und Stahl und verfluchten lautstark das Rig und unseren Job hier draußen. Wir schliefen unruhig in den gesicherten Kojen, doch heilsamer Tiefschlaf war undenkbar, nie waren Muskeln und Nerven wirklich entspannt, der Körper allzeit in Alarmbereitschaft. Die See zermürbte uns. Dass wir kentern könnten, befürchtete wohl keiner, allerdings kam mir bei besonders harten Schlagseiten in den Sinn, als Nichtschwimmer als erster ertrinken zu müssen, wenn es dann doch geschehen würde. Den Männern hoch über uns auf der umtosten Plattform fehlte es dagegen an nichts. Sie arbeiteten in festen Zwölf-Stunden-Schichten Tag und Nacht, schliefen gut auf ihrem ruhig daliegenden riesigen Rig und speisten fürstlich, wie wir hörten. Nirgendwo auf See soll das Essen delikater und reichhaltiger sein als auf Bohrinseln. Unser Koch dagegen stellte uns heiße Suppe auf die mit feuchten Tüchern ausgelegte Back, die das Rutschen von Tellern und Tassen verhindern sollten, schmierte belegte Brote und stellte uns Kaffee und Tee in die Messe, viel mehr durften wir bei dieser Wildsee nicht erwarten. Trotz allem waren wir fast immer einsatzbereit und lieferten den zugesagten Service; nur wenn es allzu schlimm kam, suchten wir Schutz in einer der heimeligen Buchten der Shetlands.

In der Versorgerschifffahrt war es nicht anders als in der Großen Fahrt, auch hier wurden die Mannschaften beliebig zusammengewürfelt und nicht darauf geachtet, ob die einzelnen Charaktere zueinander passten. Das konnte auf diesen kleinen Schiffen, mit wenig Möglichkeit einander auszuweichen, zu gehörigen Problemen führen. Doch jeder versuchte sich irgendwie zu arrangieren, denn wir wollten unbedingt auf diese Versorger; Lockvogel war das viele Geld, das abgabenfrei in unsere Taschen floss und die regelmäßigen freien Wochen an Land. Geld und Landurlaube machten auch mich gefügig. Meine größte Herausforderung auf der Falderntor war der Alte, mit dem ich irgendwie klarkommen musste, doch die Erlösung kam schneller als gedacht.

Ein kurz nach Mitternacht eintreffendes Telex mit einer Eilanfrage von Hanswerner Haase, ob ich von der Falderntor nach Barcelona auf die Josephturm wechseln wollte, um für den erkrankten Kapitän einzuspringen. Als Kapitän! Und das im Mittelmeer! Ich jubelte. Ich liebte seine Küsten, an keinem Meer sonst auf der Welt sind sie abwechslungsreicher. Und Barcelona als Basishafen – ich kannte die Hauptstadt Kataloniens noch nicht. Umso besser!

Am nächsten Morgen sagte ich zu. Haase war Reedereiinspektor der Vereinigten Tanklagergesellschaft in Bremen, die ihre Schiffe von der Londoner Offshore Supply Association vermarkten ließ. Ein verbindlicher Mann, an dem sich dennoch alle rieben und der es trotz aller Bemühungen keinem recht machen konnte. Mir mit diesem Angebot aber schon! Später erfuhr ich, dass Kapitän Mähkorn zuvor den üblichen detaillierten Report über mich und meine Fähigkeiten abgegeben und mich darin als Kapitän empfohlen hatte – trotz meiner Vorbehalte ihm gegenüber, von denen er auch wusste.

Der Kranfahrer der Plattform hob mich in einem Korb von der Falderntor hoch in die Luft und setzte mich an Deck der Heather Alpha ab; ein Hubschrauber brachte mich weiter zum Flughafen Aberdeen, von wo es per Linienflug mit einer zweimotorigen Propellermaschine Fokker F 27 Friendship nach Barcelona ging.

Die Josephturm war erst mein zweites Schiff in der Versorgerschifffahrt. Ich musste mich wieder auf neue Verhältnisse an Bord einstellen, auf ein neues Fahrtgebiet und auf neue Menschen. Die Josephturm war für das französische Bohrschiff Pelican zuständig, das acht Meilen südlich von Barcelona völlig selbstständig operierte. Computer hielten es auf seiner jeweiligen Bohrposition, es kam ganz ohne die Assistenz von Ankerziehern aus. Das hochmoderne Schiff war bereits einmal fündig geworden, jetzt sollte es seine Künste vor Spaniens Küsten zeigen. Während langer Standby-Zeiten lagen wir im Hafen an der Pier, die berühmte Kolumbusstatue immer im Blick und warteten auf die seltenen Befehle des Pelican-Kapitäns. In der reichlichen Freizeit spazierte ich auf der Rambla umher und besuchte auf dem Prachtboulevard Cafés und Bars. Wir führten ein bequemes Leben; ich las viel, lag oft am

Strand, besuchte einheimische Fischrestaurants und ließ mir dort frisch zubereitete Paella de Bogavante oder Langosta de Mar servieren und sah mir, wenn ich auch kein Wort verstand, die spanische Version von »Spiel mir das Lied vom Tod« an. Mit der Anwesenheit an Bord wechselte ich mich mit dem Ersten Offizier Karl Pinkepack ab, einer von uns hielt immer die Stellung, um jederzeit erreichbar zu sein. Mir tat Barcelona gut. Wie entrückt von der allgemeinen Schifffahrtswelt nahm ich diese Mittelmeermonate wahr. Mir erschien die Josephturm wie eine geräumige Superjacht, die ab und an mal ein bisschen zur See fahren durfte. Wenn wir zwischen unserem Basishafen Barcelona und dem hübschen Hafen Sant Carlos de la Ràpita eine Fahrstunde weiter südlich und dem Bohrschiff pendelten, passten wir uns einerseits dem Laissez-faire der Franzosen auf der Pelican an, kreuzten diese mit spanischer Lebensart und taten deutsche Sorgfalt hinzu – heraus kam hellstes Wohlbehagen. Als Inspektor Haase mich mit einem Telex in die Wirklichkeit zurückholte und darin die Rückkehr des wieder genesenden Stammkapitäns ankündigte, zerplatzte meine kleine Scheinwelt. Acht Wochen hatte ich mich darin einrichten dürfen, jetzt flog ich in den Urlaub.

Während der Regeneration an Land belebte ich alte Verbindungen. Nach der relativ kurzen Abwesenheit fühlte ich mich in meinem sozialen Umfeld schnell wieder angenommen. Nur drei Monate unterwegs zu sein, war eben nicht zu vergleichen mit den langen Reisen der Großen Fahrt von einem oder zwei Jahren. Einmal traf ich mich auch mit Katrin, deren Großmutter das Aalsuppenessen in der Isestraße ausgerichtet hatte. Sie hatte in Hannover drei Jahre Tanz studiert, danach Schauspiel an der Folkwang-Universität in Essen. Nachdem sie ein paar Jahre an deutschen Bühnen gespielt hatte, war sie schließlich nach Hamburg zurückgekehrt und leitete mit ihrer Mutter in der Hochallee in Harvestehude die traditionsreiche Gisela-Grimm-Schule. Katrins Tanz- und Theaterwelt erschien mir unwirklich und fremd, kaum zugänglich; ich stellte viele Fragen und verstand immer weniger, ihre Antworten wichen von meinen naiven Vorstellungen, wie professioneller Tanz und Theater funk-

Die Statue des Christoph Kolumbus in Barcelona, Spanien

tionierten, völlig ab. So fern ich ihrem beruflichen Umfeld stand, so fern stand sie meinem. Der Seefahrt konnte sie rein gar nichts abgewinnen. Einmal erwähnte sie zwar ihre passive Rolle während einiger Kieler Wochen, zu denen sie auf das Wettkampfboot Ebb Tide eingeladen worden war, und fand diese Erlebnisse auch *»unvergesslich«*, doch damit schien ihr Interesse an Schiffen und Seefahrern auch schon erschöpft zu sein. Als ich unseren Kaffee bezahlen wollte, hielt sie dagegen und beglich ihre Rechnung selbst.

Vor meinem nächsten Einsatz bat mich Haase in sein Bremer Kontorhaus an der Schlachte zu einem Gespräch. Er erklärte mir, dass er mich zurzeit nicht wieder als Kapitän einsetzen könne, Vorrang hätten jetzt die Männer, die schon seit Jahren auf ihre Beförderung warteten, er wolle keinen Neid unter seinen Nautikern aufkommen lassen. *»Barcelona war eine Ausnahme, ich steckte in einer Zwickmühle, die ich Ihnen jetzt nicht näher erläutern kann, aber Sie haben mir sehr geholfen.«*

Ich schwieg eine Weile und sagte dann leicht unterkühlt: *»Für mich fühlt sich Ihre Entscheidung wie eine Degradierung an. Die Männer in der Flotte werden das nicht anders sehen.«* Ich fügte hinzu: *»Doch ich kann Ihre Argumente nachvollziehen. Jedenfalls danke ich Ihnen für das in mich gesetzte Vertrauen.«* Diesmal schickte er mich auf den stärksten Schlepper seiner Flotte.

Die Schepelsturm lag zwischen den Shetlands und Schottland auf der Lauer, wo sie für unvorhersehbare Seenotfälle jederzeit einsatzbereit war und auch als Ankerzieher genutzt werden konnte. Außerdem kam sie zum Einsatz, wenn Besatzungsmitglieder ausgewechselt werden mussten und lief einmal in der Woche Peterhead an, um Post und Proviant aufzunehmen. Der achtzig Meter lange und vierzehn Metern breite Kraftprotz stellte das neue Flaggschiff der Reederei Vereinigte Tanklagergesellschaft dar, die ihr Schiff auf der Elsflether Werft hatte bauen lassen. Mit dreizehntausend Pferdestärken gehörte sie zu den stärksten Schleppern überhaupt. Sie war der anerkannte Platzhirsch auf den Nordseewassern, ihre bullige Silhouette gab bereits einiges von ihrer Kraft preis. Wie Gewichtheber an den von ihnen gestemmten Gewichten gemessen werden, so maßen Kapitäne die Potenz von Schleppern am sogenannten Pfahlzug, an seiner Zugkraft. Die Schepelsturm schaffte bemerkenswerte einhundertzweiunddreißig Tonnen. Vorn am Steven wirkte ein kräftiges Bugstrahlruder, am Heck zwei Verstellpropeller und zwei Ruder, ihre verzinkte Außenhaut durfte in den ersten Jahren nicht angemalt werden, weil Zink vor Witterungseinflüssen schützte. An Bord lebten und arbeiteten elf deutsche Seeleute, geführt von Kapitän Boy Jensen, in der Maschine führte Chief Heinz Röhling seine Männer. Unser erster Auftrag kam schon bald herein: die Hubbohrinsel Sedco K, ein sogenanntes Jack-up-Rig, nach Namibia an die Südwestküste Afrikas zu begleiten, über eine Entfernung von achttausend Seemeilen, fünfzehntausend Kilometern. Oben am Arktischen Polarkreis sollten wir sie abholen, nordöstlich der Shetland-Inseln. Ein Schlepper der Hamburger Bugsierreederei hatte den Bieterwettbewerb gewonnen und uns preislich unterboten, darum nahmen nicht wir die Sedco K auf den Haken, sondern begleiteten sie »nur« als Sicherheitsschiff. Die Sedco K stand auf drei voluminösen Säulen, ihr Tiefgang während der Schleppreise betrug achtzehn Meter, sechs Stockwerke unter Wasser. Kapitän Boy Jensen kannte sich mit solchen Aufträgen aus, diesen aktuellen schätzte er als schwer berechenbar ein.

Zunächst verlief die Reise strikt gen Westen ohne bemerkenswerte Vorkommnisse, erst als wir wieder die aufgeregten Küstenwasser des Nordatlantiks berührten, wurde es riskanter. Bald schwenkten wir nach Backbord und steuerten südliche Kurse. Den Englischen Kanal kreuzten wir nur und umgingen damit den starken Seeverkehr von Ost nach West und umgekehrt. Somit vermieden wir gleichzeitig von querlaufenden Fähren und Fischdampfern behelligt zu werden. Wir konnten nicht ausweichen, wir waren so gut wie manövrierunfähig und lagen dick, breit und träge im Wasser wie ein überfüttertes Walross.

Kaum in der Biskaya, gefährdeten Stürme und hoher Seegang unsere Schepelsturm. Wir hätten schnell scheitern können, denn wir waren überladen und der gesetzlich zugelassene Tiefgang war erheblich überschritten. Allen Beteiligten war das bekannt, an unserer Tiefgangskala war das leicht abzulesen. Wir hatten allein vierhundert Tonnen Frischwasser gebunkert. Das allein wäre okay gewesen, aber die vierhundert Tonnen schweren Ankerketten für die Befestigung der SEDCO K in der Walfischbucht in Namibia, die waren zu viel. Sie wurden uns von höherer Stelle zusätzlich aufgezwungen und drückten uns tiefer in die See, als es zu verantworten war. Doch wir hatten es unwidersprochen hingenommen, da uns bewusst war, dass diese Reise anders finanziell wohl nicht hinzubekommen war.

Die sich auf uns stürzenden Biskayawasser hatten leichtes Spiel mit uns, sie überschwemmten das Deck, liefen aber nicht wieder zurück ins Meer, sondern drückten uns noch tiefer hinein. Der Auftrieb fehlte, das Heck blieb überflutet und erst als Boy Jensen die vierhundert Tonnen Frischwasser radikal opferte und außenbords pumpen ließ, hob es sich wieder. Wir schwammen auf und atmeten tief durch, die an Deck liegenden, ebenfalls vierhundert Tonnen schweren Ankerketten hätten wir schwerlich über Bord werfen können.

Die Reise nach Namibia dauerte zwei Monate und dreizehn Tage. Im Schnitt legten wir knapp vier Knoten, sieben Kilometer in der Stunde, zurück. Nie zuvor war ich während meiner Fahrtzeit länger auf See unterwegs gewesen als dieses Mal. Dreiundachtzig Tage. Es wurde meine lese-intensivste Reise überhaupt. Als wir weiter nach Süden vordrangen, gingen unsere Trinkwasserreserven zur Neige und wir machten deshalb, so war es abgesprochen, an der Backbordseite des in Fahrt befindlichen Bugsierschleppers fest, mit einer Leine vorn und einer achtern. Die beiden Schiffe liefen jetzt Seite an Seite in gleicher Geschwindigkeit nebeneinander her, hinter uns ragte die riesige Bohrinsel aus dem Wasser, eine bescheidene Bugwelle schäumte an ihren dicken Säulenbeinen. Nachdem unsere Matrosen die Schlauchverbindungen hergestellt hatten, begannen die BUGSIER-Seeleute Frischwasser zu uns herüberzupumpen, während wir planmäßig hundertzwanzig Tonnen Brennstoff an sie abgaben. Ein übliches Manöver während eines Schleppvorgangs auf hoher See, nichts Besonderes. Eine Weile lief auch alles glatt, dann aber, ohne Vorwarnung, ohne einen Anruf aus dem Maschinenraum, stürzte der Leitende Ingenieur Heinz Röhling auf die Brücke und forderte den Alten auf, alle Pumpaktivitäten zu stoppen: *»Sofort stoppen! Ich sage: SOFORT!«* Wir glaubten erst an einen schlechten Scherz, dann hielten wir den Atem an. *»Die Treibstofffilter der Hauptmaschine sind verstopft«*, presste er heraus. *»Ich kann den Dampfer nur noch kurz Längsseite halten. Uns droht ein Blackout!«* Die Bugsier wurde sofort informiert und unterbrach die Wasserabgabe, das Pumpen von Brennstoff hatte unser Chief bereits gestoppt. Hektisch versuchten wir die Leinen- und Schlauchverbindungen zwischen den beiden Schleppern zu lösen. Wenn das nicht gelang, würden beide aneinandergekoppelten Schiffe sofort langsamer werden, zurückfallen und von der Bohrinsel überlaufen werden. In einem Bravourmanöver und unter Aufbietung der letzten verfügbaren Pferdestärken riss der Alte die Schepelsturm mit einem Backbord-Schwenk herum, weg von der Plattform. Fast gleichzeitig folgte der totale Blackout, augenblicklich verloren wir an Geschwindigkeit und wären ohne das entschlossene Backbordmanöver zwischen die Beine der Bohrinsel geraten und von ihr unter Wasser gedrückt worden. Doch auch deren Stabilität wäre gefährdet gewesen, denn unser bulliger Schlepper hätte eines ihrer Beine angeschlagen und damit sie und die mit ihr fest verbundene Bugsier zum Sinken gebracht. So aber berührten wir sie nur ganz schwach und trieben dann nach achtern ab. Die Bugsier aber zog mit der Sedko im Schlepp weiter, unerschütterlich, als wäre nichts gewesen.

Der Rigmaster allerdings ließ einen Korb mit drei Männern hinunter, um sich den Schaden anzusehen, oben hatten sie die leichte Erschütterung sofort gespürt. Das Bein hatte nicht die kleinste Beule abbekommen, allein unser grauer Zinkanstrich hatte eine läppische Spur hinterlassen, wir hatten die Sedko nicht beschädigt. Es dauerte eine gute Stunde, dann hatte der Chief die Brennstofffilter ausgebaut und gereinigt und die Anlage wieder hochgefahren. Den weitergezogenen Schleppzug holten wir schnell wieder ein.

Kapitän Jensen und ich verstanden uns gut, wir wurden Freunde. Boy war ein humorvoller, drahtiger Enddreißiger, eins fünfundachtzig groß, mit rotblonden Haaren und struppigem Vollbart. Geboren und aufgewachsen in Westerland auf Sylt, war er ein Mann mit Seeluft in den Lungen. Er fuhr gern zur See, er liebte sie geradezu, inzwischen seit zwanzig Jahren. Wir verlebten eine höchst angeregte Reise. Nachdem wir die Bohrinsel heil und unbeschädigt in der Walfischbucht in Namibia abgeliefert hatten, flog ich von Kapstadt aus in Urlaub. Boy blieb an Bord der SCHEPELSTURM, ein gutes Jahr später folgte er dem Ruf der Ölindustrie und wechselte in ihr Herz, nach Aberdeen, und übernahm einen führenden Posten an Land.

Nach dem Ende der Namibiareise sollte auch für mich endgültig Schluss sein mit der Seefahrt, trotz der zuletzt guten Erfahrungen in Barcelona und mit Boy Jensen in Afrika. Als mich Reedereiinspektor Hanswerner Haase wieder anrief, sagte ich ab. Doch obwohl er über meinen Wunsch, an Land zu gehen, sehr gut Bescheid wusste, wollte er es nicht akzeptieren und bat mich eindringlich, ihm noch einmal aus einer Verlegenheit zu helfen. Meine Weigerung überhörte er geflissentlich, blieb freundlich, aber hartnäckig und hielt beharrlich die Leitung, nannte tausenderlei Argumente, warum ich den Job doch annehmen sollte und bot mir schließlich auch noch einen Bonus an. Irgendwann hatte er mich soweit, ich gab auf und knickte ein. Damit tat ich ihm zwar einen Gefallen, aber nicht mir. Zwei Tage später flog ich nach Port Harcourt in Nigeria, wieder als Erster Offizier auf einem Versorger.

Ich hätte es wirklich nicht tun sollen!

Wendentor

Westafrika

Nach einem langen Flug landete ich in Nigerias schreiender Hafenstadt. Ich war fahrig und nervös, zu wenig wusste ich über die Länder am Golf von Guinea, über Kamerun, Äquatorialguinea und eben auch Nigeria. Laurenco Marques und Durban im Osten Afrikas kannte ich zwar, desgleichen Kapstadt im Süden und oben im Norden ein paar Länder des Maghreb, Tunesien, Algerien und Ägypten. Doch Westafrika war etwas ganz anderes, seinen Ländern ging ein angeschlagener Ruf voraus: das Klima unerträglich heiß, feucht und stickig, Korruption und Bestechlichkeit unterwanderten die dortigen Staaten wie Wühlmäuse einen Deich, hieß es. Vor Tsetsefliegen und Malariamücken hatten mich Ärzte vom Hamburger Tropeninstitut und altgediente Westafrika-Fahrer gewarnt, sie würden Schlafkrankheit und Malaria auslösen. Mit allen nur möglichen Impfungen versehen, wagte ich mich trotzdem in diese Region, um auf der Wendentor zu arbeiten wieder ein Bohrinselversorger, wieder Liberia-Flagge. Allein des Geldes wegen.

An der Passkontrolle lernte ich unseren Zweiten Ingenieur Bernd Janson kennen, wir hatten im gleichen Flugzeug gesessen, ohne voneinander zu wissen. Nun mussten wir warten. Nachdem alle anderen Passagiere abgefertigt waren, tat sich für uns immer noch nichts. Bernd Janson, der schon mehrfach hier gewesen war und die Gebräuche des Landes kannte, reagierte endlich und tat, was er tun musste, wenn wir weiterkommen wollten: Er reichte diskret drei Scheine in die Abfertigungsbox hinein. Und siehe da, nun lief auch für uns alles wie am Schnürchen. Wir wurden nach unseren Seefahrtbüchern gefragt, die für Seeleute üblichen 48-Stunden-Visa in unsere Pässe gestempelt und beim Zoll, zehn Meter weiter, deklarierte ich offiziell die zehntausend Reedereidollar für die Schiffskasse. Hundert Dollar an Bestechungsgeldern hatte ich sicher verstaut, hinten links in der Jeans die Zehn-Dollar-Scheine, oben links in der Hemdtasche die Fünfer und vorne rechts in der Jeans die Einer. Der Zoll ließ uns ohne Probleme passieren, unsere Koffer mussten wir nicht öffnen. Draußen, unter heißem Himmel, empfing uns ein Clerk der Agentur Panalpina, der uns aufs Schiff bringen sollte. Endlich. Doch nun tauchte erneut ein Zöllner auf, der unsere Koffer beschlagnahmen wollte. Automatisch griff ich nach oben links zu den Fünfern, augenblicklich vergaß er den Koffer; er befühlte den Schein von allen Seiten, dreht ihn hin und her, lächelte entrückt und verschwand. Als wir vom eingezäunten Parkplatz rollen wollten, mussten wir erneut in die Taschen greifen. Nach dreißig Minuten auf einer von Asphaltbeulen entstellten Straße bremsten uns Soldaten aus, Uzis im Anschlag, kurze gedrungene Maschinenpistolen. Aussteigen, Koffer öffnen! Aus der Tasche hinten links zog ich zwei Zehn-Dollar-Scheine hervor, mit einem *»Thank you!«* bedankten sie sich auch noch. Verkehrschaos in Port Harcourt. Metertiefe Schlaglöcher. Hupen. Geschrei. Nur Selbstmörder und Wahnsinnige am Steuer. Chaosfahrt zur Immigration, zur Einwanderungsbehörde. Zehn Dollar hinten links, achtzig hatten wir inzwischen ausgegeben. Um halb zwölf trafen wir an Bord ein, wo uns Kapitän Werner Anka in Empfang nahm. Er war vierunddreißig Jahre alt, die WENDENTOR sein viertes Schiff als Kapitän. Er war mittelgroß und stämmig, auf der Brücke stand er breitbeinig und lief nur selten auf und ab, eigentlich gehörte das zu unser aller Angewohnheit, wenn wir auf See waren.

»Ich fürchtete schon, du bist krank geworden«, begrüßte mich der Erste Offizier, den ich ablösen sollte, *»die meisten werden vorher krank, wenn sie in Nigeria anmustern sollen.«* Dann überreichte er mir eine Mängelliste mit vierundachtzig Punkten, die ein Inspektor der deutschen Sicherheitsfirma Germanischer Lloyd festgestellt hatte und von mir abgearbeitet werden sollten. Nur wenig später saß der Glückliche im Toyota unseres Agenten, der ihn zum Flughafen brachte. Für ihn ging es und zurück nach Hause.

Das Kole Field in der Bucht von Guinea, nur wenige Grade nördlich des Äquators gelegen, wurde von den Gesellschaften Elf und Serepca ausgebeutet, angeblich ging es um besonders wertvolles Öl. Wenn wir mit der WENDENTOR nachts auf das Feld zufuhren, glühte in der Ferne der Horizont vom Widerschein des abgefackelten Gases, wir glitten einer goldenen Zukunft entgegen. Tausend Männer arbeiten auf den Rigs, den Plattformen, ständig brachten sie neue Bohrungen nieder. Das geförderte Öl wurde in zwei sogenannten Storage-Tankern eingelagert. Jede Woche kamen zwei Tankerriesen, ließen sich das begehrte Öl aus diesen schwimmenden Lagern in ihre mächtigen Bäuche umpumpen und brachten es nach Europa. Ein Dutzend Versorger betreute die Plattformen, Douala in Kamerun und Calabar in Nigeria dienten als Basishäfen. Hier mussten wir an der Pier lange warten, oft drei Tage und mehr, bis wir die Versorgungsgüter für die Rigs übernehmen konnten. Für die Lebensmittel verlangten die Schiffshändler himmelhohe Preise, für ein Kilo Äpfel bezahlten wir dreißig, für ein Kilo Filetsteak zweihundert Mark. Die Reise von Calabar oder Douala ins Kole Field dauerte acht beziehungsweise neun Stunden. Abends um neun liefen wir aus und erreichten das Ölfeld bei ökonomischer Fahrt morgens um sechs. Vier bis fünf Tage blieb ein Versorger jeweils auf Position und stand dem zugeteilten Rig ständig zur Verfügung.

Einmal, als wir ein fünfzehn Tonnen schweres Ersatzteil an die SEDNETH I abgaben, kam ich über Sprechfunk mit ihrem Rig-Master Erik Nicolaisen ins Gespräch – er hoch oben auf seinem Wolkenkratzer, wir tief unten im Tal. Wir hatten das Ersatzteil, einen sechsfach geschorenen Block, das ist so etwas wie einen riesiger, tonnenschwerer Flaschenzug, an seinen Kran gehängt, und als der oben bei ihm angekommen war, sah er sich diesen gründlich an und schimpfte: *»Dafür haben unsere oberschlauen Manager über zweihunderttausend Dollar allein an Luftfracht ausgegeben. Aber mit diesem Riesending kann ich gar nichts anfangen, ich brauche einen viel kleineren Block. Die verpulvern hier das Geld wie Chinaböller zu Silvester.«* Wir nahmen das Teil wieder mit zurück und mir kam Bill

Smith in den Sinn, General Manager einer anderen Plattform. Auch er hatte sich über das schlechte Management der boomenden Ölindustrie beklagt, alle Preise, und seien sie noch so hoch, würden blind akzeptiert. Er erzählte mir von einer Fehlbohrung, die neun Millionen Dollar gekostet hätte: *»Sechs Wochen bohrten und bohrten wir und waren 2 100 Meter tief gekommen. Ergebnis gleich null!«* Schließlich habe sich herausgestellt, dass der Surveyor, der Gutachter, gepfuscht habe. *»Ich wollte ziemlich bald schon abbrechen und erst mal eine neue Positionsfeststellung machen lassen, zwanzigtausend Dollar hätte das gekostet, aber die wollte man dafür nicht springen lassen und man ließ immer weiter bohren.«* Seitdem traute er keinem Gutachter mehr über den Weg.

Wir bekamen jetzt den Auftrag, Rohre, Bohrgestänge und Ersatzteile aus Wimpey ins Kole Field zu bringen. Die nigerianische Kleinstadt Wimpey liegt mitten im Busch, etwa eineinhalb Stunden flussaufwärts am Ufer des Bonny Rivers. Wir dampften durch dicksten Urwald, vorbei am Terminal des Ölmultis Elf, ein Fischreiher im Baum sah uns dabei zu. Am Ziel machten wir längsseits der Olympic Services fest und warteten im Päckchen zusammen mit noch einem dritten Versorger auf die Ladung. Es dauerte nicht lang, da lockten uns zwei Galgenvögel mit einer vollen Flasche Jack Daniel's hinüber auf ihr Schiff, wir sollten nur die begehrten Eiswürfel mitbringen. Der Kapitän mochte knapp vierzig sein, sein Steuermann zehn Jahre älter. Dem war vor Wochen ein Schneidezahn ausgeschlagen worden, wenn wir mit ihm sprachen, sahen wir ihm nicht in die Augen, sondern starrten auf das dunkle Loch in seinem Mund. Ihm war die Lücke peinlich, doch sie passte irgendwie zu ihm. Die Wangen unserer Zechkumpane waren hohl, die Haare fettig und strähnig, die Kleider lumpenähnlich. Mit meinen langen, in den Nacken fallenden Haaren und dem rostroten Vollbart stand ich ihnen in nichts nach. Seit drei Jahren arbeiteten die beiden Griechen im feindlichen Klima des Kole Fields, sie wirkten kraftlos und ausgelaugt, zudem hatte der Kapitän die Malaria am Hals.

Mein Kapitän Werner Anka trug nur wenig zur Unterhaltung bei, lud die beiden aber als Gegenleistung zum Abendessen ein.

Später zogen wir mit unseren griechischen Freunden zu Barkeeper John, einer bekannten Größe hier am Bonny River. Die weiß angemalte, flache Hütte, Johns Bush-Bar, lag günstig, nur zweihundert Meter von unserer Pier entfernt. Der Innenraum war mit unzähligen Nationalflaggen ausgeschlagen, fast jeder Besucher fand die Seinige, doch am prominentesten hing die irische, Johns Heimatflagge. Bei John wurde bargeldlos mit Tickets bezahlt. Jeder Zecher kaufte bei ihm einen Zehner-Block für umgerechnet dreißig Mark, schrieb seinen Namen darauf und für jedes Getränk, das uns aushändigt wurde, riss John ein Billet ab. Alle Drinks gab es zum gleichen Preis, die Tickets galten für alle Zeit. Sein bestes Geschäft machte John immer dann, wenn Gäste nie wiederkehrten, obwohl sie noch reichlich Tickets hatten.

Hier traf ich auch Karl Block wieder. Wir waren vor Jahren zusammen gefahren, auf einem Tanker, er als Matrose, ich als Zweiter Offizier. Er hatte sich schon früh für die Versorgerfahrt entschieden und dafür ein kleineres nautisches Patent erworben. Inzwischen hatte er mich überholt und fuhr schon länger als Kapitän, während ich noch Erster Offizier war.

Später am Abend kamen zwei nigerianische Angestellte der Panalpina-Agentur in die Bar, die die Kapitäne der beiden neben uns liegenden Schiffe aufforderten, sofort nach Douala zu laufen, dort Rohre zu laden und sie zum Kole Field zu bringen. Wir von der WENDENTOR konnten bleiben, mussten nur kurz ablegen, um die beiden Schiffe rauszulassen. An diesem trüben Ort war noch nie ein Polizist gesichtet worden, der einen Kapitän oder Steuermann in die Tüte blasen oder gar zwecks Blutprobe von Bord und auf die Wache holen ließ. Alkohol am Ruder eines Versorgers spielte keine Rolle, der ganze Golf von Guinea hätte sonst stillgelegt werden müssen. Während ich zurück an Bord wankte, wechselten Anka und sein Chief noch nach hinten, in einen Anbau von Johns Bush-Bar, sie wollten sich *»noch ein bisschen streicheln lassen«*, wie sie sagten.

Kapitän Anka konnte sich nur schwer verständlich ausdrücken. Die ruinierten Worte und Sätze stolperten ihm meistens wie Kieselsteine aus dem Mund. *»Auf 'er Brücke drauf«*, sagte er, wenn er auf die Brücke gehen wollte. Oder: *»Da am Deck dem Draht droben, dem spleißen, nich' mehr«*, wenn es darum ging, einen gebrochenen Draht zu flicken. Und doch wussten wir mit seinen verunglückten Worthaufen immer etwas anzufangen. Von seinen seemännischen Stärken war ich beeindruckt, instinktiv machte er alles richtig, auch wenn es um gute Seemannschaft ging. Er war beliebt in der Flotte und bei den Rig-Mastern. Wenn wir tage- und nächtelang an einer Plattform durcharbeiteten, rauchte Anka dreihundert Zigaretten in vierundzwanzig Stunden, trank Unmengen schwarzen Kaffee und aß nur wenig. Schüttelfrost und Magenkrämpfe plagten und die Malaria quälte ihn. Werner und ich gingen zusammen an Land, saßen in Douala beim Seemannspastor am Swimmingpool unter Palmen, in den Hecken lärmten Millionen Grillen die ganze Nacht. Anka saß meistens still mit am Tisch oder am Pool, ganz Biedermann, ordentlich in weißem Hemd und langer Bundfaltenhose, weißen Socken und Sandalen. Er verstand die Männer nicht, die ihre Nächte mit Afrikanerinnen oder fremden weißen Frauen an Land verbrachten, es wollte ihm nicht in den Kopf, weil er eben *»glücklich verheiratet«* war. Eines Tages passierte es dann doch. Werner vergaß alle guten Vorsätze und verfiel der Anziehungskraft einer Frau.

Der Pastor hatte das Seemannsheim zum beliebtesten Versammlungsort der Stadt gemacht. Hier trafen sich Wilderer und Tierfänger, Farmer, Abenteurer und Schmuggler, mit allen tranken wir unser Bier. Auch eine gewisse Hedwig Bauer war dabei, siebenunddreißig Jahre alt, Schneidermeisterin aus Ulm. Seit vier Monaten nähte sie im tiefen Busch Kleider und Stoffe, bildete dort nigerianische Frauen zu Näherinnen aus und machte jetzt vierzehn Tage Urlaub an der Küste. Kapitän Anka war sofort von Hedwig fasziniert und lud sie an Bord, wo sie sehr bald eine eigene Kammer bezog, in der sie empfing, wen sie mochte. Wenig später wechselte sie auf andere Reedereischiffe, mit denen sie dann ins Kole Field hinausfuhr. Auf der sogenannten OSA-Welle, einem UKW-Netzwerk, in dem sich unsere Kapitäne gegenseitig über Schiffs- und Reedereiinterna verständigten, wurde über Hedwig geredet und alle hörten mit. Die Anwesenheit dieser Frau brachte die Flotte auf. Auf welchem Schiff sie auch gerade wohnte – die abendlichen Skat- und Mau-Mau-Runden fielen aus, die ohnehin schalen Gespräche versiegten wie Wasser im Wüstensand. Anka wurde noch schweigsamer, als er ohnehin schon war, seinen Urlaub trat er vier Wochen später an als geplant. Auch Hedwig Bauers »Urlaub« ging zu Ende, ein Buschtaxi brachte sie zurück an die Nähmaschine, auf den Schiffen kehrte endlich wieder Ruhe ein. Doch viele Männer blieben verfeindet, sprachen nicht mehr miteinander oder gingen sich aus dem Weg, wenn sie sich begegneten.

Wer in Afrika lebte, musste für seine Gesundheit selber Verantwortung übernehmen. Mein Respekt und die Angst vor den Malariamücken waren enorm. Kapitän Anka sah man an, was sie anrichten konnten. Die Reederei hatte uns vorbeugend die verschreibungspflichtigen Fansidar-Tabletten empfohlen, die ich auch folgsam jeden Dienstag nahm. Die Auswirkungen spürte ich bereits bald – schmerzenden Druck auf der Stirn und Schlieren vor den Augen. Nebenwirkungen wie Leberschäden, schlechte Augen und Haarausfall könnten auftreten, hieß es im Beipackzettel. Ich las so hässliche Worte wie ›Niereninsuffizienz‹ und ›Blutbildveränderung‹. Als ich Johann Stoldt, Kapitän auf der PEACE TOWER, um Rat fragte, warnte er: *»Malaria oder Schlafkrankheit sind bei mir noch nicht ausgebrochen, aber dafür ist meine Leber kaputt und die Augen sind auch hin.«* Er nehme das Teufelszeug Resochin seit fünf Jahren, Fansidar habe er abgesetzt.

Ich machte mit allen Tabletten sofort Schluss und alles, was auf mir lastete, meine schlechten Träume und meine Antriebslosigkeit, das leere Gefühl, an keinem Tag und zu keiner Stunde etwas geleistet zu haben und dass mir alles schal, langweilig und durchschnittlich vorkam, all das war schon bald vorbei. Und die vierundachtzig Punkte in Sachen Schiffssicherheit, die ich abzuarbeiten und von denen ich bisher nur zwanzig erledigt hatte, wurden zu Ende gebracht. Von der Malaria bin ich verschont geblieben.

Inspektor Hanswerner Haase hatte mir auf die Hand versprochen, mich ohne Verzögerung ziehen zu lassen, wenn meine drei Mo-

Schiffbrüchige im Atlantik vor Westafrika

nate im Busch abgelaufen seien. Er hatte Wort gehalten. Doch vor dem definitiven Finale meiner Seefahrerkarriere hielt uns noch ein Notfall in Atem. Wir dampften direkt zu der uns genannten S. O. S.-Position fast am Äquator und fanden dort einen Portugiesen und zwei Nigerianer, die auf einem bereits schiefliegenden Minifloß ausharrten. Den drei Männern war ihr Fischerboot ohne sichtbare Anzeichen eines Lecks unter den Füßen weggesackt, jetzt trieben sie seit sieben Tagen unter glühender Sonne vor der Insel São Tomé im Golf von Guinea. Wir nahmen die vor Todesangst halb wahnsinnigen Fischer an Bord, die Plattform Dixilyn half mit einem Arzt und einem Übersetzer aus. Der kanadische Mediziner beurteilte die körperliche Verfassung der Schiffbrüchigen als erstaunlich robust, sie könnten unbedenklich transportiert werden, mit der ausgestandenen Angst müssten sie jedoch allein zurechtkommen. Auf Bitten der Fischer machten wir uns auf den Weg zur Mini-Insel Fernando Póo, wo wir sie in Malabo, einem kleinen Hafen ganz im Norden, ablieferten. Die erleichterten Insulaner empfingen ihre verlorenen Söhne mit Tänzen und Gesang, uns dankten sie überschwänglich, wollten für uns beten und uns am liebsten alles Gold der Welt schenken.

Als ich in Douala von Bord ging, schaute ich kein einziges Mal zurück. Over and out, schwor ich mir, für alle Zeit. Hanswerner Haase würde nun ganz ohne mich auskommen müssen. Meine letzten nigerianischen Nairas und die CFA-Francs aus Kamerun reichte ich an den freundlichen Panalpina-Agenten weiter, der mich zum International Airport von Douala chauffierte. Welch ein Fehler! Im Transitraum fragte mich der Uniformierte am Schalter, ob ich Deutscher sei. Aus meinem Pass war das doch hoffentlich herauszulesen, dachte ich und reagierte nicht. Er sah mich an, ich sah ihn an, ich rührte keinen Finger. Was Korruption anging, hatte ich bereits auf westeuropäischen Standard umgeschaltet und mochte mich jetzt einfach nicht mehr auf die hiesigen Regularien einlassen; ich schaltete auf schwerhörig, ignorierte seine Wiederholungen und wartete ab, was daraus werden würde. Irgendwann forderte er sehr energisch und unmissverständlich: *»Ich will, dass du mir eine Flasche Whisky besorgst!«* Ich kauderwelschte in tausend Sprachen, gestikulierte wie ein aufgeregter Italiener und schwor mir noch einmal: Diesem schmierigen Typen schiebe ich keinen einzigen meiner elendig schwer verdienten Dollars in Form von Whisky in die korrupte Kehle. Ganz bestimmt nicht! Inzwischen murrten hinter mir die anderen Passagiere, womit sie mich erheblich unterstützten, denn nun spürte der dreiste Kerl Druck. Und Druck mochte er gar nicht. Dem zu widerstehen, dafür war er viel zu feige. Wütend knallte er mir seinen Stempel in den Pass. Seefahrt ade!

Auf dem Economyflug nach Zürich beruhigte sich mein Gemüt, der Wechsel von der klebrigen Hitze in die angenehme Kühle eines Flugzeugs tat mir gut. Doch ich fühlte mich fremd und unsicher, ließ alles um mich herum geschehen. Und wie sah ich eigentlich aus? Gehörte ich überhaupt hierher? Der jähe Wechsel vom westafrikanischen Busch in die sittsame Schweiz musste wohl erst verstanden werden. In Zürich ließ ich mir die Haare schneiden und den Bart rasieren, im Hotel duschte ich, kleidete mich neu ein und glaubte mich so jedenfalls äußerlich meiner neuen Wirklichkeit angepasst zu haben.

Drei Tage und zwei Nächte ruhte ich hier aus.

Während ich am Zürichsee im Café saß und den Schiffchen zusah, wie sie anlegten, davonfuhren und schon bald wieder zurückkehrten, dachte ich an die hinter mir liegenden fünfzehn Jahre. Vor allem an die Warrah River, die vor den Paracel-Inseln im Westpazifik auf ein Riff gelaufen und gesunken war, kurz nachdem ich sie verlassen hatte. Vierundzwanzig Männer sollen dabei umgekommen sein. – Und an die Ausschweifungen in verwahrlosten Hafenbordellen. Wenn wir an Land gingen, legten wir aufgestaute Gelüste frei, betäubten uns mit Alkohol und Sexkapaden, unbehelligt von jeglicher sozialer Kontrolle und moralischen Skrupeln. Wir verprassten unsere Heuer, als hätten wir die Dollars auf der Straße gefunden. Junge Männer, die als naive Jungs an Bord gegangen waren, wurden im Lauf von Monaten und Jahren zu wüsten Gesellen. Nicht die Eltern, nicht die Freunde und auch sonst keine Instanz wies uns in die Schranken, unsere moralischen Gralshüter waren immer weit weg. Mich brachten Bücher schließlich zur Besinnung, sie halfen mir, aus dem ruinösen Kreislauf der Selbstzerstörung auszubrechen. Autoren wie Arthur Koestler und Pierre Bertaux gehörten ebenso dazu wie Friedrich Nietzsche, Karl Popper, Marcel Proust, Peter Weiss, José Ortega y Gasset und andere.

Doch nun war ich glücklich, weil ich erwartet wurde. Erwartet zu werden, gehörte mit zu meinen schönsten Gefühlen. Ein wenig bange war mir vor dem Neuanfang schon, denn keine einzige Idee hatte sich bisher bei mir durchsetzen können. Wie hätte sie auch aussehen sollen? Ich musste ganz von vorne anfangen, das war mir klar, nur suchte ich noch immer nach dem Was und Wo und Wie. Die große Hansestadt mit dem offenen Tor im Wappen, vielleicht konnte sie mir später eine Antwort geben, eine Chance.

An Land

Ich fühlte mich ein bisschen wie ein aus der Haft entlassener Sträfling. Nach fünfzehn Jahren im offenen Vollzug stand ich 1976 da und wusste nicht, an wen ich mich wenden sollte. Vom Schifffahrtsmilieu an Land hielt ich mich ganz bewusst fern, ich wollte mit dieser Branche nichts mehr zu tun haben und brach alle Brücken hinter mir ab. Mit diesem Schritt schoss ich allerdings auch mein ganzes Fachwissen und fünfzehn Jahre Erfahrung in den Wind, doch das erkannte ich nicht. Die Achtundsechziger-Bewegung hatte die Grunderneuerung der Zivilgesellschaft eingeleitet, viele Menschen orientierten sich jetzt neu. Doch ich hatte von all dem wenig mitbekommen. Meine Vorstellungen von einem Leben an Land basierten auf meinen Erfahrungen, die ich als fünfzehn- oder sechzehnjähriger Bauernsohn in unserem Dorf gesammelt hatte. Doch nun war ich zweiunddreißig und wusste nicht, wie man sich ein privates und berufliches Erwachsenenleben oder ein soziales Miteinander aufbaut und erfolgreich weiterführt. Ich fremdelte im Alltag, weil ich nicht wusste, wie es sich anfühlte, tagsüber einem Beruf nachzugehen und abends wieder nach Hause zu kommen. Auf dem Schiff gab es so gut wie keine Trennung zwischen Arbeit und Privatem, vor allem aber gab es kaum Privates. Ich musste mich an das Leben an Land gewöhnen, musste lernen, mich zurechtzufinden, musste »Probeleben« dürfen. Dafür brauchte ich erst einmal den Schutz meiner Familie und meines altbekannten Umfeldes in Lachendorf. Hier fand ich auch Arbeit, wenn ich mir diese auch ein wenig anders vorgestellt hatte.

Schichtmeister Günter vom Tiefbauunternehmen Clausen war ein zupackender Typ – mit breiten Händen, dickem Bauch und wenig Haaren. Er prüfte meine Armmuskulatur, wiegte den Kopf und sah an mir hinunter. *»Was hast du gearbeitet?«*

»Seemann.«

»Brauch ich nicht.« Schweigen. *»Ich kenn doch deinen Namen. Was macht dein Vater?«*

»Bauer.«

»Dann kannst du auch arbeiten.«

Mit diesem Befund heuerte mich Günter als Hilfsarbeiter auf dem Bau an und teilte mich meinem neuen Chef zu, dem Vorarbeiter Emil Wiedner. Emil und ich verlegten Verschienen, zwei Meter lange, stramm umwickelte Reisigbündel, die den Schwemmsand im Allertal zur Landgewinnung festhalten sollten. Wir schlugen Pflöcke in weiche Erde, legten Verschienen dazwischen, nebeneinander, kniehoch aufeinander und hintereinander weg. Wenn Emil *»Verschiene!«* brüllte, reichte ich ihm eine vom großen Haufen, Tag um Tag, Woche um Woche. Kilometerlang. Wir hatten uns gut verstanden. Unsere geschmierten Brote frühstückten wir im rumpelvollen Bauwagen, die Bild-Zeitung auf dem Klapptisch, nackte Mädchen an der Wagenwand sahen uns dabei zu. Wenn es regnete, saßen wir dort die Stunden ab und schwiegen miteinander. Der Lohn war ehrlich verdient, aber mau.

Emil und ich hatten nur wenig geredet. Er war gute fünfzig, seine Augen zwanzig Jahre älter, ein redlicher und sanfter Mann, dünn wie ein Torpfosten. Den tief in die Lungen gesaugten Rauch selbstgedrehter Zigaretten genoss er wie sonst keiner, sein größter Luxus. Nach Feierabend und an Wochenenden baute sich Emil Häuser, drei gehörten ihm bereits; Emil konnte alles. Er rupfte Grünzeug für seine Stallkaninchen, die zu Ostern und anderen Festtagen auf den Familientisch kamen, seine Frau Theofilie begleitete ihn durchs Leben, stets an seiner Seite; fleißig wie die Bienen waren die beiden, ihre drei Töchter die Schönsten im Dorf.

Ich verließ Emil für die Universität Hildesheim, wo ich ein Semester Germanistik studierte, denn plötzlich wollte ich Lehrer werden, ich hatte mir vorgestellt, dass Schüler auf mich warteten. Zweifel an meiner Entscheidung kamen mir allerdings bereits während des ersten Semesters. Wieder hatte ich alles geschmissen und zog von Hildesheim nach Frankfurt, angelockt von einer Bemerkung, dass der Frankfurter Flughafen seine Mitarbeiter besonders gut bezahle. Also fing ich als Abfertigungskraft für gelandete Flugzeuge an. Meine schemenhaften Zukunftsideen konnte ich nicht konkretisieren, ich wusste nicht, wonach ich suchen sollte. Gierig schaute ich auf jeden beruflichen Appetithappen, der mir hingehalten wurde – und erwischte immer den falschen.

Dann holte mich das aufblühende Unternehmen Motiva vom Flughafen weg: In sein gut funktionierendes Schneeballsystem zahlte ich sechstausend Mark ein, später würde ich davon reichlich profitieren, hieß es. Sobald ich nämlich einen weiteren Ahnungslosen davon überzeugt hätte, ebenfalls sechstausend Mark an der Motiva-Kasse abzugeben, würde ich von seinem Geld zweitausend Mark abbekommen. Am Geld des Neuen würde ich selbst und dann auch alle anderen in der Hierarchie verdienen. Das Geld wurde einfach nur »nach oben« weitergereicht. Ich fand nur einen Dummen, der auf die Masche hereinfiel. Gerade noch rechtzeitig stieg ich wieder aus; kurz darauf kam die hessische Justiz der Motiva auf die Schliche und beendete den Teufelstanz um das große Geld.

Meinen Beitritt zur Motiva empfand ich als tiefen Sturz, als moralischen Sündenfall. Ich war gescheitert wie ein Schiff, das während des Stapellaufs auf die Seite kippt. Mein Bruder Wilhelm gab mir die Chance, von dem Irrsinn abzulassen. Für sein Unternehmen Eltrofa brachte ich Waschmaschinen und andere Geräte in Kundenhaushalte und half beim Aufbau von Küchen. Endlich kam ich zur Ruhe, konnte mich besinnen.

In dieser Zeit las ich das Wirtschaftsmagazin Capital. Ich blätterte durch das Magazin und stieß auf eine Besprechung des Buches »Die Hanse. Handelsmacht im Zeichen der Kogge«. Ich las den Artikel bis zum Ende und fand unter dem Namen des Rezensenten, Dieter Zimmerling, endlich den Begriff, nach dem ich so lange gesucht hatte: Schifffahrtsjournalist! Ich hatte das Schlüsselwort für meine Zukunft gefunden. Jetzt wusste ich, welchen Weg ich gehen wollte – schreiben und mein Wissen und meine Erfahrungen dabei mit einbringen!

Eilig belegte ich einen Sechs-Wochen-Kurs für angehende Journalisten an der Hamburger Akademie für Publizistik, in dem ich lernte, was ein Leitartikel ist und ein Layout, was Umbruch, Cicero und Redaktionsschluss bedeuteten und wie eine Reportage auszusehen hatte. Meine kurzen Bewerbungsbriefe an Welt, Capital und SPIEGEL blieben unbeantwortet, das Hamburger Abendblatt reagierte prompt. Nach einem Dreißig-Minuten-Gespräch sagte mir Chefredakteur Werner Titzrath: *»Wir brauchen dringend einen Fachmann für die Schifffahrt. Ein Kapitän kommt mir gerade recht, Sie können morgen anfangen.«*

Zu Beginn schrieb ich über rot-weiße Hütchen im Straßenverkehr, Fossilien in der Universität Hamburg und Papageien im Zoo – später nur noch über die Seeschifffahrt.

Während des Volontariats fragte mich Lokalchef Gunther Beuershausen eines Tages, ob ich nicht ein Stück über das Märchenmusical einer Ballettschule im Ernst-Deutsch-Theater schreiben wolle. Ich sollte dort einfach mal vorbeischauen, in der Redaktion stünde sonst gerade niemand anderes zur Verfügung. Auch wenn Musicals und Jazztanz, Ballett und Stepp nicht unbedingt zu meinem Fachgebiet gehörten, kam ich seiner Bitte natürlich liebend gern nach; einmal, weil Lokalreporter sich ohnehin in den unterschiedlichsten Genres zurechtfinden mussten und zum andern, weil ich wusste, wen ich dort treffen würde.

Juniorchefin Katrin begrüßte mich: *»Schön, dich hier wiederzusehen!«*

Ich glaubte ihr. Vor ein paar Jahren bei der Aalsuppe in der Isestraße hatte die Lage für mich noch völlig anders ausgesehen. Am nächsten Tag erschien im Abendblatt meine erste Ballettkritik, es sollte auch meine einzige bleiben. Es dauerte noch einige Zeit, bis Katrin und ich zusammenkamen.

Wir blieben zusammen.

Danke

Als wir uns kennenlernten, wusste sie alles über das Theater und kaum etwas über die Seefahrt. Bereits nach einer ersten stürmischen Helgolandfahrt aber wurde sie zur *Ehrenmatrosin auf Großer Fahrt* ernannt. Inzwischen wäre der Titel *Master of the Seven Seas* längst überfällig: Jede einzelne Zeile, jeden Absatz des Nichtschwimmers hat meine Frau Katrin sachkundig durchschwommen, dabei so manche textliche Untiefe entdeckt und wieder »seetüchtig« gemacht. Ihr danke ich von Herzen und in aller Innigkeit; unseren Kindern Katinka und Moritz für ihre Anregungen, die kritischen Gespräche und dafür, dass sie die ersten Leser und Korrektoren waren. Dank an Martina Plettendorff und Katja Thieler vom Bundesamt für Seeschifffahrt und Hydrographie in Hamburg und Rostock für die historischen Seekarten und Seehandbücher; Michael Muth vom Hafenamt der Hansestadt Bremen für die traditionsreichen Musterrollen, die er mir für meine Recherchen zur Verfügung gestellt hat. Jörn Brinkhus vom Staatsarchiv Bremen gab mir wertvolle Tipps für meine Nachforschungen; der leidenschaftliche Sammler und Shiplover Peter Kiehlmann stellte mir aus seiner Sammlung großzügig historische Fotos von HANSA-Schiffen zur Verfügung. Ich danke auch Frauke Wilhelm und Hartmut Emig, aus deren Buch *Mit der HANSA um die Welt* ich zitieren konnte; Kristina Gottschlich von der Sozialversicherung Knappschaft-Bahn-See in Hamburg für statistische Angaben. Und Professor Timo Heimerdinger für Anregungen aus seinem Meisterwerk *Der Seemann*; Professor Heide Gerstenberger, die mich auf die historische Bedeutung von *Führung* aufmerksam gemacht hat. Auch habe ich immer wieder mit großer Lust im Klassiker *Seemännisches Wörterbuch* von Wolfram Claviez gestöbert, wenn es darum ging, mir bei Begriffsbestimmungen helfen zu lassen. Besondere Freude hat mir die Zusammenarbeit mit meinem Lektor Henry Gidom vom Hinstorff Verlag gemacht, der entschlossen daran ging, mein Manuskript umzusetzen.

Bildnachweis

Cover: mauritius images/mm-images

Aashish3000: S. 100; Maurizio Beatrici: S. 47; Tony Bowden (flickr.org, CC-BY-SA-2.0): S. 267; Buonasera: S. 56, 155; Mike Che: S. 89; Edd48: S. 50; Christophe.Finot: S. 149; Markus Jastroch (wikipedia.org, CC-BY-SA-2.0): S. 2; Sammlung Peter Kiehlmann (privat): S. 27, 173, 192, 196; Jerrye & Roy Klotz, MD: S. 133; Felix König (wikipedia.org, GNU Free Documentation Licence 1.2): S. 118; Laslovarga (wikipedia.org, GNU Free Documentation Licence 1.2): S. 127; Maanmuis: S. 217; Hamed Saber (wikipedia.org, CC-BY-SA-2.0): S. 74; Sami99tr: S. 140; unbekannt (wikipedia.org, public domain): S. 53; US Coast Guard (wikipedia.org, public domain): S. 125; wolfblei: S. 25. Sofern nicht anders angegeben, wurden die Bildvorlagen unter der wikipedia.org, CC-BY-SA-3.0-Lizenz verwendet. Alle weiteren Abbildungen: Hagen Deecke.

Die Deutsche Bibliothek verzeichnet diese Publikation in der Deutschen Nationalbibliografie; detaillierte bibliografische Daten sind im Internet über http://dnb.ddb.de abrufbar.

Lagerstraße 7 | 18055 Rostock
Postfach 10 10 11 | 18001 Rostock
www.hinstorff.de

1. Auflage 2016

Herstellung: Hinstorff Verlag GmbH
Lektorat: Henry Gidom
Druck und Bindung: CPI books GmbH
Printed in Germany

ISBN 978-3-356-02018-2